Theuerkauf
Goebbels' Filmerbe

HOLGER THEUERKAUF

Goebbels' Filmerbe

Das Geschäft mit unveröffentlichten Ufa-Filmen

ULLSTEIN

Die Deutsche Bibliothek – CIP-Einheitsaufnahme

Theuerkauf, Holger:
Goebbels' Filmerbe – das Geschäft mit unveröffentlichten Ufa-Filmen / Holger Theuerkauf. – Berlin : Ullstein, 1998
ISBN 3-550-06966-9

Satz und Litho: Utesch GmbH
Druck und Verarbeitung: Wiener Verlag, Himberg bei Wien
Printed in Austria 1998
ISBN 3 550 06966 9

Gedruckt auf alterungsbeständigem Papier
mit chlorfrei gebleichtem Zellstoff

Inhalt

DRITTES KAPITEL

Einleitung

Geschichten aus über einhundert unveröffentlichten Ufa-Filmen; erste gesicherte Aufstellung der unvollendeten Filme; Verwertung der eroberten Filme durch die militärischen Sieger; abgedreht im Dritten Reich und vollendet unter Stalin; Finanzierung der ersten Nachkriegsfilme durch das Ufa-Erbe; Wolfgang Staudte hat drei Leben

Generationen sind mit den Filmen des Dritten Reiches aufgewachsen, und kaum einer kann sich dem Charme solcher Klassiker wie *Münchhausen* und *Die Feuerzangenbowle* entziehen. Man vergißt darüber fast die Entstehungszeit dieser Filme, denn die liebenswerten Geschichten verraten mit keiner Andeutung die Geisteshaltung ihrer nationalsozialistischen Auftraggeber. Die Namen der Stars, die unbeschwerte Unterhaltung garantierten, rufen heute noch Verklärung und Entzückung hervor. Doch entsprach der optimistische Blickwinkel, den ihre Filme einnahmen, auch der Arbeitsrealität in den Studios?

Die Konzentration auf die letzten beiden Produktionsjahre des NS-Films soll die Diskrepanz zwischen ministeriell verordneten Korrekturen des Alltags und tatsächlichen Alltagszwängen verdeutlichen. Die Monate vor der erzwungenen Kapitulation wurden für Millionen Menschen zum entscheidenden Kulminationspunkt, der Biographien grundlegend veränderte.

Das Jahr 1945 als entscheidende Zäsur der deutschen Geschichte gerät zunehmend zum anonymen Lehrstoff, vergleichbar mit Eckdaten wie der Schlacht im Teutoburger Wald. Doch Geschichte wird für nachfolgende Generationen nur durch Geschichten nachvollziehbar.

Persönliche Erlebnisse der Betroffenen umrahmen nicht nur die dürren Fakten der offiziellen Geschichtsdarstellung, sondern geben Auskunft über den Alltag in dieser bewegten Zeit. Der Blockwart konnte lebensbedrohlicher sein als die Schlacht bei Stalingrad.

Auch der Film ist ein hervorragender Geschichtenerzähler. Der Traum vom Großdeutschen Reich war längst ausgeträumt, doch die Illusionsfabrik Ufa Film GmbH (Ufi) stemmte sich mit unverminderter Energie gegen die Realität. »Davon geht die Welt nicht unter«, hätte Zarah Leander auch im letzten Kriegsjahr singen können. Doch da befand sie sich bereits sicher im neutralen Schweden.

Die deutschen Filmstars verdrängten auf der Leinwand die militärische Niederlage und schminkten braune Gegenwart rosa um. Hinter den Kulissen der Traumfabrik jedoch wurde ebenso gnadenlos um die lebenserhaltende Uk-Stellung (uk = unabkömmlich für die Wehrmacht) gerangelt wie im Zuschauerraum.

Hier soll es um Menschen und Filme der letzten beiden Produktionsjahre des Ufa-Imperiums gehen. Der deutsche Film genoß bis 1943 noch die besondere Aufmerksamkeit des Propagandaministeriums. Ein Jahr später stockte die Produktion. Die Filmkünstler werden zu Zeitzeugen, da eher die Entstehungsgeschichte der Ufa-Filme im Frühjahr 1945 interessiert als ihre filmhistorische Einordnung: Unter welchen katastrophalen Bedingungen wurden damals Filme hergestellt, und aus welchen Gründen entschloß man sich zum Abbruch der Dreharbeiten?

Um die Faktenmenge in Grenzen zu halten, findet sich im Anhang eine Zeittafel, die eine schnelle Orientierung garantiert.

Die fast einhundert Ufi-Filme, die vor Kriegsende nicht mehr veröffentlicht wurden, fallen unter verschiedene Kategorien. Zur besseren Veranschaulichung werden die einzelnen Kategorien durch bekannte Beispiele kurz erläutert, etwa den Hans-Albers-Klassiker *Große Freiheit Nr. 7*, der erst nach Kriegsende in Deutschland gezeigt werden durfte, da die Marine wegen verunglimpfender Darstellung der Matrosen intervenierte. Auch der

Katastrophenfilm *Titanic*, der von der Reichsfilmintendanz wegen »Panikmache« verboten wurde, kam erstmals nach dem Krieg in die improvisierten Kinos. Doch eine Flut gesellschaftskritischer Filme aus den Giftschränken der Filmzensoren blieb aus, denn kein subversives Projekt hätte sich durch das engmaschige Netz der NS-Instanzen schmuggeln können.

In der Regel blieben die »Überläufer« aus relativ profanen Gründen der Öffentlichkeit vorenthalten, die überwiegend auf die katastrophalen Arbeitsumstände im totalen Krieg zurückzuführen sind. Aber gerade diese unspektakulären Ursachen illustrieren um so krasser eine aus den Fugen geratene Gesellschaft, die (zumindestens im Filmbereich) den Anschein einer intakten Ordnung aufrechterhalten wollte.

In diesem Buch wird mit den unvollendeten Ufi-Filmen eine absurde Facette der deutschen Geschichte beschrieben und erstmals dokumentiert.

Die Propagandaprodukte des Dritten Reiches lavierten sich mit der Zustimmung der Alliierten in die Nachkriegszeit und gereichten den militärischen Siegern zu erheblichem Profit. Das deutsche Kinopublikum mußte – dank der cineastischen Überläufer von einem politischen System ins andere – nach zwölfjähriger Indoktrination in puncto Filmunterhaltung nicht einmal umdenken.

Parallel zur Auswertung der fertigen Unterhaltungsware suchten die Filmoffiziere der Siegermächte in den demontierten Studiohallen nach dem unvollendeten Ufi-Erbe. Denn noch bis zur letzten Minute wurde in Babelsberg gedreht. Während der nahende Geschützdonner das Kriegsende ankündigte, liefen in München, Prag und Berlin noch die Kameras. Auch diese Geschichten sollen erzählt werden, denn deutlicher kann der Widersinn der Nazi-Diktatur kaum beschrieben werden.

Erstaunlicherweise ist der Verbleib der meisten unvollendeten Filmmaterialien trotz der Kriegswirren bekannt. Die Negativrollen lagerten im Tresorraum der Ufa-Zentrale in der Berliner Krausenstraße. Und sobald die Stahltür dieses Raumes geöffnet wurde, beginnt der zweite Teil der Publikation: die Vermarktung des Erbes.

Wie in allen guten Erbschaftsgeschichten geht es auch hier um betrogene Betrüger. Im sowjetisch besetzten Teil wurden alle deutschen Filme als Teil der Reparationsleistungen angesehen. Der sowjetische Filmverleih Sovexport hätte am liebsten sofort die unvollendeten Filme in den Stapel der anderen Ufa-Titel eingereiht, doch man wußte nichts über den Verbleib der Filmrollen oder fand sie zumindest nicht. Das von der Deutschen Zentrale für Volksbildung legitimierte Filmaktiv hatte die Filmnegative und konnte sie nicht ohne Erlaubnis vorführen. Das eigentliche Geschäft machte der Filmaktiv-Bevollmächtigte Hans Klering mit seinen in der Moskauer Emigration erworbenen Russischkenntnissen perfekt. Das Filmaktiv sollte in den ehemaligen Tobis-Anlagen den Film *Die Fledermaus* für 280000 RM endfertigen und an Sovexport ausliefern. Mit dieser stolzen Summe als Startkapital gründete sich im Mai 1946 aus dem Filmaktiv die DEFA. Goebbels' Filmapparat finanzierte also indirekt die erste Filmfirma nach dem Krieg, die sich die Aufarbeitung der faschistischen Vergangenheit auf die Fahnen schrieb.

Doch bei der einmaligen Finanzierung sollte es nicht bleiben. Für die technische Vollendung von insgesamt 17 liegengebliebenen Ufi-Filmen kassierte die DEFA bis 1950 über eine Million Mark. Doch die DEFA bediente sich nicht nur der Filmmaterialien, sondern aus Mangel an geeigneten Filmstoffen auch des Gedankengutes des ehemaligen Staatskonzerns: Nach Drehbüchern von zwei unvollendeten Ufi-Filmen produzierte sie unter ihrem Firmenzeichen die Remakes mit fast der gleichen Besetzung. Als Beispiel sei Wolfgang Staudtes *Der Mann, dem man den Namen stahl* benannt, den ich im Auftrag des Bundesarchivs 1996 rekonstruiert habe.

Der Regisseur Wolfgang Staudte ist für dieses Thema in mehrfacher Hinsicht interessant. Der erwähnte Tobis-Film sollte nicht sein einziges unvollendetes Werk bleiben. Die Aufnahmen zu *Kolonne Strupp* über die gefluteten S-Bahn-Tunnel wurden zum ersten Filmfragment der Nachkriegszeit. Filmhistorisch machte sich Staudte als Regisseur des ersten DEFA-Films, *Die Mörder sind unter uns*, einen Namen. Nachfolgend inszenierte er 1948 ebenfalls für die DEFA ein Remake seines Ufi-Torsos unter dem Titel *Die seltsamen Abenteuer des Herrn Fridolin B.* Grund genug also, dem bekannten Regisseur ein Extrakapitel zu widmen.

Es möge verziehen werden, daß ich bisweilen dem allgemeinen Sprachgebrauch unterliege und unter den Begriff »Ufa« auch Filme anderer Ufi-Firmen subsumiere.

ERSTES KAPITEL

Filmproduktion im Chaos

Vor dem Kino die Bombenhölle und drinnen das Friedensparadies; Hausmannskost für die Heimatfront; Film ohne Benzin; 72 Filme für das letzte Kriegsjahr; ein Pyjama für Gustav Knuth; ferienselige Filme als Überlebensstrategie

Sofern die Filmtheater nicht den Bombennächten zum Opfer fielen, berauschten sich die Zuschauer an deutschen Heldentaten vergangener Epochen oder an beschwingten Verwechslungskomödien. Das Drama beschränkte sich auf den häuslich-familiären Rahmen. Liebesbedürftige Ehefrauen kehrten an die Seite geläuterter Gatten zurück und ermahnten die Soldatenfrauen im Zuschauerraum zu unerschütterlicher Treue. Der Regisseur Arthur Maria Rabenalt beschreibt auch Jahrzehnte danach verwundert die unerwarteten Zuschauerreaktionen: »Die Kinobesucher – zwischen Tagesalarm und Nachtangriff, zwischen Sirenengeheul und Bombendetonation aus den Häuserruinen, Luftschutzkellern und Bunkern zu kurzer Entspannung in die Kinos entlassen, rebellierten nicht vor dem Laufbild gutgekleideter Frauen, demonstrierten nicht angesichts des Frackanzuges und barsten nicht vor Wut beim Anblick kultivierter Wohnhäuser. Sie standen im Gegenteil Schlange vor den Kassen der wenigen restlichen Kinos zwischen den rauchenden Schutthalden.

Je mehr Heime zerstört waren, der Lebensstandard jedes einzelnen gesunken war, die Lebensumstände denen primitiver Höhlenbewohner ähnlich wurden, desto mehr stieg die Gier, das im Luftminen- und Phosphorregen versunkene Paradies im Film wiederzusehen.«[1]

Die große Welt blieb den deutschen Kinos verschlossen. Militä-

1945: Zuschauerandrang vor der Berliner Filmbühne Wien

risch isoliert, konnten die Filmemacher nur in heimatlichen Landen oder verbliebenen Besatzungszonen drehen. Exotische Szenen wurden aus dem Archiv geholt und per Hinterbildprojektion illusioniert. Im totalen Krieg hatten sich die Volksgenossen auf die heimatlichen Werte zu konzentrieren, die es zu verteidigen galt.

Der Auslandsverleih für den deutschen Film verlangte dagegen nach mehr kommerziell auswertbaren Filmen mit attraktiven Darstellern. Die germanische Hausmannskost verblaßte in den neutralen Ländern gegenüber der amerikanischen Konkurrenz. Der Außenhandel schätzte nur jeden zehnten Film ohne Einschränkung als exportgeeignet ein. Filme mit international bekannten und beliebten Stars waren gefragt. Darunter fielen Marika Rökk, Zarah Leander und Kristina Söderbaum, die auch in Deutschland zur ersten Riege gehörten. Doch leider waren die Damen allesamt Ausländerinnen, deren Ruhm auf ihre Herkunftsländer zurückstrahlte. Der Operettenfilm, besonders in Wiener Mundart, gefiel dem ausländischen Publikum, entsprach aber nicht dem deutschen Wesen. Auch das utopische Genre in seiner zeitlichen Ungebundenheit und technischen Raffinesse war nach dem Geschmack der Kinogänger. Doch sobald das deutsche Milieu oder große Persönlichkeiten der nationalen Geschichte bemüht wurden, blieben im neutralen Ausland die Kinokassen leer.

Doch wie hätte die deutsche Filmindustrie den Wünschen nach aufwendigen Produktionen, im besonderen nach gefragten Operetten- und Kostümfilmen, nachkommen sollen? Im Gegensatz zu den propagandistischen Erfolgsmeldungen sah die Situation im Sommer 1944 bereits katastrophal aus. Die jugendlichen Liebhaberrollen wurden von Künstlern gereifter Jahre, wie Willy Birgel, Ferdinand Marian und Heinz Rühmann, verkörpert. Die Nachwuchstalente standen zusammen mit vielen technischen Mitarbeitern der zahlreich »ausgekämmten« Produktionsgesellschaften im Feld für Führer, Volk und Vaterland.

Das offizielle Motto für die übrigen Filmschaffenden lautete: durch Mangel zur Qualität. Bereits Ende Juli 1944 verordnete die Reichsfilmkammer den in Berlin ansässigen Firmen Ufa, Tobis, Terra und Berlin-Film eine »Kriegsarbeitsgemeinschaft« und schloß wichtige Atelieranlagen wie das Tobis-Atelier in Johannisthal. Im sechsten Kriegsjahr kamen selbst die dem Propagandaministerium unterstellten Filmbetriebe nicht mehr an den Forderungen der militärischen Dienststellen vorbei und mußten weitere »Gefolgschaftsmitglieder« freistellen. Der Babelsberger Ufa verblieben nach diesen Ausdünnungsaktionen von 1879 nur noch 767 Mitarbeiter. Der vermutete Rationalisierungseffekt stellte sich als unüberlegtes Rechenspiel heraus. »Waren doch bereits in den letzten Monaten die Bauleistungen in den einzelnen Ateliers oft so gering, dass sich mehrwöchige Bauzeiten für Dekorationen ergaben, die unter Verhältnissen, wie sie noch vor einem Jahr in den Ateliers bestanden, höchstens 1/3 der Zeit in Anspruch genommen hätten.«[2] Doch Direktor Fritzsche gelingt in seinem Bericht vom Januar 1945 auch der gedankliche Salto, die Mängel zu benennen und trotzdem zu der gewünschten Schlußfolgerung zu gelangen. »Mit der Feststellung der obigen Ziffern kommt man zwangsläufig zu der Erkenntnis, dass die Forderung auf weitere Auskämmung der deutschen Filmproduktion erfüllbar ist.« Sobald nur die besten Fachkräfte übrigbleiben, sollte sich die Qualität der Spielfilme von selbst steigern – mit positiven Auswirkungen auf die Laufzeit in den Kinos. Doch in der Realität verursachten nicht Bühnenarbeiter und verbliebene Kleindarsteller leidige Unterbrechungen der Dreharbeiten und Stillstandszeiten, sondern die Zwänge einer permanenten Mangelsituation.

Die Schauspieler wurden in der drehfreien Zeit zu Arbeiten in der Rüstungsindustrie zwangsverpflichtet. »Mit einem Minimum von künstlerischen und technischen Kräften wird täglich für Millionen schaffender Menschen notwendige Entspannung und kraftsteigernde seelische Erhebung ermöglicht.«[3]

In Zeiten der geschärften Aufmerksamkeit innerhalb der »Volksgemeinschaft« waren die Filmleute zu allen Konzessionen bereit, um die begehrte Uk-Stellung nicht zu gefährden. Nach den Auskämmaktionen der vorangegangenen Jahre arbeitete das verbliebene Drittel ab September 1944 auch 60 Stunden in der Woche.

In den letzten Ufi-Jahren verselbständigte sich die Filmproduktion zur Überlebensstrategie. Nicht der Film als gelungenes Endprodukt stand im Mittelpunkt der Bemühungen, sondern die Absicherung der Beteiligten für einen gewissen Zeitraum. Nur die Stars der ersten Staffel beanspruchten noch magere Privilegien für sich, die direkte Konfrontation wagten sie jedoch nicht. Willy Fritsch, Rudolf Forster und Emil Jannings erkrankten plötzlich und langwierig. Andere Schauspieler bewog nur die Aussicht auf gesicherte Spielorte, ein Engagement anzunehmen. Bereits am 15. Juli 1944 beklagte sich Dr. Müller-Goerne von der Reichsfilmintendanz über seine widerborstigen Untergebenen: »Willy Birgel hat erst auf unsere Anordnung hin einen Tobis-Film übernommen. Karl Ludwig Diehl und Gustav Diessl haben unter Angabe von künstlerischen Gründen einen Film, der in Prag dreht, vorgezogen. Willy Fritsch, allerdings gesundheitlich stark mitgenommen und sonst sehr willig, hatte gebeten, mit Rücksicht hierauf einen Film in Prag machen zu können. Ilse Werner wollte den Ufa-Film ›Ein toller Tag‹ nicht übernehmen. Paul Hubschmid lehnte es ab, nach Berlin zu kommen, weil er als Schweizer seinen Eltern dieses auf deren ausdrücklichen Wunsch versprochen habe. Der Kreis um Herrn Jannings, der sich mit seinem letzten Film ›Der Richter‹ befasst hatte und Monate am Wolfgangsee sass, ist bekannt. Gustav Waldau (allerdings 76 Jahre) lehnte eine Rolle für Berlin ab. Herr Holt versucht, die Zeit zwischen zwei Filmen durch den Abschluss bei den Salzburger Festspielen zu überbrücken. Frau Elfie Mayerhofer konnte ebenfalls erst durch unsere Einschaltung zur Übernahme eines Tobis-Films, der hauptsächlich in Berlin gedreht wird, bewogen werden.«[4]

Anderen Schauspielern dagegen war es nicht vergönnt, persönliche Forderungen durchzusetzen. Rudolf Platte zum Beispiel wurde im September 1944 als Ersatz für den Schnittmeister Wilhelm Zeyn für die Wehrmacht freigemeldet.[5]

Zu diesem Zeitpunkt verfügten die Studios offenbar über so viele abgedrehte Spielfilme, daß auf die Endfertigung größerer Wert gelegt wurde als auf Neuproduktionen. Im November 1944 befanden sich insgesamt 94 Filme im Endstadium. Sie stellten einen Kapitalwert von fast einhundert Millionen Reichsmark dar. Nur in den Protokollen für die vorgesetzten Dienststellen wurde weiterhin ein reibungsloser Drehablauf vorgespiegelt und die Maschinerie durch Arbeitsplanungen in Gang gehalten, die weit über den Zeitpunkt des absehbaren Zusammenbruchs hinausgingen.

Die künstlerische Selbstkontrolle der Autoren, Regisseure und Schauspieler schien in dieser Zeit ausgeschaltet zu sein. Für das Produktionsjahr 1944/45 planten die Studios Filme mit Titeln wie *Am Brunnen vor dem Tore*, *Don Juan wider Willen*, *Geliebte meiner Jugend* oder *Herzenssöhnchen* und probten mit problemloser Unterhaltung bereits die bedingungslose Kapitulation. Man vermied die Insignien der herrschenden Diktatur und jeglichen Bezug dazu. Der deutsche

Film konnte sich in der größten Völkerschlacht der Geschichte auf die Normalität des Friedens vorbereiten, da nur diese Inhalte vorgegeben und auch vom Publikum angenommen wurden.

»Fast scheint es, die Filmindustrie hätte am Ende sich selber nicht mehr ernst genommen und vorsätzlich ausprobiert, wie weit sie gehen darf, den Produktionsauftrag durch provokanten Leichtsinn zu untergraben.«[6] Nach der Zerstörung der westdeutschen Kopieranlagen konzentrierte sich dieser Industriezweig zu 90 Prozent im Berliner Raum und wurde im Dezember 1944 durch einen Großangriff zu dreiviertel zerbombt.

Ebenso desolat war die Situation in puncto Rohfilm. Laut ministerialer Verfügung vom 8. 12. 1944 durften die Spielfilme nur für eine maximale Länge von 2200 Metern (82 Minuten) konzipiert werden. Trotzdem wurden 650 000 Meter für neue Waffen und Medikamente in die Schweiz verkauft.

Gezielte Bombenangriffe auf den mitteldeutschen Raum führten zu starken Ausfällen im Verbundsystem der Stromversorgung. Telefon- und Elektroanlagen wurden stundenweise abgeschaltet.

Diese Einschränkungen in der Filmproduktion färbten keineswegs auf die Leinwand ab. Hier wurde getanzt und gejohlt wie in einer überlangen Fastnacht. Die Herstellung »lebensfroher und ferienseliger Filme« war ein Programm, das mit Goebbels' Tagebucheintragung vom 8. 2. 1942 korrespondierte: »Unser Volk bei guter Laune zu halten, das ist auch kriegswichtig.« In den letzten beiden Kriegsjahren wurden mit *Junge Adler* (1944) und *Kolberg* (1945) nur zwei Propagandafilme veröffentlicht. Das Gros der deutschen Filmproduktion bediente vorrangig das Bedürfnis der Zuschauer nach Ablenkung. Die Schauspieler agierten in bewährten Schablonen: zeit- und faltenlose Gesichter in unspezifischem, aber ansprechendem Milieu. Probleme blieben in der Garderobe. Man hat den Eindruck, daß die Filmautoren den staatlichen Auftrag nach klischeehafter Gegenwartsdarstellung eifrigst bedienten, um die Filmprojekte möglichst reibungslos durch die Zensurinstanzen zu schleusen. In den seichten Geschichten, die sie ablieferten, konnte niemand eine Spur von Defätismus oder Kritik entdecken und sie damit ablehnen. Gefordert war die unversehrte Oberfläche, geliefert wurden Belanglosigkeiten. Überleben, ohne aufzufallen.

Der Einfluß des Propagandaministers Goebbels als oberstem Filmherrn war nach den militärischen Rückschlägen gesunken. Sein Prinzip, »Erziehen, ohne mit dem Anspruch des Erziehens aufzutreten«, schien nur bedingt aufzugehen. Lediglich 23 Neuproduktionen erhielten 1944 eine Prädikatisierung als »herausragender« Film. Keiner wurde der höchsten Kategorie als »staatspolitisch und künstlerisch besonders wertvoll« für würdig befunden. Erfolge sollten mit dem Durchhaltefilm *Kolberg* erzwungen werden. Alle Mittel konzentrierten sich auf diese farbige Großproduktion. Während die Wehrmacht die letzten Reserven formierte, ließ der Regisseur Veit Harlan 187000 Soldaten als Statisten von der Front abziehen. Die geplante aufwendige Premiere in der Festung La Rochelle wurde allerdings eine herbe Enttäuschung, da dieser strategisch wichtige Standort im Frühjahr 1945 bereits von US-Landetruppen eingeschlossen war und die Filmkopie nur per Fallschirm abgeworfen werden konnte.

Hatte sich Goebbels, als Bevollmächtigter für den totalen Kriegseinsatz in der »Sprechbühnenaktion«, der Umwandlung von Theatern in Kinos, noch gegen den als Theatermäzen bekannten Hermann Göring durchsetzen können, machten ihm nun die Details der Bürokratie einen Strich durch die Rechnung. Nicht einmal die Bevorzugung seiner Filmbetriebe bei der Benzinverteilung konnte der Minister mehr durchsetzen. Der notwendige Transport von Requisiten und Tontechnik für Außenaufnahmen war nur bis Mitte des Jahres 1944 möglich, danach mußte jede Benzinration beantragt werden. Parallelproduktionen, in denen Darsteller von einem Drehort zum nächsten gefahren werden mußten, waren schon lange passé.

Minister Goebbels kündigte für das kommende Jahr die enorme Anzahl von 72 Premieren an. Wunschdenken – seine eigenen Zensurbehörden erteilten ihre Genehmigungen nur schleppend. Die genannte Gesamtanzahl beinhaltete allein 36 Filme des Produktionsjahres 1943/44.

Doch selbst die restlichen 46 geplanten Neuproduktionen verdeutlichen eine nur durch enorme Zwänge erklärbare Irrationalität, die propagandistisch verklärte Negation der vorhandenen Zustände. 1943 stellte der gesamte Ufi-Konzern unter vergleichsweise idealen Bedingungen nur knapp die doppelte Anzahl an Filmen her. Man hat den Eindruck, als würden auf dem sinkenden Kahn noch die Fenster geputzt.

Mit dem Volkssturm stellte Hitler ab Oktober 1944 den geschwächten Divisionen die letzte Reserve an die Seite, die sich aus alten Männern und Halbwüchsigen rekrutierte. Im Berliner Stadtzentrum waren vier von fünf Häusern zerstört. Zur Verteidigung der Reichshauptstadt wurden HJ-Kompanien aufgestellt und durch frontuntauglich geschossene Soldaten ergänzt. Ungeachtet dieser Situation berief die Reichsfilmintendanz die Produktionsleiter der im Ufi-Konzern zusammengefaßten Filmbetriebe zu turnusmäßigen Besprechungen ein und verhandelte akribisch über den Einsatz prominenter Darsteller, als ob dadurch das Kriegsgeschehen entscheidend beeinflußt werden könnte. Die Planungen reichten weit ins Jahr 1945 hinein und waren spätestens ab Oktober 1944 nur noch Makulatur. Niemand konnte mehr einen normalen Produktionsablauf garantieren. Trotzdem ereiferten sich die Filmbeamten wie zu Friedenszeiten über Formalien und Zuständigkeitsbereiche. Ufa-Chef Wolfgang Liebeneiner mahnte in einem Schreiben vom 4. Januar 1945 die führende Position seiner Produktionsfirma in Pressepublikationen an und wollte keineswegs hinter Bavaria oder Tobis genannt werden.[7]

Ausführliche Filmrezensionen in der Fachpresse gab es bereits seit Jahren nicht mehr, sondern nur noch kommentierte Inhaltsangaben, so daß Liebeneiners Vorwurf als selbstgefälliges Kompetenzgerangel zu werten ist. In einer Zeit der strukturellen Auflösung offenbart dieses Schreiben den Mangel jeglichen Realitätsbezugs.

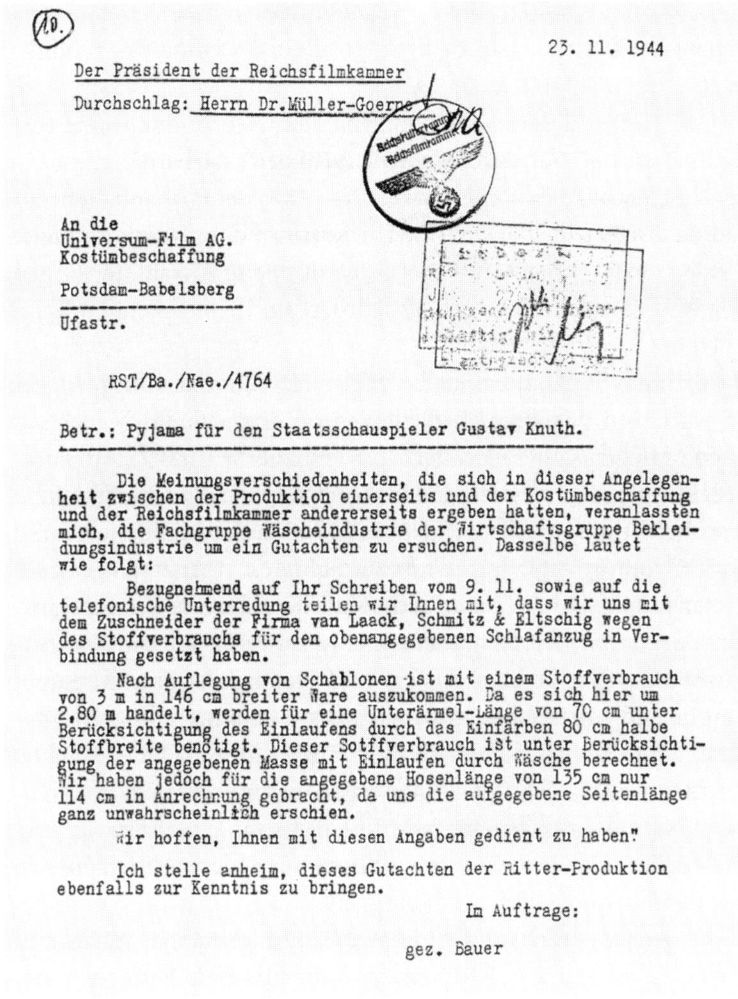

(10.)

23. 11. 1944

Der Präsident der Reichsfilmkammer

Durchschlag: Herrn Dr.Müller-Goerne

An die
Universum-Film AG.
Kostümbeschaffung

Potsdam-Babelsberg

Ufastr.

RST/Ba./Nae./4764

Betr.: Pyjama für den Staatsschauspieler Gustav Knuth.

Die Meinungsverschiedenheiten, die sich in dieser Angelegenheit zwischen der Produktion einerseits und der Kostümbeschaffung und der Reichsfilmkammer andererseits ergeben hatten, veranlassten mich, die Fachgruppe Wäscheindustrie der Wirtschaftsgruppe Bekleidungsindustrie um ein Gutachten zu ersuchen. Dasselbe lautet wie folgt:

Bezugnehmend auf Ihr Schreiben vom 9. 11. sowie auf die telefonische Unterredung teilen wir Ihnen mit, dass wir uns mit dem Zuschneider der Firma van Laack, Schmitz & Eltschig wegen des Stoffverbrauchs für den obenangegebenen Schlafanzug in Verbindung gesetzt haben.

Nach Auflegung von Schablonen ist mit einem Stoffverbrauch von 3 m in 146 cm breiter Ware auszukommen. Da es sich hier um 2,80 m handelt, werden für eine Unterärmel-Länge von 70 cm unter Berücksichtigung des Einlaufens durch das Einfärben 80 cm halbe Stoffbreite benötigt. Dieser Sotffverbrauch ist unter Berücksichtigung der angegebenen Masse mit Einlaufen durch Wäsche berechnet. Wir haben jedoch für die angegebene Hosenlänge von 135 cm nur 114 cm in Anrechnung gebracht, da uns die aufgegebene Seitenlänge ganz unwahrscheinlich erschien.

Wir hoffen, Ihnen mit diesen Angaben gedient zu haben"

Ich stelle anheim, dieses Gutachten der Ritter-Produktion ebenfalls zur Kenntnis zu bringen.

Im Auftrage:

gez. Bauer

Ein weiteres Kuriosum waren die Auseinandersetzungen um einen Pyjama für Gustav Knuth, die Ende November 1944 auf höchster Ebene geführt wurden. Eigentlich ging es anfangs um drei Meter Stoff, doch der Verbrauch an Papier von Reichsfilmkammer, Ufa-Kostümbeschaffung und Wirtschaftgruppe Bekleidungsindustrie übertraf diese Länge um ein Vielfaches.

Das Reichspropagandaministerium befiehlt

Der deutsche Film in fester Hand; Regisseure drehten in der grünen Heide; unverbindliche Ablenkung; Zweckoptimismus in den Dienststellen

Joseph Goebbels hatte innerhalb der zwölf Jahre seiner ministerialen Tätigkeit den deutschen Film mit einem engmaschigen Netz ideologischer Kontrolle überzogen. Er ließ sich als Kunstkenner mit ausgeprägtem Sachverstand feiern. Doch sein eigentliches Fachgebiet war zweifellos die Manipulation der Massen.

Der Film spielte eine zentrale Rolle in der Umsetzung der nationalsozialistischen Wahnideen. Kurz nach Hitlers »Machtergreifung« wurden bereits alle entscheidenden Filmbetriebe »gleichgeschaltet« und einem System der staatlichen Entmündigung unterstellt. Als Reichsbeauftragten der deutschen Filmwirtschaft bestellte Goebbels den bewährten Parteikader Dr. Max Winkler, Bürgermeister a. D. der Stadt Graudenz und ehemaligen Leiter der Caution Treuhand GmbH, die pro forma die Verwaltung der staatlichen Firmenanteile übernommen und diese durch eine regressive Ankaufpolitik vermehrt hatte.

In der Öffentlichkeit wurde natürlich die Unabhängigkeit und Eigenständigkeit der Filmbetriebe unterstrichen. Selbst ein aufmerksamer Kritiker hätte nur mit Mühe und Sachverstand die verzweigten Staatsbeteiligungen aufdecken können.

Unmittelbar vor der Gründung des vereinheitlichten Staatskonzerns Ufa-Film GmbH (Ufi) mußte Minister Goebbels die verschleierten Transaktionen nicht mehr kaschieren. Im Februar 1941 erklärte er stolz vor der Reichsfilmkammer: »Als ich vor einigen Jahren, zuerst getarnt, dann mehr und mehr öffentlich, heute auch von der weitesten Öffentlichkeit anerkannt, maßgebende Institutionen der deutschen Filmindustrie in den Besitz des Deutschen Reiches überführte, wurde dieser Weg von Kritikern als verhängnisvoll empfunden (…) Ich bin heute davon überzeugt, daß es der entscheidende Schritt in unserer Höherentwicklung der deutschen Filmkunst ist, daß der Film heute nicht mehr irgendwelchen anonymen Kapitalgesellschaften, sondern dem Reich gehört und daß das Reich als ehrlicher Makler und Treuhänder die großen entscheidenden Fragen der deutschen Filmproduktion auch zu entscheiden und zu lösen in der Lage ist.«[8]

Doch nicht nur in wirtschaftlicher Hinsicht unterwarf Goebbels die »reichsmittelbaren« Filmfirmen dem Mandat des mächtigen Propagandaministeriums. Der ebenfalls im Januar 1942 eingesetzte Reichsfilmintendant Dr. Fritz Hippler kontrollierte alle künstlerischen und personellen Planungen im Filmbereich und war gleichzeitig Leiter der Filmabteilung im Ministerium. Hipplers Amtszeit war nur von kurzer Dauer. Er wurde bereits ein Jahr später durch den langjährig geschulten Pressemitarbeiter SS-Gruppenführer Hans Hinkel abgelöst, der sich mit markigen Sprüchen richtungweisend einführte: »Die Zeiten für langatmige Debatten und unproduktives Theoretisieren sind vorbei.«[9]

Auf den ersten Blick schien der deutsche Film fest in der Hand des Goebbels-Imperiums zu sein. Alle Drehbücher, Wochenschauen und wichtige Personalentscheidungen wurden vom Minister persönlich genehmigt. Diese direkte Einmischung führte aber auch zu unfreiwillig komischen Ergebnissen. Im Februar 1941 lehnte Goebbels etliche Exposés ab, »da sie zu unpsychologisch sind. Wir müssen lebensnahe Stoffe verfilmen, die echte Menschen darstellen.« Daraufhin wurden ihm viele Filmentwürfe aus dem Medizinermilieu vorgelegt. Seine telefonische Anordnung nach »ernsten« Filmen war als »Ärzte«-Filme mißinterpretiert worden.

Auf des Ministers Geheiß wurden im September 1944 in der »Sprechbühnenaktion« sämtliche Theater geschlossen und 270 KdF-(»Kraft durch Freude«)Bühnen, Varietés und Theater in Ki-

Goebbels mit Willy Fritsch (links) und Ernst H. Correll (rechts) im Ufa-Atelier

nos umfunktioniert. Die freigesetzten Mitarbeiter wurden den Filmfirmen unterstellt oder erhielten ihre Einberufung. Nach dieser Entscheidung wurde der Kinobesuch die einzige unterhaltende Alternative zum tristen Kriegsalltag, denn zum gleichen Zeitpunkt galt bereits ein Publikationsverbot für Belletristik und alle kulturellen Zeitschriften.[10]

Natürlich mußten mit der geschaffenen Machtkonzentration handfeste Ergebnisse erzielt werden. Trotz zusammenbrechender Infrastruktur und näherrückender Front verkündete die Filmabteilung im Propagandaministerium für das Produktionsjahr

1944/45 insgesamt 72 geplante Premieren. Mit dieser Zahl lag man etwas unter den 78 Uraufführungen von 1943 und hob sich, statistisch geschönt, gegen die mageren 64 Spielfilme des Vorjahres ab.

Niemand wird ernsthaft mehr an die Realisierung der willkürlich festgelegten Zahl geglaubt haben. Reichsfilmintendant Hans Hinkel wies denn auch die Produktionschefs nachdrücklich darauf hin, »von diesen Zahlen keinen zu dogmatischen oder tendenziösen Gebrauch zu machen. Sie sollen lediglich eine Richtlinie für unseren inneren Betrieb sein. Veröffentlichungen darüber sind in jeder Beziehung unerwünscht.«[11] Doch fast zeitgleich wurde dieses Zahlenmaterial in den *Film-Nachrichten* publiziert.

Die straff organisierte Kontrollbehörde Reichsfilmintendanz verfügte und ordnete an wie zu Friedenszeiten und verschwendete eigentlich nur noch Papier. Täglich gingen neue Meldungen über zerbombte Betriebsanlagen und Filmtheater ein. Eine normale Produktionsplanung war de facto unmöglich geworden.

In dieser Situation wollte Hinkel seine Untergebenen an der Kandare halten, um beobachteten Verflüchtigungserscheinungen Einhalt zu gebieten. »Allerdings wird es unsere gemeinsame Aufgabe sein, die Müden und Zögernden in Trab zu bringen, die Faulen eines Besseren zu belehren und manche Dame und manchen Herren mit allzu vorgestrigen und versnobten Faulenzermethoden zur Raison zu bringen.«[12]

Hatten sich die Schauspieler in den 30er Jahren noch werbewirksam für die Ideen des Nationalsozialismus mißbrauchen lassen, so versuchten sie nun, den militärischen Zusammenbruch in der Privatnische zu überleben. Einige organisierten ominöse Theatertourneen, um dem Aufsichtsbereich der Durchhaltenazis zu entkommen. Andere ließen ihre Beziehungen spielen, um in bombenfreie Gebiete beordert zu werden. Der absolute Geheimtip waren die Barrandov-Studios in Prag. Dort versammelte sich die Schauspielerelite um Hans Albers und prämierte allabendlich den besten Hitler-Witz.

Reichsfilmintendant SS-Gruppenführer Hans Hinkel

Aus Prag kam dann auch eine erregte Beschwerde, daß sich Fälle häufen würden, »wo Filmschaffende es ablehnen, eine Rolle zu übernehmen bzw. nach Prag zu reisen, wenn keine Bettkarten zur Verfügung gestellt werden. Soweit es in meiner Möglichkeit liegt, bin ich selbstverständlich stets bestrebt, Bettkarten zu beschaffen, jedoch ist für die kommende Zeit mit Wahrscheinlichkeit damit zu rechnen, dass die Bettkarten-Beschaffung noch schwieriger, in vielen Fällen vielleicht unmöglich wird.«[13]

Bereits im Juli 1944 erboste sich Dr. Müller-Goerne von der Reichsfilmintendanz über dic »Schwierigkeiten, die in Berlin herzustellenden Filme zu besetzen. (...) Eine sogenannte Bombenangst wird man in kaum einem Falle nachweisen können. Die Filmschaffenden führen viele Gründe an, legen Atteste prominenter Ärzte vor usw., so dass der Nachweis der Bombenangst meist nicht geführt werden kann.«[14]

Den Regisseuren fiel es nicht schwer, eine Verlegung der Drehorte in unbetroffene Gebiete zu begründen, da die genehmigten Unterhaltungsstoffe jeglichen Aktualitätsbezug negierten. Die Kamera sollte eine Idylle abbilden und nicht über Ruinen streifen.

Die Bestrebungen der Schauspieler, sich in ungefährlichere Reichsgebiete abzusetzen, wurde durch den Umstand erleichtert, daß sämtliche Produktionsabläufe ins Stocken geraten waren. Nur mit Mühen sollten die angefangenen Filme in den Studios beendet werden. Selbst der parteiergebene Hans Hinkel gab sich im Februar 1945 erstmals unentschlossen: »Ja, die Film-Produktion läuft weiter, soweit uns der Kampf gegen den Bolschewismus und seine plutokratischen Nährväter überhaupt noch eine Möglichkeit dazu gibt.«[15]

Die Reichsfilmintendanz setzte auf die Vielzahl jener Filmtitel, die der Filmzensur zur Begutachtung vorlag, um das offensichtliche Manko auszugleichen. Im Gegenzug erwartete man von der laufenden Produktion ein qualitativ hochwertiges Endprodukt, das durch längere Laufzeiten ausgewertet werden sollte.

Der deutsche Inlandsvertrieb hatte bereits auf der letzten Sitzung im November 1944 einen erheblichen Besucherrückgang bemängelt, der nur durch erhöhte Eintrittspreise und die Zurücknahme von Ermäßigungen aufgefangen werden konnte. Die Deutsche Filmvertriebs GmbH als monopolistischer Filmanbieter hatte

Ende 1943 den meist privaten Kinobesitzern eine Erhöhung der Filmmieten und die Einführung eines dreiprozentigen Kriegszuschlages aufgezwungen.

Auch der Wiedereinsatz staatspolitisch wertvoller Filme im November 1944 trug nicht zu einem Besucheranstieg bei. Minister Goebbels hatte sich gerade von dieser Spontanaktion viel versprochen. Im Oktober 1944 sandte er seinen Mitarbeiter Karl Fries ins neutrale Stockholm, um sich einen Überblick über das ausländische Filmangebot zu verschaffen. Er erfuhr, »in Schweden würden fast ausschließlich von Amerika Hetz- und Verleumdungsfilme gegen Deutschland zur Aufführung gebracht, und man könne nicht abstreiten, daß diese, da sie sehr gut gemacht seien, ihre Wirkung nicht verfehlen ... Ich ziehe daraus die Konsequenz, daß wir jetzt auch in größerem Umfang als bisher politische Filme, wenn auch nicht gerade ausgesprochene Hetzfilme, drehen müssen.«[16] Doch die genehmigte Produktionsstaffel für 1945 wies außer Liebeneiners *Das Leben geht weiter* keine richtungweisenden Propagandafilme aus. Als Notvariante griff Goebbles auf die ehemals bewährten Kampfklassiker zurück und erlitt damit eine beträchtliche Schlappe. Politische Tendenz war im Kino nicht mehr angesagt.

Derweil verbreitete Direktor Zimmermann vom Inlandsvertrieb in seinem streng vertraulichen Dossier einen verklärten Zweckoptimismus: »Wir haben in 1943/44 96 deutsche Filme vermietet, die für etwa ein und ein viertel Jahr ausreichen sollten. In 2–3 Wochen werden wir 72 Filme als drittes Vertriebsprogramm herausbringen, das nach dem Willen des Reichsministeriums wieder nur solche Filme beinhaltet, die bei Vermietungsbeginn zuverlässig in Dreharbeit sind. Wir mussten – und konnten auch – etwas länger warten als im Vorjahr, da im Hinblick auf den Eindruck im Ausland nicht mit einer stark gesunkenen Filmzahl vor die Öffentlichkeit getreten werden sollte.«[17]

Mangel an allen Ecken

60-Stunden-Woche und Kriegs-Heimarbeitswerkstätten; lückenlose Kontrolle der Gefolgschaftsmitglieder; panische Flucht aus Holland; Diensträder für die Ufa; die Flachlandaktion; Volkssturm und Film; Bombenalarm in Babelsberg; der Bunker Prag; Dreharbeiten ohne Film

Im November 1944 bemühte Reichsfilmintendant Hinkel alte Beziehungen zum Gauleiter und Reichsstatthalter Baldur von Schirach, um diesen für die Belegschaft der Wien-Film zu sensibilisieren. Neue Einberufungswellen standen bevor, und alle eingesetzten Direktoren bedrängten ihn um Nachsicht und persönliche Einflußnahme. Nach den »Auskämmaktionen« der Vormonate verblieb den Firmen meist nur die Hälfte der Belegschaft, so daß sich die Atelierzeiten überdurchschnittlich verlängerten. Hinkel versicherte in »alter treuer Kampfverbundenheit« dem ehemaligen Reichsjugendführer von Schirach, »dass ich mit allen mir zu Gebote stehenden Mitteln stets dafür Sorge trage, dass auch im Bereich der Wien-Film GmbH nicht die geringste Arbeitskraft in einem heute nicht mehr vertretbaren Sinne brachliegen kann«.[18]

Bereits Ende August hatte der Generalbevollmächtigte für den Arbeitseinsatz die 60-Stunden-Woche verfügt.[19] Die drehfreien Schauspieler mußten sich in den »Kriegs-Heimarbeitswerkstätten« einfinden, um ihren Beitrag für die Rüstungsindustrie zu leisten. »Wir müssen alle in der ›Pinselwerkstatt‹ Armaturenbrettchen mit Leuchtfarbe bemalen. Da ist nicht geheizt. In Hüten und Mänteln oder in Kopftücher gehüllt, tupfen wir mit winzigen Pinseln die zähflüssige, gesundheitsschädliche weiße Farbe auf winzige Buchstaben, Worte, die in winzige Schildchen geprägt sind. Für Flugzeug-Armaturenbretter.«[20] Nur wenige wagten es, sich dieser unsinnigen Anordnung durch Nichterscheinen zu widersetzen. Karl Schönböck begründete seine Abwesenheit durch Verpflichtungen einer Theatertournee, die jedoch nur auf dem Papier existierte und mit Viktor de Kowa zusammen erdacht war. Dieser Trick war nicht neu, aber wirkungsvoll. Die Produktionschefs der reichsmittelbaren Filmbetriebe hatte man schon im Juli 1944 auf diesen Umstand nachdrücklich hingewiesen. Im vertraulichen Protokoll ermahnte Reichsfilmintendant Hinkel seine Untergebenen, »dass eine Ablehnung von Filmrollen durch Schauspielerinnen und Schauspieler unter dem Vorwand eingegangener Tourneeverpflichtungen in keinem Falle zulässig sei. Es gehe nicht an, dass sich Filmschaffende durch Abschluss von Tourneen einem Filmeinsatz in Berlin oder einer sonstigen luftgefährdeten Filmproduktionsstätte entzögen.«[21] Die Filmschaffenden sollten sich sofort bei der Reichskulturkammer melden, sofern sie »ausgebombt oder mit unbekanntem Ziel verreist«[22] seien. Doch es ist schwer vorstellbar, daß sich wirklich ein Mitarbeiter per Formular mit unbekanntem Ziel abmeldete.

Die jedem Filmbetrieb zugewiesenen Referenten der Einberufungsbüros verfügten über ein gewichtiges Mitspracherecht in der Personalplanung. Unter dem Deckmantel militärischer Erfordernisse maßten sie sich Eingriffe in gewohnte Betriebsabläufe und Unterstellungsverhältnisse an. »Jedes Gefolgschaftsmitglied kann mit seinen kleinen Sorgen zu mir kommen und ich werde versuchen, Abhilfe zu schaffen, aber ich muss im Interesse der Erhaltung der Arbeitsdisziplin fordern, dass

1. niemand unentschuldigt wegen geringfügiger Erkrankung fehlt
2. dass sich niemand unerlaubt von seinem Arbeitsplatz und aus Berlin entfernt.«[23]

Dieses Schreiben vom Februar 1945 war durchaus ernst gemeint, und die angedrohten »härtesten Strafen« sollten nicht nur leere Worte bleiben. Im selben Monat sprach der Betriebsführer der Berlin-Film gegen drei Mitarbeiter die fristlose Entlassung wegen unerlaubter Entfernung vom Arbeitsplatz aus.

Die zerstörte Jannowitzbrücke in Berlin

Nur in Ausnahmefällen erhielten die Schauspieler und Bühnenarbeiter die Erlaubnis, persönliche Angelegenheiten außerhalb des Wohnortes regeln zu dürfen. Mit Hinkels ausdrücklicher Genehmigung durfte Karl Schönböck seine Frau im März 1945 von Mecklenburg nach Bayern begleiten. Unterwegs mit einem Pferdefuhrwerk, wurde er von Soldaten angehalten und sollte vom Fleck weg an die Front rekrutiert werden. Zum Glück erkannte ihn ein österreichischer Offizier, der ihm die Weiterfahrt ermöglichte. Doch selbst nach diesen Wirrnissen und Gefährdungen getraute sich Schönböck nicht, die genehmigte Frist von zwei Wochen zu überschreiten, und fand sich kurz vor Kriegsende wieder in Berlin ein.

Das Chaos einer überhasteten Flucht hatten Monate zuvor die Ateliermannschaften aus Holland und Frankreich erlebt. Im September 1944 wurde der Befehl zur Evakuierung gegeben, und nur ein Bruchteil der Atelierausrüstung konnte in die Stammbetriebe nach Deutschland überführt werden. Sämtliche Transportmöglichkeiten requirierte die Wehrmacht für ihre Zwecke, und nur mit erhöhtem persönlichem Einsatz war es den Verantwortlichen möglich, zumindestens die Akten und Filme zu sichern. In einem ausführlichen Bericht schilderten die Herren Jelinek und Rennspiess von der Berlin-Film GmbH, die Ateliers in Den Haag und Amsterdam unterhielt, ihre Flucht aus Holland. Ein bestochener Gepäckträger schmuggelte Kostümkisten an der langen Warteschlange vorbei in einen der letzten Güterzüge. Die im Autobus mitgeführten Kostüme dagegen wurden durch englische Tiefflieger zerstört, während die Busbesatzung im Straßengraben um ihr Leben bangen mußte. Für einhundert Gulden wurde der Fahrer eines Militärlastwagens überredet, die Filmleute und deren Gepäck in den nächsten Ort mit Bahnanschluß zu transportieren. »Herr Rennspiess und Herr Kandziora übernahmen rückwärts die Sicherung und hielten Ausschau nach Fliegern, die noch immer in der Nähe herumschwirrten. Ich sass vorne auf dem Kotflügel des Autos, um zu verhindern, dass wir während der Weiterfahrt von Militär angehalten werden und auch um den hinter mir sitzenden Infanteristen abzudecken, der ja einem Haltezeichen von militärischen Posten Folge leisten hätte müssen. Die ganze Strecke über lagen auf der Strasse die zum Teil noch brennenden Wracks der beschossenen Autos.«[24]

Die geretteten Requisiten aus Holland verhalfen den unterbrochenen Filmen nicht zur Endfertigung. Teilweise wurden die Kisten nicht einmal ausgepackt.

Die Ateliers in Berlin und Babelsberg waren mit überfälligen Produktionen belegt, und die nächsten Anwärter standen bereits Schlange, denn die Arbeit beim Film bedeutete Überleben.

Niemand hatte ein Interesse an der überhasteten Fertigstellung eines Films. Zwar beklagten offiziell die Direktoren zahlreiche Drehbehinderungen, doch gegen die stundenlangen Stromunterbrechungen waren sie ebenso machtlos wie gegen die mit leisem Protest vollzogene Zentralisierung der Filmgesellschaften. Im Zuge dieser Maßnahmen wurden die Ateliers in Johannisthal und Tempelhof stillgelegt und die nichterforderlichen Mitarbeiter der Wehrmacht überstellt. Mit dieser Maßnahme sollte das leidige Transportproblem gelöst werden, denn das Benzinkontingent reichte nur für die notwendigsten Fahrten, und die verbliebenen Studios in Babelsberg und im Grunewald waren notfalls auch per Fahrrad erreichbar. Vorsorglich hatte die Ufa bereits im Herbst 1944 fünfzehn Diensträder angeschafft.

Wie alle Restriktionen barg auch jene über die Schließung der Tobis-Ateliers ihre Schlupflöcher und wurde spätestens nach der starken Beschädigung der Efa- und Grunewald-Ateliers im November 1944 unterlaufen. Karl Schönböck kann sich zum Beispiel an Dreharbeiten für Wolfgang Staudte erinnern, die im Frühjahr 1945 in Johannisthal stattfanden.

Wahrscheinlich hatten sich die Filmoberen um dringendere Probleme zu kümmern, wie etwa die eingeschränkte Bereitstellung von Rohfilm. Nachdem die Salpeterfabrikation und Kopieranlagen in Westdeutschland flächendeckend zerbombt wurden, sank die Monatsleistung von zwölf auf acht Millionen Rohfilmmeter. Von jedem Film kam deshalb eine deutlich verringerte Kopienanzahl in die Kinos. Der Versand in die Zweigstellen der Verleiher verzögerte sich, so daß einzelne Filme länger als geplant auf dem Spielplan blieben.

In den Städten blieb das ehemalige Stammpublikum den Kinos fern. Lag es an den zunehmenden Fliegeralarmen oder an der extensiven Arbeitszeit? In der Rüstungsindustrie wurde die 72-Stunden-Woche eingeführt, und ab Januar 1945 blieben die Filmtheater einen Tag in der Woche wegen Stromabschaltung geschlossen. Direktor H. Zimmermann vom Inland-Filmvertrieb beklagte deshalb ein Besucherminus von sechs Prozent und listete in dem streng vertraulichen Dossier mögliche Ursachen auf. »Hauptgründe für den Rückgang liegen in der zunehmenden Zerstörung von Filmtheatern, die durch Einrichtung von Ersatztheatern und Umstellung von Sprechtheatern nicht ausgeglichen werden kann, im

Ausfall von Spielstellen infolge von Feindbesetzung oder Frontnähe, in der Zunahme der Alarme, im Mangel an ausreichenden Mengen von Positiv-Rohfilm.«[25] Der Ausfall von insgesamt 1279 Filmtheatern bis Ende Oktober 1944 sollte durch die »Flachlandaktion« ausgeglichen werden. Nicht nur die Filmproduktionen, sondern auch große Teile des städtischen Publikums suchten in ländlichen Gebieten Zuflucht und saßen nun in Dörfern, die nie ein Kino gesehen hatten. Mit Schmalfilmen sollte nach den Vorstellungen des Reichsbeauftragten Max Winkler ein Netz von improvisierten Vorführmöglichkeiten aufgebaut werden. Dieser Plan scheiterte vorrangig an technischen Problemen. Die Filmindustrie konnte nur ungenügend 16-mm-Material bereitstellen. Auch die Kopierwerke sahen sich überfordert. »Die ›Flachlandaktion‹ verlief buchstäblich im Sande und verlor ihren Sinn, als auch die Provinz in den ›totalen Krieg‹ hineingezogen wurde und die Menschen weniger mit der Gestaltung ihrer Freizeit als mit ihrer Selbsterhaltung beschäftigt waren.«[26]

In den Filmstudios war noch längst nicht die letzte Klappe gefallen. Die Schauspieler hatten sich mit der Einführung einer Kriegsdienstverpflichtungs-Gage in unbestimmter Höhe abzufinden, denn in den Informationswirren des Frühjahres 1945 wurden nur Vorauszahlungen geleistet. Die Proteste gegen diese Maßnahme blieben verständlicherweise kleinlaut, denn in den Ateliers kursierten Gerüchte über die Einberufung zum zweiten Aufgebot des Volkssturmes. Die Meinung des Reichsfilmintendanten Hinkel war hinlänglich bekannt und schwebte wie ein Damoklesschwert über den Akteuren. »Wenn in dem einen und anderen Fall eines Künstlers oder Atelier-Arbeiters, Dramaturgen oder Kameramannes die Frage entsteht: Volkssturm oder Film, so muß selbstverständlich mit aller Gewissenhaftigkeit und mit dem ungeschriebenen Gesetz unserer Festung Deutschland entsprechend entschieden werden. Zumeist: Volkssturm und Film!«[27]

In verstärktem Maße kam es vor, daß Filmteams in die Studios nach Babelsberg zurückbeordert wurden, weil die Außenkulissen während des Drehprozesses durch die Alliierten zerbombt wurden. Aufwendige Rückprojektionen illusionierten zum Beispiel beim Projekt *Kamerad Hedwig* das unzerstörte Würzburg. Doch die Nähe von Babelsberg zur Reichshauptstadt bewog die Hauptdarstellerin Luise Ullrich, aus Krankheitsgründen nicht anzureisen. Der Film blieb unvollendet.

Auf den Wasserstraßen um Babelsberg drehte Helmut Käutner zur gleichen Zeit die Schifferidylle *Unter den Brücken* mit Carl Raddatz und Gustav Knuth. Während der glutrote Horizont vom Bombengrauen im nahen Berlin zeugte, bemühte sich der Kameramann, Schilfrascheln und Froschgequake geräuschecht aufzunehmen. »Wir lebten verträumt neben der Zeit und lenkten uns durch die Arbeit von all dem Schrecklichen ab«[28], wird Käutner später sagen.

Der ewige Sonntag mit kleinen Eifersüchteleien und Versöhnungsgelagen nahm kein Ende, zumindestens im Scheinwerferlicht. Sobald die Sirenen die Aufnahmen unterbrachen, hasteten die Darsteller im Rokoko-Reifrock oder schmucken Dirndl in die Splittergräben und bangten unter dicker Schminke um ihr Leben.

Der Regisseur Oscar Fritz Schuh erinnert sich an die Dreharbeiten für *Ein toller Tag* in Babelsberg: »Fast jeden Tag gab es Bombenalarm. So konnten wir überwiegend nur morgens ein bis zwei Stunden arbeiten, dann heulte die Sirene. Meist dauerte es einige Stunden. Da die Ufa keine richtigen Luftschutzbunker, nur Splittergräben hatte, wurden wir irgendwo ins Grüne gefahren, wo es weniger gefährlich war. Nachmittags um drei Uhr pflegten wir zurückzukommen und noch ein paar Einstellungen zu drehen. Oft waren sie unbrauchbar, weil die Schauspielerinnen nach den Strapazen des Alarms überanstrengt aussahen.«[29]

Die Kollegen im Goldenen Prag dagegen kannten diese existentiellen Sorgen nicht, zumindestens für die Dauer ihres Aufenthaltes, den sie möglichst in die Länge zogen. In ihren Erinnerungen schwärmt die Schauspielerin Margot Hielscher von deliziösen Sahnetörtchen und raffinierten Ledersandalen, die sich die privilegierten Deutschen aufgrund des Schwindelkurses leisten konnten.

Hier wurde noch wie zu Friedenszeiten gedreht, wenn nicht die tschechischen Bühnenarbeiter besonders zögerlich arbeiteten oder Hans Albers stundenlange Auseinandersetzungen mit Hans Steinhoff, dem Regisseur der Propagandastreifen *Hitlerjunge Quex* und *Ohm Krüger*, führte. Steinhoff wollte den Kriminalfilm *Shiva und die Galgenblume* zu Ende drehen und verbreitete Durchhalteparolen. Sogar seine Familie sollte nach Prag nachkommen. Am nächsten Tag war der Nazi als erster in Richtung Berlin verschwunden.

Im April 1945 drehte der Produktionsleiter der Ufa, Wolfgang Liebeneiner, den einzigen im letzten Kriegsjahr in Auftrag gegebenen Propagandafilm mit dem richtungweisenden Titel *Das Leben geht weiter*. Nachdem die sinnlosen Endkämpfe um Berlin einen organisierten Produktionsablauf unmöglich machten, verlegte Liebeneiner die Dreharbeiten in die Lüneburger Heide in einen Fliegerhorst der Deutschen Luftwaffe. Auch dieser Umzug führte nicht zur Vollendung der Dreharbeiten. Das belichtete Material wurde, vor den anrückenden Truppen in aller Eile in der nahe gelegenen Kapelle versteckt und war nach Kriegsende nicht mehr auffindbar.

Die unregulierbaren Kriegswirren nutzten einige Filmteams zu gezielten Täuschungsmanövern. Der Regisseur Harald Braun hatte sich im März 1945 zu angeblichen Außenaufnahmen für den Film *Das gestohlene Gesicht* mit einem sechzigköpfigen Ufa-Stab ins Tiroler Zillertal abgesetzt und umging damit einen vierwöchigen Standschützenkurs. Der verfemte Erich Kästner, der unter falschem Namen in die Filmmannschaft geschmuggelt wurde, trug am 19. April 1945 in sein Tagebuch ein: Der gesamte Ufa-Troß zog »mit den geschminkten Schauspielern an der Spitze geschäftig durch den Ort, hinaus in die Landschaft, und drehte, was das Zeug hielt. Die Kamera surrte, die Silberblenden glänzten, der Regisseur befahl, die Schauspieler agierten, der Aufnahmeleiter tummelte sich, der Friseur überpuderte die Schminkgesichter, und die Dorfjugend staunte. Wie erstaunt wäre sie erst gewesen, wenn sie gewußt hätte, daß die Filmkassette der Kamera leer war! Rohfilm ist kostbar. Bluff genügt.«

Nicht jedes Filmprojekt wurde demnach erfolgreich abgeschlossen. Regisseure und Filmarchitekten waren noch bis zum Tag X zu Drehortbesichtigungen unterwegs. Die Reichsfilmdramaturgie forderte von den verpflichteten Autoren die vereinbarten Drehbücher ein, als ob ringsum normaler Büroalltag herrschte. Die vertraglich vereinbarten Abgabetermine datierten bis weit in den Sommer 1945 hinein.

Als die Rote Armee nur noch fünfzig Kilometer vor der Berliner Stadtgrenze stand, drehte Helmut Weiß in Babelsberg *Sag die Wahrheit* mit Heinz Rühmann und Hertha Feiler. In der Südhalle gestaltete Alfred Weidenmann für den Bergwerksfilm *Die Schenke zur ewigen Liebe* eine Katastrophenszene nach, die man am schlesischen Originalschauplatz nicht mehr hatte vollenden können.

Am 24. April 1945 besetzten sowjetische Truppen Europas größte Filmproduktionsstätte. »Sowjetische Panzer bahnen sich den Weg über das aufgerissene Pflaster, über Straßen, auf denen tote Pferde liegen und die durch niedergestürzte Lichtmasten fast unpassierbar geworden sind. Vor Jahren gab es einmal eine solche Straße in der Ufa-Filmstadt in Babelsberg. Diese Straße hatte man für den Film *Flüchtlinge* aufgebaut. Damals war es Kulisse, jetzt ist es schauerliche Wirklichkeit.«[30]

Filme ohne Publikum

Der oberste Zensor Goebbels; Hans Söhnkers »Treuebekenntnis«; Schauspieler ohne Einspruchsrecht; kritiklose Filmschaffende; Bespitzelung der Produktionschefs; Dreharbeiten im Geschützdonner; 110 Filme für die Kinos; verbrannte Negative; Bummeltempo, Gebot der Stunde; Bedienungsmentalität der Chefetagen; Auskämmung der letzten Mitarbeiter; 20. 4. 1945: Einstellung der Dreharbeiten

In vielen Nachkriegsverlautbarungen reduzieren die Leiter der Filmbetriebe ihre Entscheidungsbefugnisse auf ein Mindestmaß und beschreiben sich als reine Befehlsempfänger des Propagandaministeriums.

Auch die Einschätzung des Regisseurs Arthur Maria Rabenalt ist zu eingleisig, »daß die gesamte Spielfilmproduktion der letzten Kriegsjahre des Dritten Reiches etwas von dem irren Wahnwitz eines schizophrenen, pathologischen Filmfanatikers hatte, der den Namen Paul Joseph Goebbels trug«.[1] Natürlich hatte sich der Minister als Gralshüter des deutschen Films aufgespielt und sich das entscheidende Plazet für alle Projekte vorbehalten. Allabendlich ließ er sich von einem illustren Kreis geladener Filmelite als die einzige Zensurinstanz des Dritten Reiches bestätigen. Nach seinen wortreichen Ausführungen durften die Gäste beschlagnahmte ausländische Filme in seinem Privatkino genießen. Vielleicht wollte er mit diesen Selbstinszenierungen manche Peinlichkeit in der Öffentlichkeit wettmachen. So berichtet Hermann Rauschning in seinem Buch *Gespräche mit Hitler* (Zürich, 1940) von einer nicht untypischen Szene: »Es war späte Nacht. Hitler war aus einer Kinovorstellung gekommen. Irgendein patriotischer Schinken, Friedrich den Großen verherrlichend. Wir waren schon vor Hitler in der Reichskanzlei oben gewesen. Wir warteten auf ihn. Als erster kam Goebbels. ›Ein fabelhafter Film‹, äußerte er sich. ›Ein großer Film, das ist es, was wir brauchen.‹ Ein paar Augenblicke später kam Hitler im Fahrstuhl heraufgefahren. ›Wie war der Film?‹ fragte Forster zur Begrüßung. ›Ein Greuel, ein Schmarren. Das muß polizeilich verboten werden. Es ist genug mit diesem patriotischen Kitsch!‹ ›Jawohl, mein Führer‹, drängte sich Goebbels heran. ›Es war ein schwaches Stück, ein sehr schwaches. Eine große Erziehungsarbeit bleibt uns noch zu leisten.‹«

Offensichtlich glitten dem Propagandachef gerade in den letzten Kriegsjahren die Zügel seiner straffen Filmorganisation aus den Händen. Nur mit Mühen und unterschwelligen Drohungen ließen sich die Damen und Herren Darsteller zu politischen Treuebekenntnissen drängen. Hans Söhnker, einer der wenigen Schauspieler ohne Parteibuch, antwortete salomonisch: »Ich glaube an den Führer, wie ich an den Sieg glaube.« Nach der verlorenen Schlacht um Stalingrad war diese Meinung so zweideutig wie defätistisch.

Natürlich vollzogen viele Schauspieler im vorauseilenden Gehorsam den ideologischen Kniefall und machten durch zackige Artikel auf sich aufmerksam. Nachdem den Schauspielern jegliches Einspruchsrecht in bezug auf ihre Rollen abgesprochen wurde, begrüßte Viktoria von Ballasko die neue Regelung im *Film-Kurier* vom 26. September 1944: »Die Bestimmungen über den Wegfall eines Einspruchrechts der Darsteller hinsichtlich Stoff, Regisseur, Kameramann, Partner usw. auf sich zu nehmen, die im Rahmen der Rationalisierung der Filmherstellung erlassen worden sind, ist wohl das wenigste, was man von uns im Hinblick auf das große Ganze verlangen kann. Es wird ja wohl keinen geben, der nicht zu diesen Maßnahmen voll und ganz ja sagt.«

Es sind nur wenige Fälle bekannt, die eine eindeutige Position der Filmschaffenden gegen das verbrecherische Regime offenbaren. Um so härter ging der Machtapparat gegen jeden vor, der sich zu unbedachten Äußerungen hinreißen ließ. Am bekanntesten

Der *Titanic*-Regisseur Herbert Selpin

dürfte die Attacke des Regisseurs Herbert Selpin gegen arrogante Ritterkreuzträger gewesen sein, nachdem er während der Dreharbeiten zu *Titanic* durch das gespreizte Auftreten einiger Offiziere gestört wurde. Zu einer Verhandlung kam es nicht, denn Selpin beging in seiner Zelle Selbstmord.

Der Pressechef der Ufa Richard H. Düvell war für sein loses Mundwerk bekannt und wurde nach denunzierenden Hinweisen von der Gestapo observiert. Als ihm ein Manuskript mit nationalsozialistischer Tendenz vorgelegt wurde, verlor er zum letzten Mal die Beherrschung. Man solle ihn gefälligst mit der braunen Sauce in Ruhe lassen, denn die hänge ihm zum Hals heraus. Düvell wurde vom Volksgerichtshof zum Tod durch das Fallbeil verurteilt.

Aber nicht nur die unteren Chargen wurden vom Geheimdienst bespitzelt. Minister Goebbels hatte persönlich im September 1943 die Überprüfung der politischen Zuverlässigkeit seiner Produktions- und Firmenchefs angeordnet. Die von ihm ernannten Führungspersonen hielten den Kontrollen stand und erwiesen sich als verläßliche Volksgenossen. Nur der Produktionschef der Bavaria war durch seine Mitgliedschaft im »Magischen Zirkel« auffällig geworden. Trotz intensiver Nachforschungen konnte die angebliche Freimaurerloge nicht als solche enttarnt werden. Kein Wunder, denn es handelte sich um einen Amateurzauberverein.

Doch um die ideologische Loyalität der Ateliermannschaften schien es zum Ende der Diktatur nicht so gut bestellt. Am 22. Januar 1945 richtete Reichsfilmintendant Hinkel ein ungewohnt panisches Rundschreiben an die sieben Produktionschefs. »Sorgen Sie bitte dafür, daß unsinnige Gerüchte sofort abgestoppt und daß jede Meckerei raschestens und mit entsprechendem psychologischen Geschick unterbunden wird. Sollte sich allerdings irgendwo (theoretisch oder praktisch) Verrat aufzeigen, so ist es Ihre Pflicht, mit aller Rücksichtslosigkeit dagegen vorzugehen ... Ich rechne gerade für die nächsten Wochen mit Ihrer besonderen Bewährung, nicht nur als Produktionschef, sondern auch als Nationalsozialist.«[2] Zu diesem Zeitpunkt war bereits Warschau gefallen, und unaufhaltsam rückte die Rote Armee in breiter Front gegen die Oder vor.

Die Zivilbevölkerung kannte vom Grauen des Krieges nur die Zerstörungen in den Innenstädten. Natürlich hatte fast jede Familie gefallene Angehörige zu beklagen, und aus Erzählungen der Fronturlauber ahnte man die Greuel, die auch deutsche Soldaten begingen. Aber noch war der Krieg eine Angelegenheit einzelner Betroffener und nicht die Erfahrung aller.

Nur so läßt es sich erklären, daß die Filmschaffenden bis zum Einsetzen des nahen Geschützdonners verbissen in den Ateliers weiterarbeiteten. Die Angst vor Denunziation oder Einziehung zum Volkssturm hat wohl alle vernünftigen Überlegungen dominiert. Kein gestandener Produktionsleiter und Regisseur wird ernsthaft an die Möglichkeit geglaubt haben, daß die Filme fertiggestellt, geschweige denn in die Kinos kommen würden. Aber offiziell wurde mit schöngefärbten Produktionszahlen Zweckoptimismus verbreitet. Die *Film-Nachrichten* vom 16.12. 1944 kündigten detailliert die neuen Streifen des laufenden Produktionsjahres 1944/45 an: »Von den 72 Filmen ... befinden sich 21 Filme im Schnitt, 19 sind in den Atelier- bzw. Außenaufnahmen fertiggestellt und 19 sind in Arbeit. Drei Filmc haben bereits ihre Uraufführung vor der Programmankündigung gehabt, und 9 Filme liegen zensiert und also griffbereit beim Filmvertrieb. Lediglich ein Film ist in diesen Tagen noch nicht ins Atelier gegangen, die Vorbereitungen, die für ihn getroffen wurden, sind jedoch so weit fortgeschritten, daß in einigen Tagen mit dem ersten Kurbelschlag gerechnet werden kann.«

Direktor Fritzsche vom Inlandsvertrieb nannte in einem internen Schreiben einen Monat später andere Zahlen. Nach diesen Informationen waren sogar 28 Filme abgedreht und warteten auf die Endfertigung. 15 Filme lagen »dem Herrn Minister« zur Begutachtung vor bzw. mußten verändert werden. Mit neun Verbotsfilmen und 11 fertigen Titeln, die noch nicht uraufgeführt wurden, rechnete Fritzsche sogar 94 Filme zusammen. Und würde man noch die 16 genehmigten Projekte für das laufende Jahr hinzuzählen, so wäre ohne Mühe eine dreistellige Summe erreicht. Die »Gesamtzahl von 110 Filmen deckt den Bedarf, den der Deutsche Filmvertrieb und der Auslands-Vertrieb für 2 Jahre hat.«[3] Man mußte nur ordentlich mit den Zahlen umgehen können, um drückenden Gegenwartssorgen Herr werden zu können.

Die einzelnen Filmfirmen dagegen waren gezwungen, etwas konkreter zu werden. Herr Herbell, der stellvertretende Produktionschef der Bavaria, konnte sich in der Leitungssitzung vom 21.12. 1944 zufrieden zurücklehnen. Dreizehn Neuproduktionen waren bis Mai 1945 gefordert, und er konnte bereits mit elf angefangenen bzw. beendeten Filmen aufwarten. Anfang Januar 1945 waren die ersten Aufnahmen für den Farbfilm *Der blaue Strohhut* im Prager Atelier eingeplant.

Fünf Wochen später sah die Lage nicht mehr so günstig aus.

Aufgrund der Erkrankung der Hauptdarsteller waren zwei Produktionen gefährdet. Vom *Blauen Strohhut* sprach niemand mehr, denn die Reichsfilmintendanz hatte den Farbfilm kurzerhand gestrichen. »Die aus zeitbedingten Gründen vom Reichspropagandaministerium vorgenommene Drosselung des Filmeinsatzes«[4] betraf auch einige Bavaria-Filme, die trotz Endfertigung und Genehmigung nicht in die Kinos gehen sollten.

Die Filmfirmen versuchten sich dem Verlangen der vorgesetzten Dienststellen nach Neuproduktionen zu widersetzen und mahnten die Fertigstellung der angefangenen Projekte an. »Ich betrachte es als vordringlichste Aufgabe der Industrie, den vorhandenen Strom und das vorhandene Material zu benutzen, um die Arbeiten von ca. 35 noch nicht fertig gemachten Filmen endlich durchzuführen. Diese Filme befinden sich allein durch die Lagerung der Musterkopien und des Negativs in bedenklichen Gefahrenzonen.«[5]

Das in Arbeit befindliche Filmmaterial wurde in zusätzlichen Sicherungscontainern außerhalb der Schneideräume aufbewahrt und jeden Abend mit einem Traktor an den Stadtrand gefahren. Doch in der Panik eines Luftangriffes im November 1944 unterblieb diese Fahrt, und sechs Originalnegative verbrannten nach Bombentreffern. Die monatelange Arbeit der Schnittmeister war zunichte gemacht, und die Filme wurden erst nach dem Krieg vollendet.

Doch diese herben Rückschläge beeinträchtigten keineswegs die hektische Betriebsamkeit in den Filmstudios. In allen Ateliers flammten tagtäglich die Scheinwerfer auf. Einzelne Szenen wurden öfter als notwendig geprobt, denn der Erlaß des Reichsbeauftragten für die Filmwirtschaft vom 28. 2. 1942 gestattete ausdrücklich nur zwei Drehwiederholungen. (»Die Durchführung des Drehpensums ist vor Drehbeginn durch ausreichende Proben sicherzustellen.«) Einem kritischen Betrachter hätte der Selbstzweck dieser Aktivitäten auffallen müssen. Selbst die Schauspieler bezweifelten insgeheim, ob die laufende Kamera mit einer Filmrolle bestückt war. Aber eigentlich interessierte es niemanden mehr, ob ihre Arbeit von einem Ergebnis gekrönt sein würde. Jeder neue Drehtag war ein Sieg über die Unzulänglichkeiten des Alltags, und bis zum absehbaren Zusammenbruch wollte keiner auffallen. Bummeltempo war das Gebot der Stunde.

Auch die Regisseure und Produktionsleiter waren in ihren Forderungen merklich zurückhaltender geworden. Noch im Sommer 1944 hatten sie in langen Dienstschreiben das schmale Benzinkontingent beklagt und unterschwellig mit dem Abbruch der Arbeiten gedroht. »Die Ufa teilt mit, dass in den nächsten Tagen der Film ›Unter den Brücken von Berlin‹ eingestellt werden müsse und der Film ›Reise ins Glück‹ nicht begonnen werde könne. Die Wien-Film ist nicht in der Lage, den Albers-Film ›In den ewigen Jagdgründen‹ zu beginnen. Andere Filme kommen nur schleppend vorwärts, weil es nicht einmal möglich ist, Requisiten und Tonwagen zu befördern.«[6]

Im Frühjahr 1945 wollte niemand mehr durch Beschwerden auf sich aufmerksam machen. So bemühten sich alle Filmschaffenden um einen machbaren Arbeitsrhythmus und versuchten, sich auf Friedenszeiten einzustellen. Wer in der Chefetage saß oder hinter der Kamera stand, bediente sich noch einmal kräftig aus der Staatskasse. Der Regisseur des letzten Propagandafilms (*Das Leben geht weiter*) und amtierende Ufa-Produktionsleiter Wolfgang Liebeneiner gestand sich selbst die Höchstgage von 75 000 RM zu. Seine Frau Hilde Krahl erhielt für ihre Hauptrolle die runde Summe von 50 000 RM, und der offizielle Co-Regisseur und Produktionsleiter des Films, Karl Ritter, nahm 50 300 RM dankend entgegen, obwohl er kein einziges Mal am Drehort gesichtet wurde. »Bei der Ufa scheint man darauf zu hoffen, daß die Kontrolleure angesichts der desperaten Kriegssituation keine Neigung mehr zeigen, den Selbstbedienungsladen in der Vorstadt zu maßregeln.«[7]

Für dieses Geld hätte man ohne weiteres ausreichende Schutzräume für alle in Babelsberg tätigen Filmmannschaften errichten können, denn eilig ausgehobene Splittergräben und enge Betonbunker boten nur wenigen Personen einen ausreichenden Schutz. Als am 9. und 10. Dezember 1944 über eintausend Komparsen für den Liebeneiner-Film in Babelsberg zusammengetrommelt wurden, vereinbarte die Studioleitung im Einvernehmen mit dem Polizeipräsidenten von Potsdam folgende Regelung für den Fall eines Bombenalarms: Kinder und Frauen sollten in massiven Luftschutzkellern bzw. Schutzräumen des Roten Kreuzes untergebracht werden. Die Männer sollten per Sperrkette in die Splittergräben und Ein-Mann-Bunker abgedrängt werden. Für die ausländischen Zwangsarbeiter erübrigte sich jede Verantwortung. »Sämtliche Ausländer, auch Frauen haben den Betrieb zu verlassen und müssen sehen, wo sie bleiben.«[8]

Auch im nahe gelegenen Grunewald-Atelier waren die Bedingungen keineswegs günstiger. Die Schauspielerin Maria Milde berichtet über zahlreiche Unterbrechungen der Dreharbeiten für den Tobis-Film *Das kleine Hofkonzert*, der erst nach dem Krieg fertiggestellt wurde. »Luftsirenen unterbrechen die Aufnahme. Wir müssen alle raus ins Freie, in Schutzgräben. Wir wissen, daß sie links sind, aber sie sind besetzt. Wir machen kehrt und rennen mit den Krinolinenröcken ums Atelier in den Wald. Die Flugzeuge brummen unheimlich nah, und nah fallen Bomben. Chaotisch rennen wir. Als ein Flugzeug ziemlich tief heranknurrt, springe ich mit Annerose in einen frischen, zimmergroßen Bombentrichter. In dem Moment faucht ein mörderischer Luftdruck über uns hin, Sand sprüht uns ins Gesicht.

Mit Sand in den Augen und zwischen den Zähnen, in Biedermeierverkleidung, stecken wir im Bombenloch. Sehen nichts. Ich bin nur froh, Anneroses Stimme zu hören, die mir zuruft: ›Du, wir müssen beten, sonst kommen wir hier nicht raus!‹ Ein neuer Einschlag. Der Luftdruck kracht unsere Gesichter in den Sand. Platt an die Schräge gepreßt, harren wir aus, bis das teuflische Spektakel vorbei ist.«[9]

Goebbels hatte zum Ausgang des Krieges zeitnahe Filme mit mehr Realitätsbezug gefordert, aber diese Vorgabe verunsicherte

Dreharbeiten zum Film *Das kleine Hofkonzert*

die Autoren erheblich. Wie lebensecht durften die Manuskripte tatsächlich sein? Reichsfilmintendant Frowein empfahl im Februar 1945 dem Minister das Filmvorhaben der Ufa *Nullvier* von Curt Langenbeck »unabhängig von der Frage der praktischen Realisierung«. Auch die dramaturgische Abteilung der Berlin-Film vertröstete den Autor des Filmmanuskriptes *Die von der 2. Lichtenberg*, einen Major Dr. Bruno Gotthold, auf spätere Zeiten. »Der Stoff kann als Film nicht verwirklicht werden, weil im Rahmen der Einschränkung im Filmwesen Grossfilme von solchem Niveau nicht mehr gemacht werden können.«[10]

Jeder Filmmeter war kostbar. Agfa und Kodak konnten aufgrund von Bomben- und Maschinenschäden nur noch unzureichend liefern. In Kopieranstalten mit geringer Kapazitätsauslastung wurden die Maschinen stillgelegt. »Hand in Hand damit wird eine Verringerung der Belegschaft gehen müssen.«

Auch in den Filmstudios wurde in den letzten Monaten noch einmal kräftig ausgesiebt. Durch die Schließung einiger Berliner Ateliers sollte die Besatzung in Babelsberg zahlenmäßig aufgestockt werden. Das bewährte System der eigenverantwortlichen Produktionsgruppen konnte nach Auffassung der Reichsfilmintendanz nicht mehr aufrechterhalten werden. Alle Bühnenarbeiter und Schauspieler kamen – bildlich gesprochen – in einen Topf, und die wenigen »Spielleiter« sollten sich nach Belieben bedienen. Nach Aussage der Reichsfilmintendanz standen dem deutschen Film für das laufende Kalenderjahr 1945 noch 350 Darsteller und an die 260 Darstellerinnen, 58 Spielleiter, 43 Kameraleute und 28 Komponisten zur Verfügung. Für 46 Neuproduktionen benötigte man aber wesentlich weniger Personal. »Von den Herstellungsgruppen oder Produktionsleitern abwärts bis zur letzten Kleberin erfolgt nur noch der Einsatz der besten Kräfte.«[11] Direktor Fritzsche steigerte sich in seinem Bericht in eine unerklärliche Euphorie hinein, die in seiner Forderung nach »Planung bis ins letzte Detail« gipfelte. Doch für die Filmleute hatte Fritzsches Zahlenspiel existentielle Bedeutung. Monate zuvor hatten sich die Produktionsleiter noch in vehementen Worten für die Betroffenen eingesetzt und versucht, durch ihre Intervention die angekündigte Einberufung zur Wehrmacht rückgängig zu machen. »Ohne Rücksicht auf Sicherung und Weiterführung der Filmproduktion wird willkürlich eingezogen. Die jugendlichen Liebhaber sollen dabei wahrscheinlich durch 65jährige Männer ersetzt werden.«[12] So hatte es lautstark aus der Münchner Bavaria getönt. Man berief sich auf den Herrn Minister in seiner Eigenschaft als Reichsbevollmächtigter für den totalen Kriegseinsatz, der Rundfunk und Film als ebenso kriegsentscheidende Aufgaben verkündet hatte. Doch im Frühjahr 1945 war es weniger ratsam, alte Privilegien einzuklagen. Selbst für die Chefetagen wurde der Platz im Rettungsboot Film immer zweifelhafter. Wenn sogar der beliebte Volksschauspieler

Theo Lingen einberufen wurde, war die Position der Stellvertreter und Berichteschreiber erst recht gefährdet.

Nur mit Mühen konnte die Studioleitung der Berlin-Film eine einmonatige Verlängerung der Uk-Stellung für den Regisseur Eugen York erwirken, damit er den Film *Heidesommer* beenden konnte. Das Anschreiben datierte vom 29. März 1945.

Dienst nach Vorschrift und bis zum letzten Atemzug. Gedrosseltes Arbeitstempo war schwer nachzuweisen. Nur die generelle Verweigerung wurde geahndet – mit aller Strenge. Ansonsten spielte man Frieden. Die tägliche Fahrt zum Atelier war zum gefährlichen Abenteuer geworden, und viele ausgebombte »Gefolgschaftsleute« richteten sich häuslich auf dem Filmgelände ein. Erst als Berlin von der Roten Armee vollständig eingekesselt war, gab Goebbels (am 20. April 1945) den offiziellen Befehl zur Einstellung aller Filmarbeiten. Drei Tage zuvor hatte er sich während einer Konferenz im Reichspropagandaministerium pathetisch verabschiedet. »Meine Herren, in hundert Jahren wird man einen schönen Farbfilm über die schrecklichen Tage zeigen, die wir durchleben. Möchten Sie nicht in diesem Film eine Rolle spielen? … Halten Sie jetzt durch, damit die Zuschauer in hundert Jahren nicht johlen und pfeifen, wenn Sie auf der Leinwand erscheinen.«[13]

Zensurverbote

Berufsbereinigung; offizielle Zensur als Formsache; 27 verbotene Filme; die Hälfte in den letzten Kriegsjahren; N.S.-Frauenschaft gegen kurze Röcke; Verbotsfilme durch den Fiskus rückfinanziert; kein Rasputin für Jannings; filmische Panzerwagen

Zu den 90 Filmen, die erst nach dem Krieg uraufgeführt wurden, gehören auch jene, die nicht die Gnade der obersten Filminstanzen gefunden hatten. Natürlich fallen in diese Kategorie auch Filme früherer Jahrgänge (vgl. Anhang).

Allen war bewußt: Wenn die Nazis an die Macht kommen, wird die Filmindustrie grundlegend umgekrempelt. Doch nur die wenigsten hätten sich vorstellen können, in welch kurzer Zeit der deutsche Film an den Rand der Bedeutungslosigkeit zensiert wurde. Alle »nichtarischen« und unliebsamen Personen und Firmen erhielten keine Arbeitserlaubnis durch die Reichsfilmkammer, deren Mitgliedschaft für die Auftragserteilung bzw. Weiterbeschäftigung zwingend erforderlich wurde. Diesen Prozeß nannte man »Berufsbereinigung«.

Über alle neuen Manuskripte entschied die 1934 eingesetzte Reichsfilmintendanz. Nach der Übernahme der Aktienmehrheit an den wichtigsten Produktionsgesellschaften durch den nationalsozialistischen Staat konnte sich kein Vorstand mehr formell über die Entscheidungen dieses Gremiums hinwegsetzen.

Es gab zwar noch die offiziell legitimierte Filmprüfstelle aus der Zeit der Weimarer Republik, doch nach Aussage des damaligen Vorsitzenden, Arnold Bachmeister, geriet die Zensur »mehr und mehr zu einer bloßen Formsache«. Vor allem während des Krieges »beschränkte sich die selbständige Tätigkeit der Filmprüfstelle auf den verbliebenen, bescheidenen Rest ausländischer Spielfilme und auf die Kultur- und Werbefilme.«[14]

Der grundlegende Strukturwandel der Filmindustrie wurde von den deutschen Emigranten und der ausländischen Presse kritisch beobachtet, so daß zumindestens in der gemäßigten Anfangsphase des Nationalsozialismus die offene Willkür ausblieb. Doch mit der politischen Mehrheit im Rücken veränderte der Reichspropagandaminister das Lichtspielgesetz um den entscheidenden Passus, daß Filme formell verboten werden konnten, die dem »nationalsozialistischen Empfinden« widersprachen. Die sogenannte »Geschmackszensur« war natürlich ein Gummiparagraph und öffnete subjektiven Werturteilen Tür und Tor. Insbesondere Goebbels sah sich gern als Kunstsachverständiger und letzte Instanz des guten Stils. »Für uns ist die Kunst eine Herzenssache, eine Sache, zu der wir aus innersten Beweggründen getrieben werden, und wir wollen uns nicht damit begnügen, hin und wieder den guten Schein zu wahren, sondern mit den Kreisen des Künstlertums die Verbindung aufnehmen, dem Künstler Ratschläge geben und Wegweiser sein.«[15]

In den zwölf Jahren der braunen Diktatur wurden 27 Filme verboten. Die verhältnismäßig geringe Anzahl erklärt sich aus den beschriebenen Vorentscheidungen, die jedes Filmprojekt bis zur Realisierung durchlaufen mußte. Unter den Verbotsfilmen sucht man deshalb vergeblich nach Filmen mit einer kommunistischen oder sozialistischen Tendenz. Alle Titel ordneten sich unisono in das Gefüge der durchschnittlichen Unterhaltungsware mit unterschwelligem Idelogietransport ein. »Sogar eine Reihe lupenreiner Propagandafilme, die Krieg als männlichen Traumberuf, Ostbesiedelung als Zukunftsprojekt und Aufständische als jüdisch-bolschewistisches Gesindel darstellten, befinden sich unter den Verbotsfällen. Nur eine kleine Zahl dieser Filme ... weist Merkmale auf, die mit der herrschenden Ideologie unverträglich waren ...«[16]

Im Zuge der militärischen Wende ab 1943 wurden die Ablehnungsgründe profaner: Die Orte der Filmhandlung waren nicht mehr in deutscher Hand, oder der Kriegsverlauf widersprach der Filmhandlung. In *Besatzung Dora* (Regie: Karl Ritter/1943) etwa rettet ein italienisches Kampfflugzeug die Mannschaft des deutschen Fernaufklärers »Dora« aus der nordafrikanischen Wüste. Doch beim Schnitt hatten die deutschen und italienischen Kampfverbände bereits in Tunis kapituliert. Jeder zweite verbotene Film trägt das Entstehungsdatum der letzten Kriegsjahre. Eine formelle Zensurentscheidung ist den Akten nur selten zu entnehmen, offizielle Verbote beruhen zumeist auf mündlichen Anweisungen der oberen Regierungsebene. Per Gesetz vom 28. Juni 1935 hatte sich Goebbels ermächtigen lassen, unabhängig von den zuständigen Prüfkammern Verbote auszusprechen, »wenn er es aus dringenden Gründen des öffentlichen Wohls für erforderlich hält«. Diesen Freibrief wollte der Minister nur für wenige ermächtigte Personen gelten lassen und damit die praktizierte Unsitte beenden, daß vor Ort jeder Gruppenleiter nach seinem Gusto genehmigte Filme verbieten konnte. In einem überlieferten Fall hatte sich z. B. die N.S.-Frauenschaft gegen den Ufa-Unterhaltungsfilm *Zwei Herzen im Mai* empört, da darin angeblich in schamloser Weise kurze Röcke und unmoralische Handlungen gezeigt wurden. Auf Druck der prüden Damen setzte der Landrat den Film kurzerhand ab und handelte sich dadurch die Empörung der ansässigen SA-Leitung ein, denn der Kinobesitzer, ein langjähriger SA-Schläger, sah seine Geschäftsinteressen geschädigt.

Da sich Fälle dieser Art häuften, sah sich Hitler genötigt, seine ehemaligen Straßenkämpfer in die Schranken zu weisen. »In letzter Zeit ist mehrfach beobachtet worden, daß von Einzelpersonen, Organisationen, Berufsständen, Verbänden und ihren Presseorganen versucht wird, in unzulässiger Weise einen Einfluß auf die Filmzensur auszuüben ... Im nationalsozialistischen Staat ist für eine Sache immer nur einer zuständig und verantwortlich. Aus diesem Grunde weise ich darauf hin, daß die Filmzensur ausschließlich der Zuständigkeit des Reichsministers für Volksaufklärung und Propaganda und den von ihm beauftragten Organen untersteht.«[17]

Trotz Genehmigung der Filmprüfkammer kamen einige Filme nicht in die Kinos. In den monatlichen Abrechnungen der Filmstudios waren jene Titel mit Hinweisen versehen wie: »Liegt dem Minister zur Begutachtung vor«, »vorläufige Zurückstellung und Wertberichtigung«, »befindet sich in Umarbeitung«. In den letzten Kriegsjahren erfuhren die Produktionsleiter kaum mehr offizielle Begründungen für ausgesprochene Verbote. Im Regelfall operierte man mit angeblich unvollendeten Arbeitsprozessen. Viele dieser Filmprojekte tauchten bis zum ultimativen Ende in schöner Regelmäßigkeit in den Arbeitsprotokollen des Ufi-Konzerns auf.

Nur ausnahmsweise erhielt das betreffende Studio eine schriftliche Benachrichtigung über die Zurückstellung des begutachteten Films. In einem solchen eindeutigen Fall konnten die Verwaltungsbeamten sogar die verauslagten Gelder für die Filme als Minusposten von der Steuer absetzen. Sogar abgelehnte Filmmanuskripte stellten die Firmen dem Fiskus in Rechnung. So erhielt die Tobis im Oktober 1944 für drei verbotene Drehbücher (*Du bist nicht allein*, *Das Gebot der Stunde* und *Das Erbe*) die Gesamtkosten von 90 000 RM rückerstattet. Dieselbe Firma ließ sich zur gleichen Zeit auf ein risikoreiches Unternehmen ein. Der für das deutsche Reichsgebiet verbotene Film *Titanic* spielte im neutralen Ausland erstaunliche Einnahmen ein, so daß die Tobis den Generaldirektor des Ufi-Konzerns, Max Winkler, um Intervention bei Goebbels drängte. »Wäre es möglich, den Herrn Minister noch einmal gelegentlich darum zu bitten, den Film nunmehr freizugeben? Der Ausfall des Films wird im Verleih-Umsatz ein Minus von mindestens RM 6 000 000.- ergeben.«[18] Trotz dieser vielen eindrucksvollen Nullen blieb der Propagandachef unerbittlich. Keine Entscheidung wurde revidiert. Schon im Vorfeld ließ er selten andere Meinungen gelten. So maßregelte er seinen Filmstar Emil Jannings, der es gewagt hatte, statt des verordneten Ohm Krüger die Rolle des Rasputin spielen zu wollen. »Ich habe es satt, mir von jedem hergelaufenen Schauspieler vorschwätzen zu lassen, was er gern spielen will. Rasputin? Ein stinkender Mönch, der den degenerierten Zarenhof an der Nase herumgeführt hat. Das könnte Ihnen so passen. Die Rollen sind nicht für Sie da, sondern Sie haben anständige Rollen zu spielen.«[19]

Doch die Zensurmaßnahmen der NS-Führungsriege sind nicht ohne weiteres auf logische Gründe oder persönliche Aversionen zurückzuführen. Wie in jeder Diktatur waren die Entscheidungen willkürlich und im höchsten Maß paranoid. Hinter der harmlosesten Äußerung wurde Defätismus vermutet. Mit einer gehörigen Portion Bösartigkeit unterstellte der mißtrauische Oberzensor den Filmemachern eine Kritikbereitschaft, die den Betroffenen selbst nicht bewußt war. Heute kann man darüber schmunzeln, doch damals konnte ein ministerieller Ukas Gefahr für Leib und Leben bedeuten. »In den letzten Kriegsjahren zog man sogar Filme ein, in denen zuviel Landschaft zu sehen war oder zuviel Tafelszenen gezeigt wurden. Man befürchtete, diese könnten im Zuschauer Erinnerungen an Reisen und reichlich gedeckte Tische wecken, während doch Durchhalteparolen wie ›Alle Räder rollen für den Sieg!‹ oder ›Wer ißt, hilft dem Feind!‹ gelten sollten.«[20]

Die nach 1943 verbotenen Filme sind mit anderen Maßstäben zu beurteilen, da aus zeitlichen Gründen keine Chance bestand, die nachbearbeiteten Filme nochmals vorzulegen. Einzelne Filme wären durchaus freigegeben worden. Doch die Zensurinstanzen ließen sich Zeit mit den zahlreichen Antragsformularen. Außerdem dürfte es äußerst schwierig gewesen sein, einen Sichtungstermin mit Goebbels zu vereinbaren, denn der Propagandachef hatte angesichts sinkender Moral an der Heimatfront wichtigere Entscheidungen zu treffen.

Sieben Verbotsfilme teilten ein doppeltes Schicksal. Ebenso wie das 1942 verbotene Militärepos *Der 5. Juni* von Fritz Kirchhoff waren einige Titel eindeutig nationalsozialistisch geprägt. Schriftlich fixierte Ablehnungsgründe liegen für diese »filmischen Panzerwagen« nicht vor, und es dürfte müßig sein, sie zu suchen. Natürlich brauchten die Zensoren der Siegermächte nach dem Krieg

Rudolf Prack und Magda Schneider in *Die heimlichen Bräute*

nicht lange zu überlegen, um diese Filme ganz tief unten im Filmbunker zu belassen.

Unerklärlich dagegen sind die Entscheidungen der Filmprüfstellen vor und nach Kriegsende in bezug auf die Unterhaltungsfilme *Melusine* und *Die heimlichen Bräute.* Schon die Filmtitel verraten die Herzigkeit und leichte Kost. Keiner der Beteiligten kann sich diese Verbote erklären. »In der Endphase des Krieges scherte man sich kaum darum, was mit den abgedrehten Filmen passierte, solange er nur weiterbeschäftigt wurde – und so, dank der Uk-Stellung, nicht mehr an die Front mußte! So breitet sich über das Gros der letzten Verbotsfälle ein Schleier des Vergessens, der den betroffenen Filmen durchaus guttut: Soweit wir es überblicken, waren dies in aller Regel eher unterdurchschnittliche und gänzlich uninteressante Unterhaltungsfilme; nicht im geringsten unterschieden sie sich von denen, die vor dem Zusammenbruch noch in die Kinos kamen.«[21]

Verhinderte Premieren

Zerbombte Filmtheater; der lange Weg des Films ins Kino; 14 Uraufführungen erst nach Kriegsende; letzte Filmprüfung im März 1945; ein Film blieb im Regal

Nach der »Sprechbühnenaktion« vom September 1944, in der Goebbels als »Reichsbevollmächtigter für den totalen Kriegseinsatz« alle Theater schließen und teilweise in Kinos umfunktionieren ließ, wurde der Verlust der Kinoketten nur zu einem Bruchteil minimiert. Fast 20 Prozent des Kinoparks fielen den täglichen Bomberwellen bis November 1944 zum Opfer. Das Ausmaß der Beschädigungen reichte von der Totalzerstörung bis zur Schließung aus »kriegsbedingten Gründen«. Letzteres meint jedoch nicht die Gefährdung der Zivilbevölkerung durch zunehmenden Fliegeralarm, denn selbst in Gebieten mit unmittelbarem Artilleriebeschuß mochten die Anwohner keineswegs auf ihr Kinoerlebnis verzichten. Die Ufi konnte sogar ihren Umsatz auf dem Sektor des Filmvertriebes erweitern. Zwar verlor der Filmkonzern 89 Kinos mit über 100000 Sitzplätzen und meldete den Verlust von 50 Millionen RM als »Kriegssachschaden« beim Reich an. Aber die positive Bilanz erklärt sich auch aus dem Umstand, »daß in den Luftnotstandsgebieten jede Art des Ausweich-Theaters freudig begrüßt wird«.

Natürlich mußten die Zuschauer auf liebgewonnene Gewohnheiten verzichten. Nicht in jeder Woche lief ein neuer Film an, denn auch die Filmverleiher hatten nur ein geringes Benzinkontingent zur Verfügung. Die Reichsbahn kam ihren vertraglichen Verpflichtungen nur ungenügend nach, denn der zunehmende Militärtransport im Inland genoß oberste Priorität. Filmvorführapparate fielen aufgrund von Maschinenschäden aus, und viele Vorführer wurden zum Militär eingezogen.

Aus diesen Gründen ergab sich in den letzten Kriegsmonaten die merkwürdige Situation, daß offiziell geprüfte und abgenommene Spielfilme nicht mehr in die Kinos kamen und ihre Uraufführung erst im Nachkriegsdeutschland erlebten.

Insgesamt betrifft es 14 Titel, davon sind vier Filme schon im Produktionsjahr 1943/44 angefangen worden.

Am bekanntesten dürfte der Helmut-Käutner-Film *Unter den Brücken* sein, der im Sommer 1944 unter abenteuerlichen Bedingungen auf der Potsdamer Havel entstand. Der Kameramann Igor Oberberg erinnert sich: »Unser Film spielte in einer friedlichen Zeit, und so mußten wir lernen, gefundene Motive möglichst schnell abzudrehen, weil es einige Male passierte, daß wir ein aufgezeichnetes Motiv nicht mehr vorfanden, weil es inzwischen ›ausradiert‹ war.«[22] Der Hauptdarsteller Carl Raddatz denkt zurück an eine »idyllische, fast romantische Drehzeit, in der über unseren Köpfen die Bomberströme nach Berlin zogen. Ganz hinten am Horizont stiegen dann ein paar Minuten später Rauchpilze hoch, der Himmel wurde finster, dort hinten grollte es, und die Erde zitterte leise, und um uns quakten die Frösche, der Wind ging durchs Schilf, die Havel floß gemütlich weiter, als ob nichts wäre. Wir sahen uns besorgt an, die Arbeit ging weiter. Oder wie oft nachts, am E-Werk in Potsdam, wie oft mußten wir abbrechen, Alarm, die Scheinwerfer erloschen, im Tempo zum Bunker der Sternbrauerei, Entwarnung, wir drehten weiter bis zum Morgen.«[23]

Unter den Brücken wurde als letzter Film im März 1945 zensiert und erlebte seine Uraufführung erst im September 1946 auf dem Filmfestival in Locarno, das den Film mit dem 4. Preis ehrte. Die deutsche Erstaufführung fand am 18. 5. 1950 in der Hamburger Urania statt. Zu diesem Zeitpunkt hatte Helmut Käutner schon an vier Nachkriegsproduktionen als Regisseur bzw. Autor mitgewirkt.

Die anderen 13 Filme, die vom Reichspropagandaministerium

zugelassen und vor Kriegsende nicht uraufgeführt wurden, fanden schnell einen interessierten Verleih. Eine Zulassung durch die Militärbehörden war das geringste Problem, denn alle Überläufer basierten auf übersichtlichen, harmlosen Fabeln. Abgesehen von einigen Melodramen ging es auf der Leinwand vorwiegend heiter zu. Heinz Rühmann als Bruchpilot Quax trieb sich diesmal in Afrika bei Berlin herum, und Paul Klinger stritt sich mit der resoluten Karin Hardt in *Vier Treppen rechts* um zwei begehrte Zimmer mit Dachgarten. Als Beispiel für die filmische Sorglosigkeit sei nur die im Presseheft *Der Deutsche Film 1945* veröffentlichte Inhaltsangabe des Ufa-Films *Wie sagen wir es unseren Kindern?* angeführt: »... das ist eine schwierige und heikle Frage für Frau Käthe Westhoff (Leny Marenbach) und Dr. Thomas Hofer (Mathias Wiemann), die gerne heiraten möchten, aber bei den in Urfehde lebenden drei Westhoff-Kindern und den vier Hofer-Bengels auf schärfsten Widerspruch rechnen müssen. So verzichten sie schweren Herzens. Aber die Hofer-Rangen müßten ihren Vater, die Westhoff-Kinder ihre Mutter nicht so lieben, um auf die Dauer ansehen zu können, wie unglücklich die Großen dabei sind. Also wird das Kriegsbeil begraben und gemeinsam eine kleine liebevolle Komödie inszeniert, die das Paar wieder vereint.«

Nur wenige Filme scheiterten an den Genehmigungsinstanzen der militärischen Sieger. Die Alltagskomödie der Tobis *Wir seh'n uns wieder* hatte den entscheidenden Nachteil, daß die männlichen Urlauber im Bayerischen Wald Sturmpioniere auf Sonderurlaub waren. Da halfen kein Liebesgeturtel und gehauchte Gefühlswallungen, wenn die zivilen Casanovas zum Schluß in strammen Uniformen auftauchen. Das Abschiedsversprechen, sich im nächsten Jahr am gleichen Ort wiederzutreffen, ging eben zu sehr an der Realität vorbei.

Abgedreht und liegengelassen

Drei Staffeln; unwichtige Schlußarbeiten; über 30 Filme nicht endgefertigt; unerschütterliche Erfolgsmeldungen; detaillierte Ablaufpläne; höhere Gewalt; Ufa gegen Bavaria; der Jude Sousa; Bomben auf Berlin; Willy Fritsch mit schwachem Magen; Verhaftung von Paul Hörbiger; Hinkel gegen Winkler

Um möglichen Mißverständnissen vorzubeugen, möchte ich an dieser Stelle kurz die gängige Zulassungspraxis erläutern. Wenn die Dreharbeiten eines Films abgeschlossen waren, wurde den vorgesetzten Behörden eine vorläufige Zensurkopie vorgelegt. Erst mit den obligatorischen Stempeln konnte eine massenhafte Kopierung veranlaßt werden. Die vervielfältigten Zensurkopien erhielt der Inlands-Filmverleih zur weiteren Kinoauswertung. Dieser übliche Arbeitsablauf trifft auf das Produktionsjahr 1944/45 nur noch in Ansätzen zu.

In einem vertraulichen Sitzungsprotokoll der Ufi-Produktionschefs vom 28. Juli 1944 ließ sich der amtierende Reichsfilmintendant Hinkel den aktuellen Stand der Dreharbeiten angeben. Für jeden der insgesamt 45 Filme ist das geplante Drehende mit dem gewünschten Zulassungsdatum notiert. Doch nur *Das alte Lied* erlebte seine Premiere noch im Dritten Reich, am 30. März 1945. Weitere vier Produktionen wurden vom Reichspropagandaministerium zwar zugelassen, aber nicht mehr uraufgeführt. Das Gros wurde nicht vollendet oder nie in Angriff genommen.

Die Dreharbeiten zu *Unter den Brücken* hatten am 8. Mai 1944 begonnen, genau ein Jahr vor der offiziellen Kapitulation. Kein später aufgenommenes Projekt wurde rechtzeitig fertig, um als zensierte Kopie in die Kinos zu kommen. Natürlich erloschen deshalb die Scheinwerfer in den Ateliers nicht, und mit unvermindertem Eifer probten die Regisseure mit ihren Darstellern vor der Kamera. Sieht man sich heute die Liste der Filmtitel an, die in dem internen Firmenpapier erschienen, so läßt sich nicht genau sagen, von welchem Datum an die Filmarbeiten zu keinem Endergebnis führten. Der Bavaria-Film *Mit meinen Augen* wurde erst am 25. September 1944 begonnen und lag bereits im nächsten Frühjahr als fertige Zensurkopie vor. Andere Filme, wie die Wien-Film-Produktion *Ulli und Marei*, waren schon seit Anfang Juli 1944 im Studio und wurden erst nach dem Krieg fertiggestellt.

Jede Produktionsgesellschaft des staatlichen Ufi-Konzerns teilte ihr Jahrespensum in drei Staffeln ein. Es ist nicht klar ersichtlich, ob dieser Kategorisierung eine Wertung zugrunde lag. Wenn den Filmen der ersten Staffel die größte Aufmerksamkeit gewidmet worden wäre, hätten alle auch zuerst fertig werden müssen. Diese Annahme ist zumindest für das Produktionsjahr 1944/45 nicht mehr zutreffend. Alle Filme der ersten Staffel wurden mit Ausnahme von *Sag endlich ja*, *Shiva und die Galgenblume* und *Wir beide liebten Katharina* tatsächlich abgedreht. Das heißt aber keineswegs, daß alle Streifen auch als einsatzfähige Kopie vorlagen. Im seltensten Fall waren alle notwendigen Schlußarbeiten abgeschlossen worden. Zumindest existierte jeweils eine vorläufige Arbeitskopie als Grundlage für die Tonmeister und Komponisten. Das Schnittmaterial wurde, wie allerorten üblich, nach der optimalen Bildsequenz sortiert und ausschließlich nach den Erfordernissen der Bildvorgabe geschnitten. Sobald der Endschnitt des Bildes beendet war, gelangte die Bildfolge in die Hände der Tonmeister. Diese hatten die Aufgabe, die passenden Stimmen an die geschnittenen Bildteile synchron anzulegen und mit den aufgezeichneten Hintergrundgeräuschen zu mischen. Gleichzeitig bemühte sich ein verpflichteter Komponist, eine entsprechende musikalische Untermalung in der vorgegebenen Stimmung zu arrangieren. Diese Endarbeiten interessierten die Filmstudios in den letzten Kriegsmonaten nur noch im Hinblick auf die geforderte Statistik. Wichtiger waren neue Projekte, die mehr Beteiligte an das Filmatelier banden und nicht nur wenige Spezialisten von der Front fernhielten. Außerdem wird niemand ernsthaft damit gerechnet haben, das Ergebnis seiner Arbeit auf der großen Leinwand besichtigen zu können. Nur so ist es zu erklären, daß über 30 Filme seit Monaten abgedreht und nicht endgefertigt waren.

Die Einteilung der Filmprojekte in drei Staffeln muß man sich wie ein verzweigtes Schienensystem vorstellen. Die Filme der ersten Staffel erhielten zuerst das Abfahrtssignal und gingen in die Ateliers. Die Rangfolge war durch arbeitsorganisatorische Abläufe bestimmt. Die Regisseure und Schauspieler hatten nach diesem Film anderweitige Verpflichtungen, oder die Dekorationen konnten in nachfolgenden Filmen nochmals verwendet werden. Diese Zwänge spielten eine entscheidende Rolle für die zeitliche Vergabe der Aufträge, denn die Filme der zweiten Staffel waren nicht weniger von Interesse. Darunter befanden sich etliche Farbfilme, die von jeher mit besonderer Aufmerksamkeit bedacht wurden. Die Filme der dritten Staffel galten als eiserne Reserve für die Produktionsleiter. Wenn der Reichsfilmdramaturg Frowein einen Film der ersten beiden Abteilungen beanstandete, griff man schnell in die Schublade der dritten Staffel und zog einen Joker heraus. Ansonsten hatten die Firmenchefs gleich neue Angebote für das kommende Produktionsjahr parat, so daß die Drehteams kontinuierlich mit Aufträgen versorgt werden konnten.

Im letzten Kriegsjahr wurde diese Praxis selbstverständlich nicht verändert. Neben den genehmigten und kalkulierten Projekten reichten die Betriebsleiter unentwegt neue Drehbücher ein und dokumentierten damit unerschütterlichen Glauben an Deutschlands helle Zukunft.

Am 16. Oktober 1944 meldete Dr. Alfred Bauer von der Reichsfilmintendanz beeindruckende Zahlen an seinen Vorgesetzten Hinkel: »Von den 69 Filmen der ersten 3 Staffeln sind also bereits 38 Filme in Arbeit. 27 weitere Stoffgenehmigungen liegen vor. Bei 4 Filmvorhaben fehlt noch die Stoffgenehmigung.«[24] Wenn man bedenkt, daß alle Filme, die nicht vor Anfang August 1944 begonnen wurden, nicht einmal die Dreharbeiten beenden konnten, so muten diese Erfolgsmeldungen wie verfliegender Seifenschaum an.

Natürlich saßen den Filmbürokraten die Zwänge im Nacken. Die Reichsfilmintendanz forderte alle Firmenchefs nachdrücklich auf, endlich Ordnung in ihre Filmbetriebe zu bringen. Jeder für ein Filmvorhaben verantwortliche Produktionsleiter erhielt im Februar 1945 die schriftliche Aufforderung, einen detaillierten Ablaufplan zu liefern. »Der Reichsfilmintendant SS-Gruppenführer Hinkel sowie auch der Reichsbeauftragte für die deutsche Filmwirtschaft, Bürgermeister Dr. Winkler, haben in einer Anordnung darauf hingewiesen, dass der allergrößte Wert darauf gelegt werden muss, bereits abgedrehte Filme schnellstens fertigzustellen.

Darunter fällt auch Ihr Film ... Ich bitte Sie um eine kurze Mitteilung, wie Sie zur schnellen Fertigstellung des Films weiter disponiert haben ... Nach Möglichkeit soll der Ablieferungstermin noch vor Ende März 1945 liegen.«[25]

Der Komponist Grothe, der die Musik zu dem angemahnten Berlin-Film *Rätsel der Nacht* bereitstellen sollte, gab sich in seinem Schreiben vom 23. Februar 1945 an seinen Auftraggeber wesentlich gelassener: »Die Termine, die wir seinerzeit bei unserm letzten Zusammensein in Babelsberg besprachen und festlegten, können im Zuge der gegenwärtigen Situation nicht genau eingehalten werden. Einerseits habe ich noch einige Zeit mit der Komposition des Rökk-Films zu tun, andererseits möchte ich auch die Musik für Ihren Film hier in Ruhe fertigstellen.«[26]

Genau diese Ruhe dürfte Produktionschef Jahn von der Berlin-Film GmbH nicht aufgebracht haben, als er das Schreiben las. Die Dreharbeiten für *Rätsel der Nacht* hatten sich bereits endlos verzögert. Der Drehstab mußte unter chaotischen Umständen aus den bedrohten Ateliers in Den Haag evakuiert und nach Babelsberg zwangsverlegt werden. Nur mit Mühen konnte Jahn diesen Film in die abgestimmten Dispositionen einbauen, und nun verlangte der Komponist noch im Zieleinlauf eine Verschnaufpause.

Tetting, der Produktionschef der Bavaria, gab sich in seinen wöchentlichen Berichten gelassener. Als Mann von Welt bemühte er den Begriff der »force majeur«. Unter höherer Gewalt verstand Tetting alle möglichen Gründe für Drehunterbrechungen, als da wären: »Fliegeralarm, Stromstörungen, Mangel an Arbeitskräften, Verkehrsstörungen und sonstige durch Terrorangriffe entstandene Hindernisse«.[27] Da das Team von *Der Herzensdieb* aus den genannten Gründen nicht rechtzeitg das Atelier räumen konnte, beantragte die Bavaria eine Erhöhung der Gesamtkosten für den folgenden Film *Wiener Mädeln* um 166039,61 RM. Der Vorstand der Ufi reagierte prompt und erbost. In einem Schreiben an Hinkel hieß es: »Wir schliessen uns Ihrer Ansicht an, dass es kurios ist, wenn jetzt die Wien-Film jeden Anlass benutzt, um Schadensmeldungen über kleine Beträge zu erstatten, die in der Summe dann beinahe eine halbe Million Reichsmark ergeben, und begrüssen selbstverständlich Ihren Vorschlag, der Wien-Film aufzuerlegen, diese Meldungen zu unterlassen und Sie nur über Gründe, die zur Überschreitung führen, zu informieren.«[28]

Hätte Hartl von der Wien-Film Kenntnis über diesen vernichtenden Briefwechsel gehabt, so hätte er es bestimmt unterlassen, im Januar 1945 die Schadenssumme für *Wiener Mädeln* auf 517172,60 RM zu erhöhen. Zuvor hatte der Produktionschef bereits beim Reichsfilmdramaturgen wegen des Films interveniert. Man plante die Verwendung einiger betont amerikanischer Rhythmen als dramaturgisches Mittel, doch pikanterweise stellte sich der vorgesehene Komponist Sousa als Jude heraus. Über spitzfindige Formulierungen versuchte Hartl, mit dem Reichsfilmdramaturgen einen Kompromiß zu arrangieren. »Ich bitte Sie daher nochmals zu überlegen, ob wir nicht doch wenigstens Teile der Sousa'schen Musik verwenden können. Es würde sich nicht um die geschlossene Verwendung irgendeiner seiner Musiknummern handeln, sondern um die Benützung von Fragmenten, die neben anderen Themen zu einem Potpourri verarbeitet würden.

Ich glaube diese Bitte umso mehr stellen zu können, als ich der

Überzeugung bin, daß – wenn überhaupt – nur ein winziger Bruchteil unserer Öffentlichkeit einen Schimmer davon hat, wer Sousa war oder welche Musikpiecen von ihm stammen, daher die Benützung einiger populärer Takte von ihm ohne weiteres riskiert werden kann … Selbstverständlich würde seine Person oder sein Name nie in Erscheinung treten.«[29]

Auch mit anderen Projekten fiel die Wien-Film negativ auf. Die Hochstaplerkomödie *Ein Mann gehört ins Haus* von Hubert Marischka meldete wöchentlich höhere Produktionskosten und lag Ende Januar 1945 mit fast 200000 RM über dem genehmigten Limit. Die Wien-Film hatte keine Kosten gescheut. Sogar ein Bildhauer stand mit 3500 RM auf der Stabsliste.

Der Film wurde erst zwei Monate später als vorgesehen abgedreht. Natürlich wegen der verzögerten Dreharbeiten zu *Wiener Mädeln*, höherer Gewalt usw. Hartl bat den Reichsfilmintendanten, »daß wir mit den abgedrehten Filmen, bei denen nur noch Feinschnitt, Synchronisation und Mischungsarbeiten ausstehen, überhaupt von Wien weg entweder nach Prag oder Berlin oder sonst einen anderen Ort … allerschnellstens übersiedeln, um diese Filme in jeder Hinsicht, also auch vor Luftangriffen, nach grösster Möglichkeit zu sichern.«[30]

Berlin galt nach zwei bombenfreien Jahren bis Ende 1943 als relativ sicher. Dies änderte sich mit den alliierten Luftangriffen vom 22. November 1943. 670 Bomber warfen mehr als 2000 Tonnen Sprengstoff und 150000 Brandstäbe über Berlin ab und machten über eine halbe Million Einwohner obdachlos. 3758 Berliner verloren ihr Leben.

Die Filmstadt Babelsberg vor den Toren Berlins blieb weitestgehend verschont. Vielleicht rührte daher Karl Hartls Bestreben, Wien in Richtung Babelsberg zu verlassen. Natürlich wäre ihm das friedliche Prag wesentlich angenehmer gewesen. Nur eine Bombe soll sich auf den Marktplatz der Goldenen Stadt verirrt haben. Die abkommandierten Regisseure und Schauspieler der Berlin- und Prag Film, der Tobis und Ufa waren sich durchaus ihres Privilegs bewußt. Die Dreharbeiten verliefen in einer entspannten und heiteren Atmosphäre. Nur wenige achteten auf die feindseligen Blicke der Prager Atelierarbeiter. Johannes Heesters erinnert sich an seine Dreharbeiten zu dem Farbfilm *Die Fledermaus*: »Jeder ahnte, daß es bald zur großen Katastrophe kommen mußte. Aber wir drehten und drehten einen Film nach dem andern, geradeso, als hätten wir Scheuklappen vor den Augen.

Willy Fritsch, der ehemals strahlende UFA-Star, war mit den Nerven fertig, er fühlte sich schwach und elend und hatte Probleme mit dem Magen. Willy war bei Fliegeralarm besonders arm dran; er litt unter grauenvoller Angst, die man ihm nicht ausreden konnte, obgleich wir in Prag noch ganz sicher waren. Er hatte keine Kraft mehr, war einfach kaputt und betroffen von dem, was in und um Deutschland herum passierte ... Wir drehten mehrere Monate an dem Film, bis in den November des Jahres 1944 hinein, und wurden und wurden nicht fertig. Als die Arbeiten in Prag abgebrochen werden mußten, fehlten nur noch einige Einstellungen, die in Babelsberg nachgedreht werden sollten. Alles Material wurde also nach Babelsberg gebracht, wo es bei einem Bombardement verlorenging.«[31]

Nicht jeder Schauspieler hat solch ungetrübte Erinnerungen an seinen Prager Aufenthalt. Gustav Fröhlich saß drei Wochen untätig in den Ateliers herum, da Marianne Simson, die Hauptdarstellerin von *Eine alltägliche Geschichte*, schwer erkrankte und er selbst nach der Genesung seiner Kollegin für etliche Zeit ausfiel, so daß sich der folgende Film *Der grosse Fall* erheblich verzögerte. Aber es gab noch andere Gründe, weshalb beide Filme erst nach dem Krieg fertiggestellt wurden. Der Produktionsleiter der Tobis, Herr von Demandowsky, leistete in seinem Schreiben vom 25. 1. 1945 einen originellen Beitrag zum Thema höhere Gewalt: »Nichttrocknen der Klebe- und Malerarbeiten mangels genügend beheizter Räume.«[32]

Der bekannte Wiener Volksmime Paul Hörbiger drehte in der gleichen Zeit in Prag. Er spielte in dem Lustspiel von Theo Lingen

Glück muß man haben den Operettenkomponisten Carl Millöcker. Der Filmtitel geriet für Hörbiger zur blanken Ironie, denn während der Dreharbeiten wurde er verhaftet. »Um sechs Uhr früh läutet es an meiner Tür. Referent Hitzler ist da. ›Im Namen des Gesetzes muß ich Sie mitnehmen.‹ Der Grund der Verhaftung wurde mir nie mitgeteilt ... Als man mich abholte, waren die Dreharbeiten zu dem Film ›Glück muß man haben‹ gerade in vollem Gange. Nach meiner Verhaftung wurden die Aufnahmen abgebrochen, der Film wurde erst im Jahre 1950 fertiggestellt und er kam dann unter dem Titel ›Operettenklänge‹ in die Kinos.«[33]

Jeder Film, der nicht wie geplant fertiggestellt wurde, verursachte erhebliche Nachfolgekosten. Die Leihgebühren für Kostüme und Requisiten stiegen. Die Honorare für den Drehstab und die Darsteller waren trotz der Kriegsdienstverpflichtungsgagen keine unwesentliche Belastung. Für die Ateliers mußte zumindestens eine Leerlaufmiete entrichtet werden. Teilweise warteten ganze Atelierbesatzungen wochenlang auf die neue Rohfilmlieferung, da keine Transportkisten zur Verfügung standen. Der zuständige Gauleiter von Bayreuth untersagte zum Beispiel die Dreharbeiten zu dem teuren Farbfilm *Das kleine Hofkonzert* in den historischen Kulissen der Stadt Coburg und konnte erst durch allerhöchste Anordnung zur Rücknahme seines Befehls bewogen werden. Doch diese Korrespondenz kostete wertvolle Zeit und damit Geld. Auch dieser Film blieb bis Kriegsende ein Fragment.

An allen Ecken sollte gespart werden. Außenkulissen wurden immer häufiger durch bemalte Leinwand ersetzt, solange noch ausreichend Holz, Gips und Leinwand zur Verfügung standen. Selbst an dem propagandistischen Vorzeigefilm *Kolberg* mußte gespart werden. Für die unzähligen Chargendarsteller standen nur wenige Kostüme zur Verfügung. Nachts mußten die von der Front abgestellten Soldaten ihre Uniformen einfärben und sich aus Toilettenpapier provisorische Gürtel anfertigen.

Nach dem Kolberg-Debakel ordnete Hinkel deshalb ein Verbot von Kostüm- und Ausstattungsfilmen an und senkte das Produktionssoll für das laufende Jahr. Der Reichsbeauftragte für die deutsche Filmwirtschaft Winkler war über die Anmaßung Hinkels erbost und empörte sich über dessen Kompetenzüberschreitung. Nach Ablehnung eines Versöhnungsgespräches ließ er verlauten, »daß die deutsche Filmwirtschaft den Anforderungen des totalen Kriegseinsatzes reibungsloser und prompter und damit erfolgreicher unter Beibehaltung der bisherigen Struktur nachkommen kann«.[34]

Die Leute im Atelier konzentrierten sich auf ihre persönliche Überlebensstrategie und hielten es eher mit Hans Moser, der hinter vorgehaltener Hand Johannes Heesters anvertraute: »Solang die dran sind, ist es besser, wir spiel'n unsere Larifari-Rollen auch privat weiter. Bloß net auffall'n, Jopie; sonst sind nämlich wir dran, und des wär ung'sund fürs Leben.«[35]

Filme ohne letzte Klappe

Lückenhafte Lexika; 19 unvollendete Ufi-Filme; namhafte Regisseure; beendete und abgebrochene Dreharbeiten; Rühmann filmt im Geschützdonner; Aufnahmen im Morgengrauen; eine defekte Warmwassermaschine; Jannings wurde nicht Herr Belling; Strommangel, Bombenalarm und schlechtes Wetter; zerstörte Originalschauplätze; Knast wegen Knödeln; gutaussehende Jazzmusiker; Freibrief für Liebeneiner; Negative in Zinksärgen; Überziehungskosten ohne Übersicht; traditioneller Piel; Flucht im Panzer; Albers als Gott in Prag; Tanz auf dem goldenen Teppich

Nach über fünfzig Jahren ist das Kapitel der unvollendeten Ufa-Filme weiterhin ein dunkler Fleck in der deutschen Filmgeschichte.

Auch aus Anlaß des hundertjährigen Filmjubiläums erschien keine Publikation zu diesem Thema. Wahrscheinlich bestand bisher keine Notwendigkeit, an Alfred Bauers Standardwerk *Deutscher Spielfilm Almanach* zu zweifeln. Doch das Insiderwissen des ehemaligen Mitarbeiters der Reichsfilmintendanz weist bei näherer Betrachtung zahlreiche Lücken auf. Für die Produktionsjahre 1943 bis 1945 führte er insgesamt 39 Überläufer auf, die bereits fertig vorlagen bzw. von neuen Filmfirmen der Nachkriegszeit vollendet wurden. In der Ausgabe von 1950 übersah er drei Filme, die zwar von der Filmprüfstelle zugelassen wurden, aber nicht mehr zur Aufführung gelangten (*Das fremde Leben*, *Quax in Fahrt* und *Regimentsmusik*).

Auch die als »unvollendet« gekennzeichneten Produktionen gab Bauer quantitativ nicht ganz korrekt an. Es waren nicht 27 Filme, die nie in die Kinos kamen, sondern nur 19. Bei *Rätsel der Nacht* war er sich gänzlich unsicher und versah die filmographischen Angaben mit beiden Vermerken: »unvollendet und Überläufer«.

Man muß dem Statistiker Bauer zugute halten, daß er diese Aufstellung im Jahr 1950 vorläufig abschloß und daher keine Kenntnis über nachfolgende Rekonstruktionsabsichten haben konnte. In einer späteren Publikation über die Jahre 1946 bis 1955 konnte er viele Ungereimtheiten beseitigen, doch nur wenige Filmhistoriker schauen in diesen Nachfolgeband. Selbst dort treten ungenaue bis falsche Angaben über Premierendaten der fertiggestellten Ufa-Filme auf, die von seriösen Lexika übernommen und für lange Zeit als Fakt weitertransportiert wurden. Im Anhang findet sich erstmals ein gesicherter Überblick über alle Ufi-Filme, die erst nach dem Zweiten Weltkrieg ausgewertet wurden bzw. unvollendet blieben.

Doch wenden wir uns zunächst den 19 unvollendeten Ufi-Filmen zu. Bis vor kurzem waren es noch 21 Rudimente.

Ich hatte die Möglichkeit, Wolfgang Staudtes dritten Spielfilm *Der Mann, dem man den Namen stahl* im Auftrag des Bundesarchivs und der Friedrich-Wilhelm-Murnau-Stiftung vollständig zu rekonstruieren. Dieser Film erlebte am 21. 6. 1996 in Anwesenheit der damaligen Hauptdarstellerin Gretl Schörg seine festliche Welturaufführung. Im vierten Kapitel wird es speziell um den Sonderfall Wolfgang Staudte gehen. Dort ist die spannende Suche nach dem ursprünglichen Schnittmaterial im einzelnen nachzulesen.

Die restlichen 19 Titel lassen sich mit den wohltönendsten Namen der deutschen Filmgeschichte dieser Jahre verbinden. Durch die rigorosen »Auskämmungsaktionen« verblieben nur noch die qualifiziertesten Persönlichkeiten vor und hinter der Kamera. Fast jeder in Deutschland verbliebene Regisseur vergeudete Jahre wertvoller Energie. Für jeden (Film-)Künstler bedeutet es einen herben Rückschlag, wenn monatelange kreative Arbeit kein Ergebnis zeitigt. Darüber hinaus waren einige Werke tatsächlich kaum der Rede wert. Weniger aus politischen denn aus künstlerischen Erwägungen ist mancher Streifen in den Regalen der Archive am besten aufgehoben.

Wolfgang Staudte

Doch schon die Namen der Regisseure lassen erahnen, daß sich unter ihren 19 unveröffentlichten Filmprojekten so manches Juwel verbarg. Angeführt wird die Riege durch den Altmeister der großen Stummfilmära, Georg Wilhelm Pabst, der in den Endzwanzigern einer realistischen Kameraarbeit zum Durchbruch verhalf. Auch in diese Epoche fällt die Glanzzeit des Sensationsfilmers Harry Piel, der mit *Der Mann im Sattel* seinen 103. Film in Angriff nahm. Gerhard Lamprecht, bekannt geworden durch die Erich-Kästner-Verfilmung *Emil und die Detektive*, versuchte sich mit *Kamerad Hedwig* an der Geschichte einer alleinstehenden Mutter. Der populäre Erich Engel als Markenzeichen für den gehobenen Unterhaltungsfilm konnte die Familienkomödie *Wo ist Herr Belling?* mit Emil Jannings nicht beenden. Paul Martin, der in seinen Anfangsjahren das Traumpaar Lilian Harvey und Willy Fritsch auf die Leinwand gebracht hatte, versuchte es in *Das seltsame Fräulein Sylvia* mit Ilse Werner und Paul Hartmann. Der Ungar Geza von Bolvary, der in seinen zahlreichen Filmen kein vergnügliches Genre ausließ, wollte mit *Die tolle Susanne* die Reihe seiner Erfolgsfilme mit der musikalischen Verwechslungskomödie fortsetzen. Ähnliches gilt für den gebürtigen Rumänen Geza von Cziffra, der für den Kriminalfilm *Leuchtende Schatten* verantwortlich zeichnete. Günther Rittau war einer der gefragtesten Kameramänner des klassischen Vorkriegsfilms und versuchte sich ab 1939 in eigener Regie an schwerblütigen Heimatdramen. *Der Scheiterhaufen* beschrieb die konventionellen Ermittlungsarbeiten eines Landrichters. Der unverfängliche Mikrokosmos der Kleinfamilie und die Probleme Heranwachsender waren Lieblingsthemen von Boleslaw Barlog, der diesmal den verantwortungsvollen Alltag des *Tierarzt(es) Dr. Vlimmen* thematisierte. Werner Klingler hatte sich durch den Katastrophenfilm *Titanic* einen Namen gemacht und baute mit *Dr. phil. Döderlein* auf die hohe Schauspielkunst von Heinrich George.

Der nonchalante Produktionschef der Ufa, Wolfgang Liebeneiner, der mit *Ich klage an* die filmische Begründung für das Euthanasieprogramm der Nazis lieferte, ließ sich mit dem Durchhaltefilm *Das Leben geht weiter* zu einem weiteren politischen Großangriff überreden. Der Autor Alfred Braun versuchte sich als Regisseur an der Storm-Novelle *Pole Poppenspäler.* Arthur Maria Rabenalt hatte sich mit stilsicheren Unterhaltungsfilmen einen Namen gemacht. Die unverfängliche Liebesgeschichte *Wir beide liebten Katharina* verlegte er in das fränkische Main- und Weingebiet. Alfred Weidenmann war durch den nationalsozialistischen Erziehungsfilm *Junge Adler* kein unbeschriebenes Blatt mehr. Im oberschlesischen Bergbaugebiet drehte er den Katastrophenfilm *Die Schenke zur ewigen Liebe.* Doch gegenüber Hans Steinhoff, dem überzeugten Parteigänger, waren die vorhergenannten »Spielleiter« harmlose Mitläufer. Steinhoff konnte trotz Durchhalteparolen und Androhung höchster Strafen den Farbfilm *Shiva und die Galgenblume* nicht beenden.

Die anderen Regisseure der unvollendeten Ufi-Filme waren in dieser verantwortlichen Position zumeist Anfänger. Hans Robert Bortfeldt als langjähriger Regieassistent in Babelsberg durfte sich mit der musikalischen Liebeskomödie *Frühlingsmelodie* das erste und leider auch das letzte Mal beweisen. Ebenso saß Oscar Fritz Schuh bei der Verfilmung des gleichnamigen Bühnenstückes von Beaumarchais *Ein toller Tag* erstmalig auf dem Regiestuhl. Auch der langjährige Assistent des Avantgardisten Walter Ruttmann, Eugen York, wollte sich mit der frischen Liebeskomödie *Heidesommer* erste Sporen verdienen. Helmut Weiß war zwar nach der Anzahl seiner bisherigen Arbeiten auch noch zu den Anfängern zu zählen, doch hatte er mit seinem Debüt *Die Feuerzangenbowle* so großes Talent bewiesen, daß er im kommenden Produktionsjahr 1945 gleich für drei Filme verantwortlich sein sollte. *Sag' die Wahrheit* und *Sag endlich ja* sind in dieser Fassung nur als unvollständiges Schnittmaterial überliefert. Bleibt schießlich noch Gustav Fröhlich zu nennen, der nach zehnjähriger Abstinenz wieder hinter der Kamera agierte. *Leb wohl, Christina,* eine pubertäre Liebesgeschichte, die in einem Internat am Bodensee spielt, blieb der Nachwelt vorenthalten.

Die Informationen über den Produktionsstand dieser Filme sind denkbar spärlich. Nur wenige Zeitzeugen konnten eine definitive Aussage darüber treffen, ob die Streifen tatsächlich unfertig blieben und was mit den Filmbüchsen geschah.

Zur besseren Übersicht soll der feste Block der unvollendeten Filme in handhabbare Einzelteile zerlegt werden. Dazu ist die Unterscheidung der Filmtitel nach beendeten bzw. abgebrochenen Dreharbeiten sinnvoll (vgl. Anhang). Diese Herangehensweise verdeutlicht den damaligen Produktionsstand und die Möglichkeit einer späteren Rekonstruktion. Wie das Beispiel des Staudte-Films *Der Mann, dem man den Namen stahl* beweist, müssen nicht alle Ufa-Filme, die als unvollendet galten, für alle Zeiten der Nachwelt vorenthalten bleiben.

Die sporadisch überlieferten Protokolle der Reichsfilmintendanz über den jeweiligen Produktionsstand sind leider nur ein unzureichendes Indiz für den tatsächlichen Fertigungsgrad der Filme. Man kann sich nicht sicher sein, ob die beinhalteten Informationen und Monatseinteilungen der Wahrheit entsprechen oder einfach nur schöngefärbt wurden. Zwei Protokolle, die im Dezember 1944 im Abstand von zwei Tagen erstellt wurden, geben unterschiedliche Termine für die Zensurvorlage an, die mindestens um einen ganzen Monat differieren. Wenn der eine Bericht für die vorgesetzte Behörde verfaßt wurde, kann die wahrheitsgetreue Aufstellung nur die späteren und damit realistischeren Angaben enthalten.

Nicht einmal in der Angabe zurückliegender Termine stimmten beide Protokolle überein. Der definitive Abschluß der Dreharbeiten zu *Sag endlich ja* wird zunächst mit dem 4. November 1944 angegeben und andernorts erst auf den 7. Dezember 1944 verlegt. Die letztere Angabe ist wahrscheinlicher, denn der Regisseur Helmut Weiß begann mit den Atelierarbeiten zu seinem Anschlußfilm *Sag' die Wahrheit* am 30. November 1944. Parallel überwachte er die verbliebenen Trickaufnahmen für die erste Produktion, um dessen Endfertigung er sich nicht mehr kümmern konnte.

Gustav Fröhlich in
Sag' die Wahrheit

Sag' die Wahrheit ist eine bemühte Alltagskomödie, der höchstens das Hauptdarstellerehepaar Hertha Feiler und Heinz Rühmann einen gewissen Pfiff hätten verleihen können: Ein Ehemann verpflichtet sich, einen ganzen Tag nicht zu lügen. Nicht einmal kleine Halbwahrheiten und höfliche Notlügen sind ihm erlaubt. Angesichts doppelzüngiger Moral war die Grundidee fast subversiv. Doch die textliche Vorlage verbot schon im Ansatz jeden Anschein von Regimekritik.

Die Filmarbeiten zogen sich bis weit in das Frühjahr 1945 hinein und gaben zu grotesken Situationen Anlaß. »Ein Durchhalte-PG steht plötzlich im Atelier. Fassungslos: ›Sie wollen doch nicht sagen, daß Sie jetzt noch einen Film drehen?!‹

›Wieso nicht?‹ fragte Rühmann zurück, mit unverwechselbarer, trockener Naivität in der Stimme, ›oder glauben Sie, daß das deut-

Erste Fotoankündigung des Films *Die Schenke zur ewigen Liebe*

sche Volk nach dem Endsieg keine Filme mehr sehen will?‹ Abgang des Parteigenossen ohne ›Heil Hitler‹.«[36]

Diese Begebenheit soll sich am 18. April 1945 zugetragen haben, wohlgemerkt vier Tage vor der durch Goebbels offiziell verkündeten Unterbrechung der Arbeiten. Der Filmhistoriker Hans Borgelt verschiebt den tatsächlichen Drehabbruch sogar auf einen noch späteren Zeitpunkt, als der Strom für die S-Bahn und damit für die angeschlossene Atelieranlage abgeschaltet wurde. »Das UFA-Atelier in der Tempelhofer Oberlandstraße wird erst am 26. April von den Russen erobert. Sie kommen sehr ungelegen, denn Helmut Weiß hat seinen neuesten Terra-Film *Sag' die Wahrheit* noch nicht beendet. Noch am Tage des ersten direkten Beschusses stand Altmeister Reimar Kuntze seelenruhig hinter der Kamera, und das Ehepaar Rühmann/Feiler spielte mit gewohntem Charme die Hauptrollen in dieser Filmgroteske von Erwin Marischka.«[37] Zwar heißt jener Erwin korrekterweise *Ernst* Marischka, und die journalistische Ausschmückung liest sich recht spektakulär, hat aber keine historisch fundierte Relevanz. Die folgende Aussage von Heinz Rühmann scheint verläßlicher. »Nicht ›Quax II‹ war mein letzter Terra-Film, sondern ›Sag die Wahrheit‹. An ihm drehten wir in den Tempelhofer Ateliers bis April 1945 ... Bei einigen Kollegen war die Angst größer als die Bereitschaft, nach außen den Anschein einer intakten Produktion vorzugaukeln. Sie reisten ab. Sang- und klanglos. Richtung Süden. Heute der, morgen die. Schließlich war selbst der Schein nicht mehr zu wahren: die Dreharbeiten wurden eingestellt. Der Russe stand fünfzig Kilometer vor Berlin ...«[38]

Im Nachbaratelier hatte der Regisseur Alfred Weidenmann mit enormem Aufwand einen Bergwerksstollen nachbauen lassen, da der Originalschauplatz in den oberschlesischen Kohlengruben längst zum Schauplatz der Kriegshandlungen geworden war.

Goebbels hatte dieses Filmprojekt als zu spektakulär abgelehnt. Aktionsbetonte Leinwandszenen assoziierte der Zuschauer allzu leicht mit Kriegsberichterstattung aus der Wochenschau und zog sich enttäuscht vom Ort der ersehnten Ablenkung zurück. Schon im November 1943 vermeldeten einschlägige Berichte des Staatssicherheitsdienstes (SD): »Häufig trete bei den Frauen eine ausgesprochene Kriegsmüdigkeit zutage. Sie sind bestrebt, allem aus dem Wege zu gehen, was die Gedanken zum Kriegsgeschehen hinlenke, so vermeiden sie z.B. entsprechende Radio- und Filmdarbietungen und lassen den politischen Teil der Zeitung unbeachtet.«[39]

Erstaunlicherweise ließ sich Goebbels von seinem Reichsfilmdramaturgen zu diesem Katastrophenfilm überreden. Frowein vermied in seinem Anschreiben diesen Begriff geflissentlich, hatte doch der Reichsfilmintendant Hinkel schon Monate zuvor alle Katastrophen- und Ausstattungsfilme kategorisch untersagt. Goebbels gefiel sich wieder einmal in der Herauskehrung seiner Machtbefugnisse und gestattete die aufwendige Produktion über die Bewährung der Kohlenkumpel in einer Extremsituation.

Stillschweigend wurde der Film Monate später in Tempelhof abgebrochen, weil die Warmwassermaschine nicht funktionierte.

In den unbeheizten Ateliers weigerten sich die Darsteller, den Wassereinbruch in den unterirdischen Stollen mit eiskaltem Wasser zu proben.

Die Dreharbeiten zu dem Günther-Rittau-Film *Der Scheiterhaufen*, die langatmige Rekonstruktion eines ländlichen Gerichtsprozesses, sind ein typisches Beispiel für das Zusammenwirken widriger Umstände im Frühjahr 1945. Im Dezember hatte der Regisseur das Drehbuch grundlegend umarbeiten müssen, während bereits die Kulissen in Babelsberg, Atelier 6, aufgebaut wurden. Die Tobis, die den Film in eigener Verantwortung zusätzlich zu den Staffelfilmen übernommen hatte, meldete den verspäteten Drehstart erst zum 20. Dezember 1944. Wenige Tage später erhielt Rittau die unerfreuliche Nachricht, daß sein Hauptdarsteller Ewald Balser kurzfristig erkrankt war. Damit verteuerte sich die als billiger Zwischenfilm geplante Schnellschußproduktion bereits um 60000 RM. Am 7. 2. 1945 beantragte der Produktionsleiter Dr. Engelsing für den Aufnahmeleiter Buchholz eine Dienstreise nach Hohenstein-Ernsttal, »um die Schauspielerin Frau Karin Himboldt zu holen, die ohne Erlaubnis Berlin verlassen hat. Infolgedessen steht mein Film still.«[40] Laut *Deutschem Spielfilm Almanach* von Bauer ist der Film nur zu drei Vierteln abgedreht worden.

Ebenfalls durch die Erkrankung des Hauptdarstellers, diesmals Emil Jannings, blieb der Film *Wo ist Herr Belling?* ein Fragment. Zuvor hatte es beträchtlichen Ärger mit zwei Schauspielerinnen gegeben, so daß sich der Chef der Bavaria, Helmut Schreiber, keinen anderen Ausweg wußte, als sich hilfesuchend an den Reichsfilmintendanten zu wenden. »Der in Arbeit befindliche Film leidet ausserordentlich unter Besetzungsschwierigkeiten insofern, als die für die oben genannten Darstellerinnen vorgesehenen Ersatzkräfte (Christl Mardayn und Gusti Huber/Anm. H. T.) einem solchen Spitzenfilm der deutschen Filmkunst nicht entsprechen. Herr Jannings ist über die Tatsache ausserordentlich gekränkt. Aus Gesprächen hat sich nämlich ergeben, dass sowohl Frau Mardayn wie Frau Huber einfach keine Lust haben, in einem Jannings-Film zu spielen.

Ich bitte daher den Reichsfilmintendanten festzustellen, ob die genannten Schauspielerinnen tatsächlich – Frau Huber wegen ihrer beiden Kinder überhaupt – von jeglicher Filmarbeit ausscheiden und Frau Mardayn aufgrund eines amtsärztlichen Zeugnisses von der vorgesehenen Filmrolle befreit werden darf.«[41]

Vielleicht lag das Desinteresse der beiden Damen an den Streitereien, die diesem Film vorausgegangen waren. Nur mit Mühen erhielt Schreiber den gefragten Regisseur Erich Engel von der Tobis zugesprochen, nachdem er bereits mit rechtlichen Konsequenzen drohte und auf alte Vertragsansprüche pochte. Die Tobis stellte daraufhin den geplanten Farbfilm *Der Graf von Monte Christo* zurück.

So blieben im Endergebnis zwei Filme auf der Strecke, denn die Bavaria-Produktion mußte wegen Jannings im Januar 1945 halbfertig und endgültig abgebrochen werden.

Auch dem jungen Regisseur Hans Robert Bortfeldt waren die Filmgötter für seinen Debütfilm *Frühlingsmelodie* nicht günstig gesinnt. Fast wie verabredet fiel sein Hauptdarsteller Albert Matterstock für Wochen aus und war »nach verbindlicher Auskunft des behandelnden Arztes, Dr. Mölle vom Krankenhaus Potsdam, nicht vor dem 15. November 1944 frühestens arbeitsfähig. Die Dreharbeit an dem Film kann erst fortgesetzt werden, wenn Matterstock wieder spielfähig ist.«[42] Gleichzeitig kämpfte Bortfeldt um den Schauspieler Rolf Weih, der nach dem planmäßigen Ende Anfang Oktober für den Folgemonat der Wehrmacht freigemeldet war.

Strommangel und schlechte Witterungsverhältnisse verzögerten die Dreharbeiten, so daß die Berlin-Film GmbH dem unerfahrenen Regisseur Anfang Dezember 1944 in Prag einen routinierten Assistenten zur Seite stellte. Aber auch Friedrich Westhoff konnte die Arbeiten nicht wesentlich beschleunigen, und die Filmgesellschaft mußte am 10. Februar 1945 um eine erneute Verlängerung der Freistellung für Rolf Weih bitten.

Die Schauspielerin Maria Milde erinnert sich an die ständigen Arbeitsunterbrechungen: »Die nächsten ›Frühlingsmelodie‹-Aufnahmen finden aus kriegsbedingten Gründen nachts statt. Mal ist kein Strom da, mal ist der Strom zu schwach, mal bedrohen uns die feindlichen Bomberverbände, immer ist irgend etwas los.

Im Konzerthaus ist ein Garten aufgebaut, mit Laube. Hildegard und ich gehen hinein.

Nachdem die Freunde sich geeinigt haben, welchen Zwilling sie lieben, treten sie näher. Der eine zu Hildegard mit Leberfleck, der andere zu mir, ohne Leberfleck. Bald darauf bekommen wir unseren ersten Kuß.

Wieder und wieder müssen wir küssen, weil wieder und wieder der Saft in der Stromleitung nachläßt ... In der Pause bekommen wir heiße Kartoffelsuppe auf Produktionskosten, weil es im Atelier, wenn die Scheinwerfer ausgeschaltet sind, ziemlich kalt ist. Gegen drei Uhr nachts ist Drehschluß.«[43]

Immer öfter führten sich in den letzten Kriegsmonaten die peniblen Drehplanungen selber ad absurdum. Ungeachtet zunehmender Logistikprobleme meldeten die Studioleitungen zahlreiche Filmkünstler für die Zeit nach dem geplanten Drehabschluß für die Wehrmacht frei. Manche Sekretärin wird im Frühjahr 1945 vollauf damit beschäftigt gewesen sein, aufgeregte Bittbriefe an die Reichsfilmintendanz aufzusetzen, um erforderliche Kräfte weitere Monate von der Wehrmacht loszueisen.

In der Endphase des Krieges, in den verzweifelten Kämpfen hinter der Oder, als mehr zusammengestückelte Kompanien in den Tod getrieben wurden als in den Jahren zuvor, waren diese Gesuche für die Betroffenen ein letzter Rettungsanker. Doch mit heutiger Kenntnis des Kriegsverlaufes mutet ein Schreiben der Berlin-Film GmbH vom 29. März 1945 an das Reichsministerium für Volksaufklärung und Propaganda, den Regisseur Eugen York nicht am 1. April 1945, sondern erst einen Monat später für die Wehrmacht freigeben zu können, recht kurios an.

Offiziell waren die Dreharbeiten für den Film *Heidesommer* bereits seit Oktober 1944 abgeschlossen. Seit März 1945 befand sich der Film in der Sprach- und Musiksynchronisation. Folglich bestand für York keine zwingende Notwendigkeit, in den Schnitträumen anwesend zu sein. Doch vielleicht standen für den aufwendigen Film ja noch einige Nachaufnahmen an … *Heidesommer* blieb jedenfalls ein Fragment und kam nie in die Kinos. Das Thema reizte Harald Reinl Jahrzehnte später, so daß er das bundesdeutsche Publikum mit dem Remake *Grün ist die Heide* (1972) erfreute. Die Hauptrolle spielte übrigens Roy Black.

Die Berlin-Film GmbH hatte eigens für *Heidesommer* ein Bauernhaus nebst Brunnenanlage mitten in die Neumark bauen lassen. Arthur Maria Rabenalt dagegen war für seinen Film *Wir beide liebten Katharina* auf die nostalgische Fassade Würzburgs angewiesen. Doch ein britischer Luftangriff verwandelte den Drehort in Schutt und Asche. Der gesamte Aufnahmestab wurde nach Babelsberg verlegt. Der damalige Nachwuchsschauspieler Friedhelm von Petersson erinnert sich nur schemenhaft an die nachfolgende Odyssee der Rabenalt-Mannschaft. »Da anschließend in Babelsberg wegen Strommangel in den Studios nicht mehr weitergedreht werden konnte, reisten wir nach Prag, wo ja eine ähnliche Brücke wie in Würzburg vorhanden war. Auf ihr sollten die Restszenen aufgenommen werden. Aber dazu kam es nicht mehr, so dass der Aufnahmestab von Prag aus in den letzten Kriegstagen nach Berlin zurückkehrte, beziehungsweise nach Wien.«[44]

Dies bestätigt ein Schreiben der Berlin-Film GmbH vom 13. 3. 1945. »Friedhelm von Petersson hat zur Zeit einen Einsatz bei der Terra (›Wir beide liebten Katharina‹) und muss am Mittwoch nach Prag zu Aufnahmen. Rückkehr unbestimmt, mit 4–6 Wochen muss aber mindestens gerechnet werden.«[45]

In den *Mitteilungen der böhmisch-mährischen Filmzentrale* vom 11. Januar 1945 ist von weiteren Filmprojekten die Rede, die die Prager Ateliers auslasteten. *Der Fall Molander* von G. W. Pabst, ein Kriminalfilm über den Diebstahl einer Stradivari-Geige, hatte nach diesen amtlichen Verlautbarungen seinen ersten Drehtag am 16. Oktober 1944. Die Aufnahmen konnten zwar abgeschlossen werden, die Spuren des Films versanden jedoch in den Schnitträumen. Er blieb ein Fragment.

Unvorhersehbare Umdispositionen und organisatorische Schnellschüsse der deutschen Filmgesellschaften berücksichtigte das Prager Amtsblatt natürlich nicht. Die Berlin-Film-Produktion *Wir beide liebten Katharina* wird ebensowenig erwähnt wie der Terra-Film *Die tolle Susanne* von Geza von Bolvary, der erst im Januar begonnen und bereits nach dem ersten Viertel der Aufnahmen abgebrochen wurde.

Wer hätte auch ahnen können, daß viele gefährdete Produktionen nach Prag ausweichen mußten. Erich Engel verlegte seinen Film *Wo ist Herr Belling?* wegen der anhaltenden Fliegerangriffe auf München in die Goldene Stadt. Diese unvorhersehbaren Planungsänderungen blieben im Informationsheft unerwähnt. Dafür standen die Drehtermine der hauseigenen Prag-Film wie ein Fels in der Brandung.

Für *Leuchtende Schatten*, einen Kriminalfilm aus dem Artistenmilieu, wurde der Regisseur Geza von Cziffra verpflichtet, der auch für das Drehbuch verantwortlich zeichnete. Im Stab erscheinen so illustre Namen wie Rudolf Prack, O. W. Fischer, Oskar Sima, Paul Kemp, Carola Höhn. Man wollte einen großen Film und geizte nicht mit den Gagen. Doch schon nach wenigen Drehtagen mußte Erich von Neusser begründen, daß die geplanten Kosten um 260000 RM überschritten wurden. Mit seiner Behauptung, »dass bekanntlich die Drehzeit erst in den späteren Vormittagsstunden auf volle Touren kommen und Regisseur, Darstellung etc. viel mehr Elan aufweisen«, hoffte der Prag-Film-Vertreter beim Reichsfilmintendanten auf Verständnis. Hinkels Antwort auf den fünfseitigen Entschuldigungsversuch ließ nicht lange auf sich warten. »Der bisherige Produktionsverlauf des Films ›Leuchtende Schatten‹ gibt mir Veranlassung, Sie darauf hinzuweisen, dass der Film von Ihnen nicht so sorgfältig vorbereitet und disponiert worden ist, wie sich dieses aus meinen Ihnen bekannten Anordnungen ergibt und auf Grund der derzeitigen Verhältnisse erforderlich gewesen wäre. Ihre Ausführungen im Schreiben vom 29. 11., mit denen Sie die bisherigen Überschreitungskosten begründen, können diesen Vorwurf nicht entkräften. Ich ersuche daher, in Zukunft einen Film nur zu beginnen, wenn er bis in alle Einzelheiten durchgearbeitet und vorbereitet ist. Sollten Sie hierbei auf Schwierigkeiten stossen, die beim Spielleiter oder einem anderen Filmschaffenden liegen, bitte ich, mir dieses mitzuteilen.«[46] Durch Hinkel auf den Gedanken gebracht, leitete Erich von Neusser die herbe Rüge an den Regisseur des Unglücksfilms weiter. Doch er hätte mittlerweile Geza von Cziffra als einen impulsiven Streiter kennen müssen. Die Retourkutsche kam auf zwei Seiten daher. »In dem Schreiben vom 14. XII. 44, in dem Sie mir die Mitteilung des Herrn Reichsfilmintendanten wegen der entstandenen Ueberschreitungen des Films ›Leuchtende Schatten‹ weiterleiten, schreiben Sie u. a.:

›Ich möchte die Schuldfrage nicht aufrollen …‹

Ich halte es aber für notwendig, diese Frage ja aufzurollen, da ich nicht für Vorkommnisse verantwortlich gemacht werden will, deren Verhinderung nicht in meinem Machtbereich lag und bei denen ich selbst nur Schwierigkeiten in künstlerischer Hinsicht hatte.

Vor allem möchte ich Sie daran erinnern, dass ich das Exposé ›Leuchtende Schatten‹ in Ihrem Auftrag als einen sogenannten Grossfilm geschrieben habe, nachdem man mir ausdrücklich erklärt hat, dass der erste Prag-Film der neuen Aera ein Ausstattungsfilm werden soll. Als nach Stoffgenehmigung gleichzeitig die Verminderung der Produktionskosten angeordnet wurde, habe ich die Prag-Film davor gewarnt, unter diesen Umständen mit dem Film ›Leuchtende Schatten‹ ins Atelier zu gehen. Man hat mir versichert, dass für diesen Film die neuen Anordnungen noch nicht in Kraft sind. Ich habe dann im Laufe der Drehbucharbeit immer wieder darauf aufmerksam gemacht, dass nach meiner Ansicht selbst in der vereinfachten und verbilligten Form der Film nicht unter ein einhalb Millionen zu machen sei.

Ich muss Sie weiterhin daran erinnern, dass ich mich darüber beklagt habe, dass die Kalkulation des Films leichtfertig, ohne

Kenntnis des endgültigen Drehbuchs und ohne eine ausführliche Rücksprache mit mir gemacht wurde. Ich habe die Kalkulation sowohl im ganzen als auch in ihren Einzelheiten erst in dem Moment zu Gesicht bekommen, als man sie mir zur Unterschrift vorlegte. Sie werden sich daran erinnern, dass ich mich geweigert habe, die Kalkulation zu unterschreiben. Ich unterschrieb sie dann auch nur auf dringendes Zureden und nach der Versicherung, es handle sich für meinen Teil um eine Formalität.

Ich muss Sie weiterhin darauf aufmerksam machen, dass ich immer wieder darum gebeten habe, den Drehbeginn mindestens 8–10 Tage zu verschieben, damit das Drehbuch nach den von verschiedenen Seiten aufgetauchten Aenderungswünschen beendet werden kann und die Vorbereitungsarbeiten wenigstens einigermassen durchgeführt werden können. Sie haben mir dies auch zugesagt. Der Film wurde aber trotz Ihrer Zusage Hals über Kopf ins Atelier gezwungen, bevor das endgültige Drehbuch vorlag und bevor die Darsteller engagiert und alle Vorbereitungen durchgeführt wurden. Aus diesen Gründen entstand in den ersten Drehwochen ein heilloses Durcheinander. Ich war gezwungen, durch falsche Dispositionen, nicht Vorhandensein von Kostümen, unfertigen Dekorationen, Nichteintreffen von Schauspielern usw. fast täglich Stunden um Stunden im Atelier herumzuwarten und immer wieder meine Einstellungen umzudisponieren. Dadurch sind für mich in künstlerischer und technischer Hinsicht fast unüberwindbare Schwierigkeiten entstanden und ausserdem ist dadurch die schon von vornherein zu niedrig gehaltene Kalkulation überschritten worden. Gereizt durch die immer wieder vorkommenden Fehler habe ich hie und da im Atelier die Geduld verloren und gegen diese Dinge lauter als vielleicht notwendig protestiert. Dies wird mir jetzt von Herrn Reichsfilmintendanten Hinkel zum Vorwurf gemacht. Leider haben aber auch weder die lauten Proteste noch meine mündlichen und schriftlichen Meldungen über diese Vorkommnisse etwas geholfen und die Unordnung ging weiter. Ich halte es für notwendig, diese Tatsachen einmal schriftlich niederzulegen und einen Durchschlag dieses Schreibens Herrn Reichsfilmintendanten Hinkel einzusenden.«[47]

Mit der Weiterleitung des Schreibens an Hinkel erhielt die innerbetriebliche Auseinandersetzung einen offiziellen Charakter und mußte mit anderen Waffen ausgetragen werden. Schmutzige Wäsche wird ungern in aller Öffentlichkeit ausgebreitet, zumal die Vorwürfe auf das Konto der Studioleitung gingen.

Zu einer weiteren Verschärfung der Meinungsverschiedenheiten kam es nicht, denn von Cziffra landete wegen Schweinefleischs und Knödeln im Gestapokeller des Prager Pecec-Palais. Der cholerische Regisseur hatte zwei Tage zuvor den Oberleutnant des Staatssicherheitsdienstes (SD) Eweler, einen Bruder der Schauspielerin Ruth Eweler, mit scharfen Worten des Ateliers verwiesen. Eweler hatte sich nach unzähligen Einmischungsversuchen abfällig über die schauspielerischen Leistungen von Wilfried Seyferth geäußert. »In meinem Innern hatte sich in den vergangenen Wochen schon eine ganze Menge Wut gegen Eweler aufgestaut. Diesmal konnte ich mich nicht beherrschen, ich sprang auf und deutete auf die eiserne Ateliertür. ›Jetzt aber raus! Ich habe genug von Ihnen, Herr Eweler!‹

Eweler starrte mich ungläubig an, dann sprang er auf und wollte sich auf mich stürzen, aber in der nächsten Sekunde war ich von den tschechischen Arbeitern umringt, die sich schützend vor mich stellten. Eweler zögerte einen Augenblick, dann drehte er sich um und verließ das Atelier. Ein Beleuchter, der plötzlich erstaunlich gut Deutsch sprach, sagte zu mir: ›Jetzt hauen Sie am besten ab, Herr von Cziffra. Mit dem SD ist nicht zu spaßen!‹«[48]

Erst nach dem letzten Drehtag erfolgte die Verhaftung und nachfolgende Verurteilung des Regisseurs, die die Prag-Film diensteifrig am 18. Februar 1945 an die Konzernspitze weiterleitete: »Ich bringe Ihnen der Ordnung halber zur Kenntnis, dass gegen drei Filmschaffende, die bei der Herstellung des Films ›Leuchtende Schatten‹ beschäftigt waren, die Anklage nach § 1, Absatz 1 und 2 der Kriegswirtschaftsordnung erhoben wurde und dass in der inzwischen am 14. d. M. stattgefundenen Verhandlung folgende Urteile erflossen sind:

Aufnahmeleiter Jerhot	1 Jahr Freiheitsstrafe
Produktionsleiter Hofer	6 Monate "
Regisseur Géza von Cziffra............	8 Monate "

Die Anklage gegen Jerhot stützte sich im wesentlichen darauf, dass er am schwarzen Markte Lebensmittel, hauptsächlich aber Fleisch und Fleischkarten angekauft und diese in Gewinnabsicht weiter veräussert habe. Die Herren Hofer und Cziffra wiederum haben Fleischkarten von Herrn Jerhot erworben und sind von diesem überdies ohne Markenabgabe verpflegt worden.«[49]

Zwei Tage später meldete die Prag-Film eine voraussichtliche Kostenüberschreitung von einer halben Million RM für *Leuchtende Schatten* und rechtfertigte sich durch offensichtliche Informationsdefizite. »Der von uns wiederholt angeforderte Bericht, in welchem Herr von Neusser über die weitere Erhöhung der Überschreitungskosten sowie zu der Kostengestaltung des Films überhaupt abschliessend Stellung nehmen soll, liegt zur Zeit noch nicht vor.

Desgleichen kann uns, aus den Ihnen bekannten Gründen, Herr Produktionsleiter Hofer im Augenblick auch nicht zur Verfügung stehen, sodass wir zu den Entstehungsursachen dieser Überschreitungen nur folgende grundsätzliche Erläuterungen geben können.«[50] Aufgeschlagen wurde der in diesen Zeiten übliche Katalog, beginnend bei Fliegeralarm über Stromstörung bis zur Gagenerhöhung. Nur in einem Punkt überzog der Verfasser des Berichtes und reizte ungewollt zum Widerspruch. »Für die im Film erscheinende Tanzkapelle ›Melodias‹, mit deren Besetzung durch Komparserie man bei Aufstellung des Kostenvoranschlages durchzukommen glaubte – was sich aber in der Praxis nicht durchführen liess – musste letzten Endes doch ein tschechisches Jazz-Orchester mit gut aussehenden jungen Musikern verpflichtet werden …«[51]

Der nächste Tiefschlag für die Produktion *Leuchtende Schatten* war ebenfalls musikalischer Art. Der Komponist Anton Profes sollte noch Ende März 1945 eingezogen und mitten aus der musikalischen Bearbeitung des abgedrehten Films gerissen werden. Der mit einem Boten nach Berlin beförderte Brief der Prag-Film trägt unter der Anfrage an Hinkel, »ob Sie unmittelbar die Zurücknahme der Einberufung veranlasst haben«, ein dickes Nein in des Reichsfilmintendanten Schriftzug. Es ist sehr unwahrscheinlich, daß Profes noch die Uniform anziehen mußte, der Film blieb ein Fragment, da die bearbeiteten Tonrollen verschwunden blieben.

Geza von Cziffra beklagte in seinem Rechtfertigungsschreiben den chaotischen Filmstart. Er hatte noch nicht einmal alle gewünschten Änderungen in sein Drehbuch eingearbeitet, da baute die Prag-Film bereits die ersten Kulissen auf. Die gewohnten Arbeitsabläufe wurden nicht mehr gewährleistet, und die Regisseure mußten improvisieren. Doch niemand wäre auf den verwegenen Gedanken gekommen, ohne genehmigtes Drehbuch ins Atelier zu gehen. Kleine Änderungen hie und da, neue Episoden, gut, aber die Grundstruktur mußte vom Minister abgesegnet sein.

Am 16. Oktober 1944 begannen die ersten Arbeiten im Babelsberger Atelier Ton West für den letzten Großfilm der nationalsozialistischen Erbauungsideologie, *Das Leben geht weiter*, ohne fertiges Drehbuch und unterschriebenen Kostenvoranschlag. Trotz dieser Eigenmächtigkeit konnte sich Ufa-Direktor Tackmann der schützenden Hand seines obersten Dienstherrn sicher sein, denn Goebbels persönlich hatte dieses Mammutunternehmen initiiert. Im Mittelpunkt der Geschichte steht Diplomingenieur Martens, der ein zuverlässiges Meldegerät zum Aufspüren feindlicher Bomber entwickeln soll. Verbissen trotzt der Techniker den Einschränkungen der Kriegswirtschaft und ruiniert selbstvergessen seine Gesundheit. Erst seine Frau Christl erinnert ihn liebevoll an seinen wesentlichen Kraftquell: die gemeinsame Ehe. Neu motiviert, stürzt sich Martens in seine Arbeit. Aber auch das von ihm entwickelte Nachtsichtgerät kann nicht verhindern, daß seine Frau in einem erneuten Bombenangriff umkommt.

Es sollte ein monumentales Werk werden, das die Bevölkerung

Wolfgang Liebeneiner

zum geeinten Handeln in dieser schweren Zeit aufrüttelt. Die Creme der deutschen Autorenschaft hatte sich an diesem Episodenfilm versucht. Zuletzt bemühte sich Thea von Harbou, die einstige Größe an Fritz Langs Seite, um den letzten Schliff. Dieses Filmprojekt von Goebbels' Gnaden war so bombastisch und überdimensioniert, daß die Ufa damit selbst in Friedenszeiten total überfordert gewesen wäre. Der Stettiner Fernbahnhof entstand originalgetreu in Babelsberg, da »die betreffenden Bahnhofsteile nicht für 1–2 Aufnahmetage für den Publikumsverkehr hätten gesperrt werden können, andererseits Publikum in grosser Zahl in Sommerkleidung gezeigt werden musste«.[52]

Mit Wolfgang Liebeneiner hatte der Minister einen devoten, aber unzuverlässigen Regisseur gefunden. In Fachkreisen wurde der ewige Zauderer nach seinem letzten Film benannt: *Versprich mir nichts*. Mit der Hauptrolle bedachte Liebeneiner seine hochschwangere Gattin Hilde Krahl, so daß aus Zeitdruck fünf Ateliers gleichzeitig mit seinem Film belegt wurden. Die Ufa nahm den

Titel *Das Leben geht weiter* wörtlich, schloß die Tore und stellte sich auf Friedenszeiten ein.

Unter der Schirmherrschaft des Ministers hatte Liebeneiner alle Vollmachten. Die verantwortliche Reichsfilmintendanz durfte Vorschläge unterbreiten. »Im Hinblick auf die Erfahrungen, die jetzt mit ›Kolberg‹ und anderen Filmen gemacht worden sind, bittet Gruppenführer Hinkel, den Film ›Das Leben geht weiter‹ auf keinen Fall mit einer Länge herzustellen, die 3000 m wesentlich übersteigt. Es hat sich herausgestellt, dass abgesehen von der Ersparnis an Personal und Material ein Film mit grösserer Länge in den Filmtheatern heute nicht mehr einsetzbar ist.«[53]

Monate zuvor hatte Hinkel den Film »als einen Teil der geistigen Kriegsführung« eingestuft und weitreichende Vollmachten erteilt. »Es wird gebeten, der Ufa-Filmkunst G.m.b.H. jede nur mögliche Unterstützung zuteil werden zu lassen.«[54] Mit dem Reichsfilmintendanten im Rücken nutzte die Ufa die offensichtliche Rivalität zwischen Hinkel und Winkler aus und stellte den Reichsbeauftragten für die Deutsche Filmwirtschaft vor vollendete Tatsachen. Der Kostenrahmen von 2,5 Millionen Reichsmark wurde als unverbindliche Größe betrachtet, die sich jederzeit nach oben verändern konnte. »Wie Sie wissen, handelt es sich um einen politischen Film, der im Staatsauftrag hergestellt wird und für den besondere Weisungen erteilt worden sind ... Dass es sich um einen ausgesprochenen Grossfilm handelt, ist zutreffend. Nach dem vorgegebenen Entwurf und der politischen Bedeutung dieses Spitzenvorhabens wäre eine Herstellung als kleiner Film auch nicht zu rechtfertigen.«[55]

Der endgültige Filmschluß war noch nicht formuliert, aber die Gagen standen schon seit Monaten fest. Man hatte die erste Riege der deutschen Mimen verpflichtet: Gustav Knuth, Hilde Krahl, Marianne Hoppe, Viktor de Kowa. Auch die Nebenrollen waren mit Heinrich George, Willy Fritsch und Friedrich Kayßler hochkarätig besetzt. Insbesondere die Eminenzen hinter der Kamera bedienten sich großzügig aus dem Staatssäckel. Liebeneiner, der Monate zuvor von Goebbels zum Professor erkoren worden war, stellte sich mit seinen Forderungen dem ebenfalls dekorierten Veit Harlan gleich und beanspruchte für seine Regie- und Drehbucharbeiten ein Honorar von 75000 RM. Nicht einmal die endgültige Drehbuchfassung existierte. »An den ersten Drehtagen taucht Hilde Krahl auf den Dispositionsblättern noch als Gundel Martens auf. Wenig später heißt sie Christl. Marianne Hoppe verwandelt sich von Leonore in Renate Carius.«[56]

Viele Darsteller kannten nur den Titel des Filmes, denn aufgrund der allgemeinen Papierknappheit kursierten nur wenige Exemplare des Drehbuches.

Doch dieses Chaos machte niemanden nervös, denn die Filmaufnahmen waren bis Ende März 1945 und die erste Schnittkopie für den 30.Juni 1945 vorgesehen. »Der Aufnahmeleiter Heinz Fiebig, mit dem optimistischen Naturell des Ur-Berliners begabt, versammelt jeden Morgen das Team um sich und ruft in die Runde: ›Ist das Leben nicht schön?‹ Im Chor schallt es zurück: ›Das Leben ist herrlich!‹«[57]

Mit diesem Galgenhumor erfüllten die Filmschaffenden gewissermaßen die Forderung ihres wegweisenden Vorgesetzten Joseph Goebbels, die er 1942 seinem Tagebuch anvertraute: »Auch die gute Laune ist kriegswichtig. Sie zu erhalten, und zwar gerade dann, wenn wir besonders schwere Belastungen zu ertragen haben, ist ein dringendes Erfordernis einer erfolgreichen Kriegsführung an der Front und in der Heimat.«

Der distinguierte Ästhet Liebeneiner überrundete mit seinem Großauftrag seinen Konkurrenten und Regiekollegen Harlan, nachdem dessen Durchhaltefilm *Kolberg* mit einer Fertigungszeit von über einem Jahr und enormen Kosten von acht Millionen Reichsmark dem Minister schwer im Magen lag. Kurzerhand wurde der nächste Farbfilm von Harlan, *Der Kaufmann von Venedig*, auf unbestimmte Zeit verschoben, denn absoluten Vorrang hatte *Das Leben geht weiter*. Auch der Jacoby-Film *Die Puppe* mit Marika Rökk wurde hintangestellt.

Und Liebeneiner ließ sich nicht drängeln. Wegen der ständigen

Hilde Krahl und Gustav Knuth in *Das Leben geht weiter*

Stromausfälle verstrichen wertvolle Arbeitstage ohne einen Kurbelschlag. Danach wurde nur noch nachts gedreht. Die Arbeitsatmosphäre war bedrückend. »Um sechs Uhr morgens ist Drehschluß. In der frostigen Dämmerung verlassen die Mitarbeiter des Ufa-Film Nr. 205 die mutwillig zerstörten Kunsträume des Trümmerspiels ›Das Leben geht weiter‹, um herauszufinden, ob sie selber noch ein Dach über dem Kopf haben.«[58]

Mit einem verkleinerten Drehstab brach der Regisseur Ende März in Richtung Lüneburger Heide auf. Er verzichtete auf Viktor de Kowa, der mit seiner japanischen Gattin Michiko »irgendwie abhanden« gekommen war. Die Filmleute wurden im Dorf Bardowick untergebracht und mußten den täglichen Weg zum Fliegerhorst des Kampfgeschwaders 66 zu Fuß zurücklegen.

Hannover ist von den britischen Streitkräften bereits erobert, doch die Dreharbeiten gehen unvermindert weiter. Immer wieder muß Gustav Knuth einem gelandeten Nachtjäger vom Typ Do 217 N2 entsteigen und sich von dem korpulenten Heinrich George begrüßen lassen. Diese Szene wird am 14. April 1945 abgedreht. Zwei Tage später bricht Liebeneiner sämtliche Aufnahmen zu *Das Leben geht weiter* offiziell ab. In einer nächtlichen Aktion läßt er das Filmmaterial und die Kameraausrüstung in den Backsteindom von Bardowick bringen und dort in zwei Zinksärgen verstecken. Am 18. April 1945 wird der Marktflecken in der Lüneburger Heide kampflos von britischen Einheiten eingenommen.

Nach diesem Tag verlieren sich die Spuren des Filmnegativs von Goebbels' letztem Durchhaltefilm. Die Berliner Filmleute vermuteten, daß ein eifriger Dorfbewohner die neuen Herren zu dem geheimen Versteck geführt hatte, denn die Zinksärge waren nach Tagen leer. Der Aufnahmeleiter Fiebig wird über den Verlust am meisten getrauert haben, denn am gleichen Ort hatte er einen Koffer mit Konserven deponiert.

Der Regisseur Karl Ritter galt als disziplinierter Organisator. Keinen seiner zahlreichen Filme hatte er mit geringster Verzögerung abgeschlossen. Zwar stießen die nationalistischen Militärfilme des ehemaligen Offiziers im Reichspropagandaministerium auf wenig Gegenliebe, aber seine generalstabsmäßige Planung war in den chaotischen Wintermonaten des vorletzten Kriegsjahres äußerst gefragt. Offiziell stand Ritter auf der Gehaltsliste für *Das Leben geht weiter* und war mit seinem Durchsetzungsvermögen die hilfreiche Ergänzung zu Liebeneiners laxem Regietalent – zumindest für die Vorgesetzten.

Tatsächlich fühlte sich Karl Ritter ausschließlich für *Kamerad Hedwig* von Gerhard Lamprecht verantwortlich und kam im November 1944 geradezu in Gewissensnöte. *Das Leben geht weiter* hatte sich durch den ministeriellen Segen wie ein Hefekloß über

Luise Ullrich als
Kamerad Hedwig

das Babelsberger Studio gestülpt und ließ keinen Platz für die rührselige Geschichte über eine alleinerziehende Mutter.

Gerhard Lamprecht mußte in das Tempelhofer Ufa-Studio ausweichen und stellte im Gegenzug fast unerfüllbare Forderungen. »Die Atelieraufnahmen des z. Zt. auf Aussenaufnahmen in Würzburg befindlichen Films: ›Kamerad Hedwig‹ müssen in der Zeit vom 10. November bis 7. Dezember 1944 in Tempelhof durchgeführt werden. Dies ergibt gewisse Schwierigkeiten. Frau Luise Ullrich, deren Gesundheitszustand bekanntlich nicht der beste ist, war s. Zt. ausdrücklich und auch vertraglich zugesichert worden, dass sie während der Dauer der Atelieraufnahmen in Potsdam untergebracht wird. Damals war beabsichtigt in Babelsberg zu drehen, was jetzt nicht durchführbar ist. Der Regisseur Lamprecht, der bekanntlich durch ein Leiden schwer fussbehindert ist und seinen Wohnsitz in Babelsberg hat, wird ebenfalls während der Atelierzeit in Potsdam-Babelsberg wohnen. Für beide wäre der Weg mit den normalen Verkehrsmitteln von Potsdam-Babelsberg nach Tempelhof sehr schwierig und umständlich. Für Frau Ullrich würde er wahrscheinlich wegen ihres schlechten Gesundheitszustandes zu einer Beeinträchtigung ihrer Drehfähigkeit führen und für Herrn Lamprecht würde es schwer möglich sein, wegen seiner Fussbehinderung ins Atelier zu gelangen.

Aus diesen Gründen bitten wir um die Genehmigung, dass Frau Ullrich und Herr Lamprecht gemeinsam in einer Tour während der eingangs genannten Drehzeit von Potsdam-Babelsberg nach Tempelhof mit einem Generatorwagen hin- und zurückgebracht werden.«[59]

Die Atelieraufnahmen waren terminlich festgelegt und eingeplant. Jeder Regisseur hätte eine definitive Reservierung wie einen Lottogewinn betrachtet. Doch Lamprecht mußte dadurch zum zweiten Mal seine Außenaufnahmen abbrechen. Zuvor hatte er den vorgesehenen Drehort Offenburg »infolge Feindeinwirkung« kurzfristig nach Würzburg verlegen müssen. Die ersten Aufnahmen begannen demzufolge mit dreiwöchiger Verspätung. Der versierte Regisseur Lamprecht hatte zwar einige Maßnahmen zur Schadensbegrenzung unternommen, doch letzlich stand er vor einem Scherbenhaufen. »Nach Einreichung unseres Antrages erfuhren die von uns geschilderten Verhältnisse eine weitere Verschärfung, sodass wir uns entschliessen mussten, die Aussenaufnahmen in Würzburg abzubrechen. Obwohl von dem Regisseur das Pensum für etwa 8 Drehtage vorsorglich auf Rückpro umgestellt war, gelang es nicht, die für Aussenaufnahmen vorgesehenen übrig bleibenden Einstellungen abzudrehen. Wir konnten an 36 Aufnahmetagen in Würzburg lediglich das für 20 Aufnahmetage vorgesehene Pensum abdrehen. So mussten wir unsere Aufgabe darin erblicken, eine Umstellung des Films vorzunehmen, möglichst viele der noch offenen, unumgänglich nötigen Einstellungen in das Atelier zu verlegen und uns darauf zu beschränken, dass unter allen Umständen nötige Aussenaufnahmen im Anschluss an die Atelieraufnahmen im Februar n. Js. zur Erledigung kommen.«[60]

Den Termin für die endgültige Fertigstellung des Films verschob die Studioleitung auf Ende Mai 1945 und gab die Mehrkosten mit vergleichsweise günstigen 141 000 RM an. Am 20. März 1945 kann Firmenchef Tackmann nur noch um Verständnis werben. In seinem Schreiben an Winkler ist er sich nur der Tatsache sicher, daß vier Filme die Ufa-Ateliers belegen, darunter *Kamerad Hedwig.* Über Kosten und Termine kann er nur noch spekulieren. »Die tatsächliche Höhe der Überschreitungen lässt sich noch nicht absehen, da wir nicht wissen können, bis zu welchem Zeitpunkt es uns gelingt, die einzelnen Filme fertig zu stellen. Wir halten es daher für unzweckmässig, Ihnen heute Überschreitungsziffern anzugeben, die zwangsläufig schon in der nächsten Woche überholt sein müssen.«[61]

Aber eines wußte Tackmann zu diesem Zeitpunkt sehr konkret: Die Hauptdarstellerin Luise Ullrich saß in Garmisch-Partenkirchen und dachte nicht daran, ihren vertraglichen Verpflichtungen in der gefährlichen Nähe zu Berlin nachzukommen. Am 10. März 1945 richtete Tackmann deshalb ein unterwürfiges Schreiben an die leibhaftige Gräfin Kastell. »Zu unserer großen Bestürzung erfahren wir, dass Sie sich augenblicklich nicht in der Lage fühlen, zur Fortsetzung der Dreharbeit nach Berlin zu kommen. Wir sind dadurch in erhebliche Verlegenheit gebracht und dürfen Sie nach Rückfrage und im Einvernehmen mit dem Reichsfilmintendanten, Gruppenführer Hinkel, dringend bitten, so bald wie möglich nach hier zu kommen, um die restlichen etwa 12 Drehtage, die noch fehlen und die hintereinander abgedreht werden können, zur Verfügung zu stehen.«[62]

Umsonst stand der mit Mühen organisierte Generatorwagen für die Hauptdarstellerin bereit. Die bereits veröffentlichten Pressefotos vergilbten in den Journalien. *Kamerad Hedwig* sollte niemals beendet werden.

Natürlich ist es verwunderlich, daß die durch Krankheit getarnten Arbeitsverweigerungen ohne Folgen blieben. War die kostenintensive Filmwirtschaft im Frühjahr 1945 nur noch ein Potemkinsches Dorf? Für den Schauspieler und Regisseur Harry Piel trifft diese Vermutung keinesfalls zu. Der Sensationsdarsteller der Stummfilmzeit erhielt mit einem aufwendigen Aktionsfilm aus der Welt des Pferdesports noch einmal die Chance, sein Können unter Beweis zu stellen. Zwei Schicksalsschläge hatten den stahlharten Muskelprotz, der sich in keiner gefährlichen Aufnahme doubeln ließ, um Jahre altern lassen. Sein privates Filmarchiv mit allen Originalnegativen ging 1945 durch eine Fliegerbombe unwiederbringlich in Flammen auf. Noch Tage später war der selbstbewußte Einzelgänger für niemanden zu sprechen.

Seinen letzten Film *Panik*, der den alliierten Luftangriff auf den Hamburger Tierpark nachstellte, verbot Goebbels wegen der dramatischen Filmaufnahmen. Die aufwendigen Dressurnummern und rasanten Kamerafahrten widersprachen dem Gebot der Stunde. Filme sollten harmlos unterhalten und nicht die Nerven erhitzen.

Doch der parteitreue Harry Piel, der sich mit Haßtiraden im *Völkischen Beobachter* andienerte, erhielt von Reichsfilmintendant Frowein die erforderliche, wenn auch nicht gerade schmeichelhafte Befürwortung für das neue Filmprojekt *Der Mann im Sattel*: »Piel hat in Zusammenarbeit mit meiner Dienststelle einen Stoff entwickelt, der seiner Art Filme zu machen entgegenkommt. Die Handlung ist primitiv, spannend, hat kriminalistische Einschläge, bringt das Verhältnis von Mensch zu Tier zur Darstellung und entbehrt nicht einer gesunden Sentenz:

Ein guter, aber leichtsinniger Bursche wird in kameradschaftlicher Männlichkeit von einem erfahrenen, im Leben hart gewordenen Mann (Piel) erzogen. Vielleicht vermißt man an diesem Vorhaben das besondere Sensationelle, das Halsbrecherische. Piel, der gleichzeitig Regisseur und Hauptdarsteller seines Films sein wird, hat hier in Erkenntnis seiner eigenen Möglichkeiten nicht zuviel des Guten vorgesehen. Er ist nicht mehr der Piel von vor zwanzig Jahren, vielleicht mehr ein gealterter Mann mit schwarz gefärbten Haaren, unzähligen Knochenbrüchen, und darf sich nicht zuviel zumuten. Der Stoff kann schnell gemacht werden und wird, so hoffe ich, Piel – richtig eingesetzt – in alter Frische und Qualität auf der Leinwand zeigen.«[63]

Besonders dürfte es den alternden Piel gekränkt haben, daß ihm die Reichsfilmintendanz als Bedingung für seinen 103. Film den jungen Co-Regisseur Werner Klingler an die Seite stellte. Aber noch stand der Regisseur auf der Liste der Unzuverlässigen und konnte keine Forderungen stellen.

Mit einem Etat von einer knappen Million RM genehmigte Hinkel den Piel-Film, wovon 290000 RM allein für den Ankauf der beiden Rennpferde Arabella und Tassilo eingeplant waren. Mit den Besitzern vereinbarte man eine Rückkaufverpflichtung nach den Dreharbeiten, um den Film kostengünstig zu halten. Dr. Müller-Goerne von der Reichsfilmintendanz wollte kein finanzielles Risiko mit der Tobis-Produktion eingehen: »Ich erwarte, dass die Herstellung des Films unter Zugrundelegung der Massnahmen, die inzwischen im Hinblick auf den totalen Krieg erlassen worden sind, durchgeführt und von Ihnen laufend Einsparungen an Personal und Material vorgenommen werden.«[64]

Doch durch die verspätete Genehmigung verzögerte Müller-Goernes Behörde selbst den Drehbeginn. Auf der Trabrennbahn Berlin-Mariendorf ließ Piel zahlreiche Originalrennen aufnehmen und wiederholte die Pferdeaufnahmen in den Boxen oder im Gelände, ohne auf die vorgegebenen Meterzahlen zu achten. Beinahe hat man den Eindruck, als ob ihm die Tiere mehr am Herzen lagen als das menschliche Darstellerensemble. Öfter geriet er mit dem Kameramann Eugen Klagemann in Auseinandersetzungen, weil sich Piels Regieauffassung hart an der Grenze der Professionalität bewegte. Die Anschlüsse stimmten hinten und vorne nicht, und die Nummern der einzelnen Bildklappen wurden recht willkürlich vergeben. Piel interessierte sich anscheinend nur für die Dreharbeiten. Den Rohschnitt konnten andere besorgen. Mehr als einmal bricht der alternde Mime die Aufnahmen unzufrieden mit sich selbst ab. Doch er lebte zu sehr für den Film, als daß er diese Begeisterung nicht auf seinen Drehstab hätte übertragen können.

Diese war auch vonnöten, »denn auch diese Produktion ist vom ersten Drehtag an eine Absurdität. Während Tag für Tag Tausende von Menschen ihr Leben lassen müssen, in den Bombennächten, an den Fronten, in den Konzentrationslagern, bemüht sich Piels Filmteam, die heile Welt einer vornehmen Gesellschaft in Frieden und Freiheit vorzugaukeln. Da finden sich Pferderennen und Landgüter, als gäbe es ringsum keine Ruinenlandschaften. Da fahren schicke Autos und Limousinen vor, als gäbe es noch ungehinderten Privatverkehr und keine Schwierigkeiten bei der Benzinversorgung. Da müssen am Drehort teure Pferde gepflegt und gefüttert werden, während mancher im Filmteam unter der immer strengeren Lebensmittelrationierung leidet.«[65]

Vielleicht lag es an den ständigen Unterbrechungen, den katastrophalen Versorgungsproblemen oder der einschneidenden Tatsache, daß der Tonmeister Jansen jeden Tag ab 16.30 Uhr zum Flakdienst abkommandiert war.

Bereits am 26. Februar sollte die Vorführung der ersten Rohschnittfassung im Johannisthaler Tobis-Studio stattfinden. Wegen eines Großalarms mußte jedoch die Projektion abgebrochen werden. Alle Anwesenden flüchteten in den Luftschutzbunker und verblieben dort über Stunden. Zu einer weiteren Vorführung kam es nicht mehr.

Noch bis zur offiziellen Arbeitsniederlegung am 22. April hoffte Piel auf die Fertigstellung seines letzten Films. Erst als sich die Rote Armee den ersten Berliner Vororten näherte, entschloß sich der Filmkünstler zur Flucht. Sie hätte einem seiner frühen Sensationsfilme entstammen können. Zeitweise ließ sich der populäre Schauspieler von Wehrmachtspanzern mitnehmen und gelangte auf abenteuerlichen Wegen in die Hansestadt Hamburg. Das Ende des Krieges bedeutete für den einstigen Star zugleich das Ende seiner Karriere.

Nicht weniger spektakulär war Hans Albers' Flucht aus Prag. Der Traum aller BDM-Mädels hatte natürlich noch im allerletzten Moment eine Frau gefunden, die über ein privates Auto verfügte.

Hans Albers

In Rosenheim jedoch brach alles zusammen. Aber Albers wäre nicht der Blonde Hans gewesen, wenn sich nicht ein Ausweg aufgetan hätte: Einige Infanteristen machten sich einen Spaß daraus, den populären Schauspieler an seinen Zielort zu transportieren. Vielleicht gab Albers während der Fahrt einige Episoden seiner letzten Dreharbeiten zum besten.

Er spielte an der Seite von Eugen Klöpfer, Aribert Wäscher, Grethe Weiser und Elisabeth Flickenschildt einen cleveren Kriminalrat, der eine Geldfälscherbande auffliegen läßt. Der einstige Hansdampf in allen Gassen hatte sich wie Harry Piel auf weniger aktionsbetonte Rollen verlegt. Trotzdem war Albers noch der deutsche Vorzeigeschauspieler und verlangte entsprechende Gagen. Von den 2,3 Millionen RM für den gesamten Film beanspruchte er immerhin 190 000 RM für sich.

Zu spät erfuhr Goebbels die konkrete Höhe seiner Gage. Mit Groll hatte der Minister schon die halbe Million genehmigen müssen, die Albers insgesamt für den Käutner-Film *Große Freiheit Nr. 7* beansprucht hatte, nur weil im Vertrag die Katastrophenklausel vergessen worden war. Im Januar 1945 reduzierte Goebbels die Gage des starrköpfigen Künstlers auf monatlich 8000 RM und verfügte am 4. April 1945 die Annullierung sämtlicher Verträge mit ihm.

Doch über diesen Affront kurz vor Toresschluß konnte sich der Volksschauspieler nicht mehr erregen, denn die Nachricht drang nicht zu ihm durch. Die Filmaufnahmen im Prager Hostiwar-Studio waren abgebrochen worden, da sich der parolengeschärfte Durchhaltenazi und Regisseur Hans Steinhoff als erster in Richtung Ausland weggestohlen hatte. Noch am Abend zuvor hatte der Spielleiter lauthals verkündet, seine Familie in die Goldene Stadt nachkommen zu lassen, denn zur Besorgnis über den Kriegsausgang bestehe kein Grund. Albers, der Steinhoff als das »größte Arschloch des Jahrhunderts« bezeichnete und ihm angedroht hatte, ihn eines Tages zu erschlagen, »so wahr ich der liebe Gott bin«, gewann der Nachricht über den Abschuß des Steinhoff-Flugzeuges einen besonderen Reiz ab: »Das waren nicht die Russen, das war nämlich ich, so wahr ich der liebe Gott bin!«

Schon während der Dreharbeiten hatten sich der gestandene Filmstar und Steinhoff lautstarke Auseinandersetzungen geliefert. Von Albers' Rhetorik in die Ecke gedrängt, berief sich Steinhoff auf den Minister, der es so wünsche. So machte sich Albers nach jeder Einstellung ein Vergnügen daraus, den unbeliebten Spielleiter zu fragen, ob auch dies der Minister wohl so wünsche.

Doch nicht jeder Darsteller konnte sich derartige Frechheiten herausnehmen. Für die meisten Filmleute aus dem deutschen Reichsgebiet war der Drehort Prag die letzte Zufluchtsstätte vor der nahenden Katastrophe. Wenn die Prag-Film AG am 14. Februar 1945 einen ganzen Monat Drehverzögerung anmeldete und in der detaillierten Aufschlüsselung nur zwei Stunden wegen Fliegeralarms angab, so macht schon dieser Umstand verständlich, weshalb Prag das Mekka aller ruhebedürftigen Schauspieler war. Konnte wegen der zusammengebrochenen Transportsituation ein vorgesehener Schauspieler nicht in die tschechische Hauptstadt reisen, fand sich ohne weiteres Ersatz. Der freigemeldete O. W. Fischer zum Beispiel rutschte unverhofft für den erkrankten Otto Graf in das Steinhoff-Team.

Viele Schauspieler übersahen in ihrer Euphorie die verhaltenen Reaktionen der Prager Ateliermannschaften. Mady Rahl erinnert sich auch heute noch an eine glückliche Zeit: »In Prag habe ich den Krieg vergessen. Es gab ja dort nichts an Krieg. Wir haben immer nur die schönen Seiten gesehen. Wir haben schön gearbeitet, tolle Rollen gespielt, viel bessere als man heute bekommt, tolle Regisseure gehabt, tolle Mitarbeiter gehabt, die wirklich alles für uns getan haben. Ich habe überhaupt nicht daran gedacht, daß dort noch irgendwo ein Krieg ist.«[66] Auch Margot Hielscher, die Prag als »irdisches Paradies« bezeichnete, ruft sich ausschließlich Annehmlichkeiten aus dem Gedächtnis zurück: »Die Atmosphäre in dem Hotel war höflich, freundlich und zuvorkommend ... Am Abend gingen wir oft rüber auf die Kleinseite, an der Burg, ins ›Kolovat‹. Dort saß man an alten Holztischen mit Schublade. Und wenn man diese Schublade aufzog, war eine Reihe von köstlichen Pralinen zu sehen. Griffbereit ... Es gab einfach alles. Bei ›Lippert‹, dem Feinkostgeschäft am Graben zum Beispiel, konnte man die feinsten Delikatessen ›ohne‹, d.h. ohne Marken selbstverständlich bekommen. Oder man ging in das kleine Restaurant ›Fischer‹ am Wenzelsplatz. Und im ›Korona Buffet‹ gab es die herrlichsten Ganseln.«[67]

Mit dem Schwindelkurs von 1:10 waren die deutschen Filmschaffenden natürlich auch finanziell die Sieger. Wer hätte da auf Gänseleber und Kaffee en gros verzichtet, denn auch die unterprivilegierten Verwandten in Deutschland wollten versorgt sein. Gerhard Bienert zeigt auch die andere Seite der Medaille. »In den Ateliers herrschte eine eisige Arbeitsatmosphäre. Es gab kaum

Kontakte zu den Tschechen. Sie ließen uns es spüren, daß wir unerwünschte Eindringlinge waren. Die Schar von Männern des SD und von Gestapo-Spitzeln wurde immer größer. Sie hatten auch alle Hände voll zu tun. Denn es kam nicht selten vor, daß Sabotageakte in den Ateliers verübt wurden. Mal brannte ein Scheinwerfer nicht, mal erlosch in der Aufnahmehalle das Licht völlig. Am nächsten Tag fehlten dann wieder ein paar Barrandov-Arbeiter. Willkürlich, erzählte man sich, wurden sie zu Verhören abgeholt und kamen nie wieder.«[68]

Nach Aussagen vieler Schauspieler glich das Alltagsleben in Prag einem endlosen Bacchanal. Man dachte in kurzen Zeiträumen und verdrängte, was nicht hineinpaßte. »Wir haben auf dem goldenen Teppich getanzt, ohne zu wissen, was darunter ist«, gesteht Mady Rahl. Der eigentliche Zweck ihres Aufenthaltes hatte sich mit der Rollenbestätigung fast erledigt. Die Dreharbeiten selbst schienen nur Nebensache zu sein.

»Ich hatte das Glück, eine Rolle in einem Film zu erwischen, der noch gedreht wurde: *Shiva und die Galgenblume*. Das bedeutete vorläufig noch Schonzeit, denn es war klar, daß so ein Film, wenn man ihn erst einmal begonnen hatte, sehr langsam vom Fleck kam. Denn alle Beteiligten waren bestrebt, das Ende des Films möglichst hinauszuziehen. Das Jahr 1945 hatte begonnen und jeder von uns wußte, daß der ganze Spuk seinem Ende entgegenging.«[69] So wie Carl-Heinz Schroth werden viele Schauspieler die Situation im Frühjahr 1945 empfunden haben. Mit aller Entschiedenheit bemühten sich die Studioleitung und die ferne Reichsfilmintendanz um die Einhaltung der Arbeitsdisziplin und ahndeten jeden Verstoß mit deutlichen Drohungen. Noch am 9. April 1945 erging ein Ermahnungsanschreiben an die Schauspielerin Petra Trautmann. »Dem einwandfreien Bericht der Prag-Film A.G. entsprechend haben Sie während der Ihnen bekannten Aufnahmen für den Farbfilm ›Shiva‹ ohne jede Genehmigung den Arbeitsort verlassen, so daß durch Ihr Nichterscheinen an dem Ihnen bekannten Arbeitstag große und kostspielige Umdispositionen verursacht wurden.

Lediglich unter Berücksichtigung Ihrer gegenwärtigen persönlichen Lage wird dieses in heutiger Zeit mangelnde Pflichtbewußtsein hiermit durch eine einmalige und letztliche Verwarnung geahndet. Ich bin zu meinem Bedauern gezwungen, Sie darauf aufmerksam zu machen, daß Sie bei einem nächsten Verstoß gegen die geschriebenen und ungeschriebenen Gesetze der heute notwendigen Pflichterfüllung der Filmschaffenden aus dem Bereich der Reichskulturkammer ausgeschieden werden müßten.«[70]

Der unterzeichnende Hinkel flog sogar noch Ende März 1945 nach Prag, um seinen Regisseur Steinhoff mit einer markigen Rede gegenüber den nervösen NS-Filmschaffenden zu unterstützen. Erst als sich die verantwortliche Führungsriege durch Selbstmord der verdienten Bestrafung entzog, setzte sich Hinkel in den westlichen Teil Deutschlands ab und übergab am 2. Mai 1945 die Bavaria-Studios in München dem britischen Befehlshaber. Sechs Tage später war der braune Spuk endgültig vorbei und der weltgrößte Filmkonzern ein abgeschlossenes Kapitel.

DRITTES KAPITEL

Filmschicksale

Germano anno Zero; Denunzierung der Voreiligen; das Filmatelier als Mietskaserne; Russen in Babelsberg; Film als Baumschmuck; Demontage; Granaten gegen Bunkertüren; die Suche nach den unfertigen Ufa-Filmen; Entfilmung der Innenstädte; zwei Tresorräume als Schatztruhen

Das Feuer, mit dem Deutschland einen ganzen Kontinent überzogen hatte, schlug auf das Ursprungsland zurück. Der Traum von der persönlichen Bereicherung war ausgeträumt. Der deutsche Herrenmensch kramte enttäuscht in den Ruinen. Die Zukunft war ungewiß. Im engsten Vertrautenkreis besprach man den optimalen Zeitpunkt der persönlichen Kapitulation und lernte erste Brocken der fremden Siegersprachen. Im Kino war die Welt noch in Ordnung, sofern kein Sirenengeheul in muffige Luftschutzkeller rief.

Als der Geschützdonner verhallte, machte sich namenlose Trauer breit. Als Tausende den von Goebbels geforderten totalen Krieg frenetisch bejubelten, war nur die Zerstörung in anderen Ländern gemeint gewesen. Mit unvorstellbarer Naivität hatten die Deutschen angenommen, die feindlichen Armeen würden wie 1918 an den Ländergrenzen haltmachen.

Der Augenzeugenbericht einer Berliner Lehrerin vom 20. April 1945 verdeutlicht das Ausmaß der Realitätsverdrängung. »War das nicht ein Einschlag ganz in der Nähe? Meine Mutter und Schwester, die bisher ruhig in der Küche gewirkt haben, kommen zu uns: ›Habt Ihr das eben auch gehört? Das hat doch eingeschlagen! Ist denn Fliegeralarm?‹ Da klingeln auch schon unsere Hausgenossen wieder. ›Kinder, was ist denn bloß los?‹ Doch als mein Mann ihnen sagt, daß scharf geschossen wird, sind sie alle entrüstet. ›Unsinn!

Es ist bestimmt wieder Übungsschießen.‹ Da! Wieder heult es so dicht über uns hinweg, daß wir alle unwillkürlich den Kopf einziehen. Mein Mann meint, es wäre besser, den Luftschutzkeller aufzusuchen. Schnell holen wir unser Gepäck zusammen. Mutti guckt noch einmal aus dem Fenster: ›Kinder, wollen wir wirklich herunter gehen? Die Leute gehen doch alle ganz ruhig auf der Straße, als wenn nichts wäre. Es ist wohl doch nur Übungsschießen.‹ Da jault es wieder über uns hinweg – und Augenblicke später wieder dieses Krachen! Die Leute auf der Straße gucken wie wir in den Himmel. Zu sehen ist nichts. Mein Mann meint: ›Vielleicht probieren sie wirklich einen Sprengstoff aus und schießen scharf in die Rieselfelder.‹ … Unten finden wir den öffentlichen Luftschutzraum vollgepfropft mit Menschen. Es ist ein stetes Kommen und Gehen. Mit neuen Menschen tauchen immer wieder andere Gerüchte auf. Aber keiner weiß wirklich, was los ist. Die neueste Sensationsmeldung heißt: ›Amerikaner schießen mit Flugzeug-Raketenbomben auf Berlin als Vergeltung für die V-Waffe!‹ Am Alexanderplatz soll es schon viele Tote geben, wird erzählt. Dann wieder eine neue Sensation: ›Russische Panzer sind bis Bernau vorgestoßen und beschießen Berlin!‹ Große Empörung im Keller. Ein Nazianhänger will gleich die Gestapo in Aktion treten lassen. An Raketen und Ferngeschütze glaubt man eher als an die Russen. Vom Übungsschießen spricht jedenfalls keiner mehr. Jedem wird zumindestens das eine klar: daß die Lage ernst ist.«[1]

Wochen zuvor hatten bereits Gerüchte die Runde gemacht. Wer zu früh seine Koffer packte, mußte mit empfindlichen Strafen rechnen. Noch drangen unentwegt Durchhalteparolen aus dem Volksempfänger, und die Parteigenossen bemühten sich um eilfertigen Gehorsam. Auch die Filmbetriebe machten keine Ausnahme. Trotz der allgemeinen Auflösungstendenzen legten die Direktionsetagen ungebrochenen Siegeswillen an den Tag. Abtrünnige wurden gnadenlos an übergeordnete Dienststellen gemeldet, um die eigene Position nicht zu gefährden. In den Akten der Berlin-Film GmbH findet sich folgendes Schreiben vom 28. März 1945 an den

Direktor Jahn: »An einem Spätabend (als die Russen in Bernau und überall einmarschiert sein sollen!!!?) riefen mich Ingrid Dahm und Steffie Hübel in meiner Privatwohnung an, sie möchten sofort Berlin verlassen, es wäre vielleicht jetzt noch die einzigste Möglichkeit, eine Fahrgelegenheit zu finden und erbäten von mir die Genehmigung hierzu.

Fräulein Dahm, die am Telefon allerdings einen sehr nervösen und ängstlichen Eindruck machte, versuchte ich zu beruhigen und ihr mitzuteilen, dass eine so überstürzte Abreise nicht nötig sei und dass die Gerüchte, die in Berlin umherliefen, sicher übertrieben seien.«[2] Auch die Androhung »der Einstellung der Gagenzahlung« konnte Frau Dahm nicht bewegen, im bedrohten Berlin auszuharren.

Nicht weniger erschütternd war die Meldung der Ufa Filmkunst an den Reichsfilmintendanten Hinkel vom 16. Februar 1945, die »pflichtgemäß« dem SS-Gruppenführer die Verhaftung des Kamera-Assistenten Karl Heinz Ebrecht zur Kenntnis gab. »Wie wir von der Geheimen Staatspolizei Potsdam informatorisch erfahren, soll Ebrecht anläßlich seiner Einziehung zum Volkssturm einen Selbstmordversuch gemacht haben und daraufhin in Haft genommen worden sein. Es soll ein Verfahren schweben wegen versuchten Wehruntauglichmachens.«[3]

Die Führungskräfte der staatseigenen Filmbetriebe mußten sich nicht erst die Pulsadern aufschneiden, um dem Volkssturm zu entgehen. Nachdem die telefonische und telegrafische Verbindung zur Reichshauptstadt unterbrochen war, erhielten die Betriebsführer die Anweisung, »nach bestem Wissen und Gewissen die notwendigen Entscheidungen zu treffen«. Im Vordergrund stand natürlich die Sicherung der persönlichen Existenz. Die Wien-Film ging zuerst in die Rettungsboote. In einem Brief an den Gauamtsleiter im Reichspropagandaamt Wien vom 19. Februar 1945 hieß es: »Wie Ihnen bekannt ist, haben wir, solange kein Widerruf von Herrn Reichsminister Dr. Goebbels erfolgt, im Sinne der Propaganda weiterzuarbeiten und unsere ganze Kraft der Fertigstellung der noch angefangenen Filme, sowie den Aufgaben der Wochenschau zu widmen. Vorausblickend muss ich jedoch, falls es die militärische Lage notwendig macht, diejenigen Gefolgschaftsmitglieder absichern, die zur Aufarbeitung der wichtigsten Belange und zur Bewachung der einzelnen Betriebe nach einer eventuellen Stillegung dringend notwendig sind.«[4]

Da sich niemand ernsthaft vorstellen konnte, daß bis zum unmittelbaren Eintreffen der feindlichen Truppen ein normaler Drehalltag simuliert werden konnte, wollte man sich mindestens vor dem unvermeidlichen Volkssturm absichern. Für viele »Gefolgschaftsmitglieder« war das Betriebsgelände wie eine zweite Heimat. Manche hatten sich sogar in den Garderoben häuslich eingerichtet. Auf dem Babelsberger Gelände ließ die Betriebsleitung provisorische Baracken für die ausgebombten Mitarbeiter aufstellen. Und in den letzten Kriegstagen wagten viele Berliner nicht mehr die gefährlichen Wege von und zur Arbeit und quartierten sich in den Luftschutzbunkern neben den Ufa-Ateliers in Babelsberg und Tempelhof ein. Durch die dicken Mauern hörten sie den Geschützdonner und das schrille Pfeifen der Stalinorgeln. »Dem Schlachtenlärm ist die tödliche Stille der Angst gefolgt. Mit schußbereitem Gewehr haben sowjetische Soldaten die Männer aus den UFA-Bunkern getrieben. Es sind alles Zivilisten, rund hundert Angehörige der UFA, darunter die Direktoren Stüdemann und Hölaas, Filmgeschäftsführer Bertog, Regisseur Harbich, Produktionsleiter Bolz und viele andere Mitglieder der technischen und künstlerischen Stäbe. Der Offizier, der jetzt vor die Gefangenen hintritt, weiß, was der Name UFA bedeutet. Deshalb hält er in gebrochenem Deutsch eine kurze Ansprache. Diese Ehre widerfährt nicht jedem Häftling in dieser Zeit.

Man werde sie nicht alle erschießen, versichert der Offizier und befiehlt den Abmarsch. Es geht quer durch Babelsberg. Die Straßen liegen voller Trümmer ... Aber nach 14 Tagen treffen fast alle Männer der UFA wieder in Babelsberg ein. Man beschäftigte sie nur mit Aufräumungsarbeiten und entließ sie dann. Haut ab! – Glück gehabt …«[5] In der Berliner Ufi-Zentrale am Donhöffplatz fanden sich keine leitenden Angestellten oder gar Direktoren, die den nahe gelegenen Luftschutzbunker aufgesucht hätten. Als das Babelsberger Gelände bereits besetzt war, bangten 15 Bürokräfte der Ufa im Berliner Stadtzentrum um ihr Leben, denn im selben Bunker hatten sich kampfentschlossene SS-Männer verschanzt. Um jeden Preis wollten sie das Ufa-Haus verteidigen. Nach dreitägigem Dauerbeschuß krochen die Überlebenden aus dem niedergebrannten Haus und ergaben sich. Der SS-Kommandeur hatte sich mit seinen letzten Kämpfern selbst in die Luft gesprengt.

Die Ufa-Prominenz und die Schauspielerelite hatten sich dagegen in sichere Gebiete abgesetzt. Nur der einstige Herzensbrecher der Stummfilmzeit, Harry Liedtke, wurde in Bad Saarow von kämpfenden Soldaten erschlagen. Hans Brausewetter erlag den schweren Verletzungen eines Granatenbeschusses, und Karl Dannemann erschoß sich, als die Rote Armee die zerstörte Reichshauptstadt besetzte. Die 40 Toten während des Luftangriffes auf die Tobis-Zentrale im Februar 1945 werden ebenso anonym bleiben wie jene in Prag, die nicht schnell genug der Filmzentrale entfliehen konnten. Aufgestauter Haß entlud sich über die einstigen Peiniger und traf im Eifer des Gefechts auch manchen Unschuldigen.

Paul Henckels sollte von russischen Soldaten verhaftet werden, weil er mit dem Flugzeugingenieur Heinkel verwechselt wurde. Nur mit Mühen konnte er diesen Irrtum aufklären. In diesen Tagen der militärischen Gewalt fragte niemand nach materiellen Werten – es sei denn, sie bestanden aus Edelmetall oder hochkarätigem Gestein. Der über Jahrzehnte gepflegte Kostümfundus der Ufa diente den fliehenden Wehrmachtsoldaten als Zivil(ver)kleidung und den trunkenen Siegern zum Amüsement. Filmstreifen hingen nach einem verheerenden Minentreffer wie Girlanden in den Bäumen Babelsbergs und wurden zur Gaudi der Soldaten angezündet. Rollenweise zischte die leichtentzündliche Nitrozellulose durch das Gelände. Die letzten Wehrmachtsverbände hatten

Hunderte von Filmkopien rücksichtslos auf Felder und Äcker geworfen. In Hannover lagerten im Keller des Generalkommandos Filmkopien gleich tonnenweise. Durch Leichtsinn ging alles in Flammen auf. Andernorts wurden in den kühlen Maitagen die Filmrollen nach Gewicht verkauft – als Heizmaterial. Mancher Regisseur hätte sich gefreut, wenn sein Film in den Kinos ebensolche Begeisterung ausgelöst hätte.

Die einstigen Filmgewaltigen verharrten in ihren Schlupfwinkeln und überließen den unteren Chargen den ersten Kontakt mit den neuen Herren. Pflichtbewußt erschienen die Arbeiter am Pförtnerhäuschen des ehemaligen Weltunternehmens Ufa und wunderten sich über den Wachposten in der fremden Uniform, der sie radebrechend davon informieren mußte, daß nicht nur Deutschland, sondern auch die Ufa »kaputt« sei.

Den auf dem Filmgelände hausenden Mitarbeitern gestattete man weiterhin den Aufenthalt. Dafür wurden sie zu Demontagearbeiten verpflichtet. Der mächtige Filmkonzern Ufi mit seinen zahlreichen Auslegern hatte sich in seiner personellen und organisatorischen Verstrickung zu offensichtlich mit dem nationalsozialistischen Staat verbunden, um nicht als eines der ersten Wirtschaftsunternehmen zerschlagen zu werden. Die Vermögensbilanz des Ufi-Imperiums hatte trotz der zerstörten Verwaltungsgebäude im Stadtzentrum ein beachtliches Ausmaß. Auch während des Krieges hatte der Firmenvorstand unvermindert Grundstücke, Lichtspieltheater und Atelierkomplexe aufgekauft und sich in den letzten internen Sitzungen bereits durch die Planung »ferienseliger« Filme auf den kommenden Frieden eingestellt. In einem Schreiben an den Vorstand der Ufa-Filmkunst GmbH vom 17. Februar 1945 heißt es dazu vielsagend: »Die sauber aufgemachten Bilanzen der Ufa zeigen ein glänzendes geschäftliches Bild. Wir alle sind uns darüber klar, daß es kriegskonjunkturelle Züge trägt. Die beste Form der Sicherung gegen Rückschläge wäre, jetzt mit der Herstellung von wertvollen, tunlichst Farbnegativen zu beginnen, mit denen wir nach Kriegsende im In- und Ausland groß auftreten

Sowjetische Soldaten versorgen die Berliner Bevölkerung

könnten. Denn weder Amerika, Frankreich noch England werden zunächst große Filme anbieten können.«[6]

Der Verfasser dieser Zeilen war zwar in Fragen der Wirtschaftsprognose bestens bewandert, doch hatte er die Winkelzüge der großen Politik nicht berücksichtigt. Natürlich ging es den zuerst eintreffenden Russen um Wiedergutmachung durch Reparationszahlungen. Alle demontierbaren Werte ließen sie aus den Ufi-Immobilien in ihrem Einzugsbereich entfernen. Andererseits war die Rote Armee die einzige Besatzungsmacht, die sich unmittelbar nach der Erstellung eines verläßlichen organisatorischen Gefüges um ein kulturelles Leben in den Bombentrümmern bemühte. Bereits in den Tagen der Eroberungseuphorie hatten die sowjetischen Soldaten nicht nur Filme unwiederbringlich vernichtet, sondern andere auch durch persönlichen Einsatz für die Nachwelt gerettet. Der vom damaligen Filmminister der UdSSR bevollmächtigte Major Jossif Manewitsch erinnert sich nicht nur daran, daß die Kopiermaschinen und wertvollen Kameraausrüstungen bereits von der Ufa ausgelagert wurden und damit für die Sowjets unerreichbar blieben, sondern überlieferte auch den eindrucksvollen Bericht von der Rettung einer einmaligen Filmsammlung. »Als ich mich mit meinem Opel und dem Fahrer Sascha dem Reichsfilmarchiv näherte, standen dort bereits einige Autos. Ein Offizier verlangte die Herausgabe von Schlüsseln und Filmen. Außerdem hatte er beschlossen, mit seinen Soldaten das Reichsfilmarchiv zu besetzen und sich hier breitzumachen. Obwohl ich im militärischen Rang höher war, wollte der Leutnant nicht auf mich hören, und die Pioniere in meiner Begleitung wichen vor seinen MPi-Schützen zurück. Ich hatte immerhin das Mandat, das vom Chef des Hinterlandes der Sowjetarmee, General Chruljow, unterschrieben war. Das hat die Drohgebärde des Leutnants etwas gemildert, dennoch war er nicht bereit, das Gebiet zu räumen. Die Telefone funktionierten nicht. Ich schickte Sascha zum Kommandanten von Potsdam … Plötzlich vernahmen wir Lärm. Wir liefen hinaus. Am Tor standen einige LKWs. Die Nachricht, daß sich hier ausländische Filme befinden, hatte sich in allen Truppenteilen herumgesprochen, und sie schickten ihre Boten her: Kulturoffiziere, Ordonnanzen, Adjudanten – in PKW und LKW. Einer kam sogar mit einem Panzerspähwagen.

Alle schrien durcheinander, verlangten nach den Filmen und boten an, die Bunkertüren mit Granaten zu sprengen. Ich weiß nicht, wie das alles ausgegangen wäre, denn es hatten sich an die fünfzig Filmjäger versammelt, und ihr kriegerischer Elan war nicht zu bremsen … Doch das Finale kam unerwartet. Plötzlich traf ein Befehl des Berliner Stadtkommandanten General Bersarin ein: das Archiv wird dem Bevollmächtigten des Staatlichen Komitees für Kinematographie beim Rat der Volkskommissare der UdSSR unterstellt. Und der Potsdamer Kommandant soll die Bewachung der Objekte sicherstellen. Alle fuhren davon, sie wußten, daß Bersarin nicht zu Scherzen neigte.«[7]

Hinter den Stahltüren des Reichsfilmarchives hätten die vergnügungssüchtigen Soldaten volle Regale mit unermeßlichen Schätzen gefunden. Goebbels hatte in den besetzten Gebieten sämtliche ausländischen Filmkopien beschlagnahmen und als persönliches Reservoir in die Babelsberger Bunker transportieren lassen. Der verantwortliche Major Manewitsch sortierte sofort die 250 sowjetischen Filmtitel aus, um sie den eigenen Truppenverbänden zur kulturellen Freizeitgestaltung zu überlassen. Exakt katalogisierte Filmkisten stapelten sich in der langen Waggonreihe. Nach Aussagen von Manewitsch wurden nur 3700 Spielfilme und 2500 Kurzfilme ausgelagert.

Selbstverständlich befanden sich auch zahlreiche deutsche Filme unter dem geraubtem Material, doch nach den unvollständigen letzten Ufi-Produktionen sucht man in den Filmlisten vergeblich. Aber wo hätten die Besatzer die Schätze in spe aufspüren sollen?

Das Tempelhofer Kopierwerk AFIFA war bis auf die letzte Klebelade ausgeräumt worden. Die Kommandos fanden nur halbfertige Wochenschauen vor, denn die 800 Kopierwerker hatten die verlogenen Siegesmeldungen befehlsgemäß bis zum Auftauchen der ersten russischen Panzer abgezogen. Die Bestimmungsorte für die verschiedensprachigen Fassungen waren schon längst nicht mehr in deutscher Hand, doch eine reduzierte Produktion wäre dem Eingeständnis einer deutschen Niederlage gleichgekommen und hätte die Uk-Stellung der Mitarbeiter gefährdet. Man wollte nicht wie Carl Raddatz noch in der letzten Minute zum Volkssturm eingezogen werden.

Voller Erstaunen erfuhren die sowjetischen Offiziere von dem Umstand, daß bis vor wenigen Tagen in den Filmateliers noch optimistische Arbeitshektik gemimt worden war. Davon zeugten die drehfertigen Kulissen in den überhastet verlassenen Ateliers. Die wertvollen Kameras samt Filmrollen waren natürlich verschwunden.

Doch wo befand sich das abgedrehte Zelluloid?

Durch kooperationswillige Mitarbeiter und nach einer flüchtigen Durchsicht der Betriebsunterlagen kamen die eingesetzten

Militärs zu der Annahme, daß sich die gesuchten Filme außerhalb Berlins befanden. Bereits zu Kriegsbeginn war in einer großangelegten Aktion »die Entfilmung der Innenstädte« befohlen worden. Dies hatte weniger die Rettung der gefährdeten Kopien zum Zweck, sondern war vorrangig feuerpolizeilich begründet. Als im März 1945 die Hohenschönhausener Filiale der Deutschen Filmvertriebsgesellschaft von Brandbomben getroffen wurde, stellten die 1500 brennenden Filmkopien für die Feuerwehr ein unlösbares Problem dar. Nitrozellulose läßt sich nicht mit herkömmlichen Methoden löschen, denn beim Brennvorgang wird Sauerstoff freigesetzt, und die nitrosen Gase sind hochexplosiv. Die Anordnung zum Schutz der Innenstädte beschränkte sich im Winter 1945 nicht auf den allabendlichen Kopientransport der bearbeiteten Negative per Möbelwagen ins Glienicker Schloß, sondern sah auch eine Verlagerung des gesamten Dokumentarfilmbereiches in die Berliner Peripherie vor. Die Wochenschau kam nach Alt-Buchhorst, der Kulturfilm nach Babelsberg, die Wirtschaftsfilm-Abteilung nach Groß-Schönebeck und der Ufa-Handel teilweise nach Forst/Lausitz.

Ein kurzfristiger Standortwechsel für die Spielfilmproduktion dürfte kein Diskussionsgegenstand gewesen sein, denn der Transportaufwand wäre enorm und in diesen Zeiten nicht organisierbar gewesen. So beschränkten sich die Filmbetriebe auf die Auslagerung der wertvollen Negative und der gesamten Filmtechnik.

Eile war geboten, denn die Front rückte täglich näher, und der Ufi-Konzern stand bei der Verteilung der Ausweichlager am hinteren Ende der Schlange. Die Tobis mußte sich neben dem Storkower Hauptlager mit Restaurantsälen, Scheunen, Feuerwehrdepots und selbst Dachräumen normaler Wohnhäuser begnügen.

Als sich die Feuerwalze bedrohlich von Osten näherte, wurden die Evakuierungsbevollmächtigten nervös und forcierten die Umlagerung in den Westen Deutschlands. »In der Produktionssitzung vom 21. März wurde vom Reichsfilmintendanten Hinkel entschieden

1. dass die Berliner Firmen wichtiges Material, Apparaturen, Vorführgeräte und Negative abtransportieren bzw. von ihrem bisherigen Lager in andere Lager gebracht werden können.«[8]

Produktionsleiter Fritzsche von der Tobis versuchte, Hinkels Forderung auf den Boden der Realität zurückzuholen, indem er sein Bemühen und Tatsachen aufzeigte. »Die Verlegung der Ausweichlager, insbesondere des Lagers in Storkow, ist selbstverständlich ins Auge gefasst worden. Die Durchführung einer Verlagerung scheiterte jedoch bisher immer aus zwei Gründen:

1. die Beschaffung neuen Lagerraums, da ja durch Evakuierung und Verlagerung von ganzen Industrien und Gross-Betrieben die westlich von Berlin gelegenen Gebiete, insbesondere Harz, Thüringen, Sachsen und die Gebiete bis zur Weser voll besetzt sind, und

2. weil für den Abtransport dieser sehr umfangreichen und sehr sperrigen Läger Kraftfahrzeuge nicht zur Verfügung stehen. Das Problem der Verlagerung dieser Läger ist wiederholt von mir persönlich in den Sitzungen der Konzernleitung vorgetragen und mit Herrn Bürgermeister Dr. Winkler ausführlich besprochen worden.

Die Tobis besitzt einen einzigen für den Transport geeigneten Lastzug, der jedoch durch die Produktion so besetzt ist, dass er für eine regelmässige Verwendung von Verlagerungstransporten gar nicht in Frage kommt.»[9]

In der Folgezeit beauftragten die Filmbetriebe einige Schifffahrtsunternehmen mit dem Transport der gefährlichen Fracht. Ein Lastkahn wurde mit über zweitausend Kopien auf dem Weg nach Glindow beschossen und brannte vollständig aus.

Jede nur einigermaßen vertretbare Lagerungsstätte wurde für den Film zweckentfremdet. Das bekannteste Beispiel dürfte die Frauenkirche in Dresden gewesen sein. Die totale Zerstörung des kulturhistorischen Bauwerkes ist auf die Einlagerung von Filmkopien zurückzuführen, wie neueste Untersuchungen während der Rekonstruktionsarbeiten nachwiesen.

Die verkreuzten und mehrfach veränderten Umlagerungen mußten die sowjetischen Befehlshaber sichtlich verwirrt haben, denn vorerst konzentrierten sie sich auf die Sicherung der schnell verfügbaren Werte.

Als die Amerikaner am 4. Juli 1945 den in Jalta zugewiesenen Stadtteil Berlins übernahmen, fanden sie nur noch kahle Wände vor. Abgesehen von einigen versteckten 35-mm-Kameras hatten die russischen Truppen ganze Arbeit geleistet. 1250000 Meter Rohfilm und die gesamte technische Ausrüstung hatten sie aus dem Tempelhofer Kopierwerk AFIFA abtransportiert. 70 Prozent des Ufi-Vermögens, das bei Kriegsende auf etwa 450 Millionen Reichsmark geschätzt wurde, befanden sich nun auf dem Territorium der Sowjetisch Besetzten Zone (SBZ). Die bewegliche Firmenmasse der Filmgesellschaften Tobis, Ufa Filmkunst, Tesch und AFIFA ging de facto in sowjetischen Besitz über. Um spitzfindige Eigentums- und Rechtsansprüche kümmerte sich in diesen Zeiten niemand. Noch galt das Kriegsrecht, und man war schneller in einer Gefangenenkolonne als an der Gulaschkanone.

Doch in ihrem Requirierungseifer hatten die sowjetischen Offiziere zwei wichtige Verstecke übersehen. Dies sollte sich als fatales Versäumnis erweisen.

Der Tresorraum in der Ufa-Verwaltungszentrale Krausenstraße 38/39 blieb den herumstöbernden Soldaten durch Schutt und herabgestürzte Balken verborgen. Der gepanzerte Kellerraum enthielt sämtliche Vertrags- und Personalakten der traditionsreichen Filmfirma. Zunächst waren den Betriebsangehörigen die über einhundert Koffer mit der persönlichen Habe wichtiger als die eingelagerten Wertpapiere und Büromaschinen. »Nachts beginnt ein lebhafter Pendelverkehr von der Krausenstraße in das ›amerikanische‹ Tempelhof. In aller Stille verlegt die UFA-Zentrale ihren Sitz in den Westen. Sogar die kostbare Telefonzentrale kann heimlich fortgeschafft werden. Jetzt erst kommen die Ost-Berliner Behörden dahinter, daß die UFA-Männer das Schild ›Von der russischen Kommandantur beschlagnahmt‹ sich selbst an die Haustür gehängt haben.«[10]

Die russischen Spürnasen hätten nicht in den Verwaltungsgebäuden, Filmateliers oder Ausweichlagern nach dem geldträchtigen Ufi-Erbe suchen müssen, sondern dort, wo die nichtlizensierten Filme einer massenhaften Vervielfältigung harrten. Die Negative konnten also nur in einem Kopierwerk lagern. Während die Demontagetrupps die Kopieranlagen in Tempelhof fachgerecht zerlegten, übersahen sie den eigentlichen Schatz im verborgenen Tresorraum. Sämtliche Negative der endgefertigten Ufi-Filme, denen bislang der Weg ins Kino versperrt geblieben war, lagerten in der AFIFA und sollten einen erheblichen Beitrag dazu leisten, dem deutschen Nachkriegsfilm wesentlich auf die Beine zu helfen.

Die Ufa schien mitsamt allen Schwesterorganisationen endgültig auf dem Scheiterhaufen der Geschichte gelandet zu sein, doch beinahe unmerklich kroch unter den Trümmern jene Kultur wieder hervor, die den Zuschauern gewohnte Unterhaltung und den ideologischen Gegnern volle Kassen versprach.

Erste Aktivitäten

Das Potsdamer Abkommen; Reparationsansprüche; Bavaria als Bauernhof; der Hoffnungsträger Eric(h) Pommer; Produzenten werden durchleuchtet; Willy Fritsch im Zirkus; Verhaftung von Viktor de Kowa; ausländische Filme in deutschen Kinos; Kinoerklärer und stromschwache Zeiten; erste Synchronisationen; Kinopublikum muß enttrümmern; deutsche Zentralverwaltungen; das Filmaktiv; Erfassung von Menschen und Maschinen; Plünderungen und Liquidierungen; Handel mit geraubtem Filmgut; die Tobis verliert zwei Millionen

Mit der bedingungslosen Kapitulation der deutschen Kriegsmacht schlug die Welt ein neues Kapitel auf. Noch saßen die Oberkommandierenden der alliierten Streitkräfte im Potsdamer Cecilienhof an einem runden Tisch und berieten über die Zukunft des gemeinsamen Feindes. Noch reichte man sich die Hände und war sich darüber einig, daß die Sowjetunion im besonderen Maße für ihr militärisches Engagement und die enormen volkswirtschaftlichen Verluste entschädigt werden sollte. Doch im Hinterkopf hatten die Siegermächte unterschiedliche Vorstellungen über die künftige Struktur Deutschlands.

Im Punkt III.A. des Potsdamer Abkommens fanden sie jenen Kompromiß, der die Teilung des Landes und den kalten Krieg vorbereitete. »Entsprechend der Übereinkunft über das Kontrollsystem in Deutschland wird die höchste Regierungsgewalt in Deutschland durch die Oberbefehlshaber der Streitkräfte … nach den Weisungen ihrer entsprechenden Regierungen ausgeübt, und zwar von jedem in seiner Besatzungsmacht.«

Noch waren die ausländischen Militärs über das wahre Ausmaß

Abbau von Betriebsanlagen zum Transport
in die UdSSR

der Verbrechen derart erschüttert, daß sie dem deutschen Volk eine Rückkehr in die Demokratie nur an der kurzen Leine zutrauten. Im Vordergrund stand die Zerschlagung des nationalsozialistischen Machtapparates in militärischer und wirtschaftlicher Hinsicht. Man stellte sich die Rückverwandlung der deutschen Industrienation in einen abhängigen Agrarstaat mit entsprechend konservativer und aggressionsfreier Lebensweise vor.

In den unzerstörten Werksanlagen durften sich die Sieger nach eigenem Gutdünken bedienen. Die politische Legitimation war im Artikel IV des Potsdamer Abkommens festgeschrieben. »In Übereinstimmung mit der Entscheidung der Krim-Konferenz, wonach Deutschland gezwungen werden soll, in größtmöglichem Ausmaß für die Verluste und die Leiden, die es den Vereinten Nationen verursacht hat, und wofür das deutsche Volk der Verantwortung nicht entgehen kann, Ausgleich zu schaffen, wurde folgende Übereinkunft über Reparationen erreicht:

1. Die Reparationsansprüche der UdSSR sollen durch Entnahme aus der von der UdSSR besetzten Zone in Deutschland und aus entsprechenden Auslandsguthaben befriedigt werden …

9. Die Regierungen der USA und des Vereinigten Königreichs verzichten auf ihre Ansprüche im Hinblick auf Reparationen hinsichtlich der Anteile an deutschen Unternehmungen, die in der östlichen Besatzungszone in Deutschland gelegen sind.«

In den nachfolgenden Jahren wurden über 2000 Industrie- und Handwerksbetriebe demontiert. Zum Symbol eines teilweise sinnlosen Dranges nach Entschädigung wurde der Abbau des Zweitgleises nahezu aller Hauptstrecken der Deutschen Reichsbahn. Arbeitsfähige Großbetriebe verwandelten die östlichen Besatzer in sowjetische Aktiengesellschaften (SAG). Das Agfa-Werk in Wolfen war eines davon.

Die Amerikaner hatten sich zuvor die Geheimverfahren und Patente sowie alle wichtigen Rohstoffe angeeignet, bevor sie das eroberte Gebiet dem russischen Verbündeten räumten. Trotzdem blieb Wolfen auf Jahre in Gesamtdeutschland die einzige Adresse für die Erzeugung von Rohfilm und schuf im östlichen Teil die Voraussetzung für eine prosperierende Filmindustrie.

Im Mai 1945 gab es keine konkreten Vorstellungen der Alliierten über die Zukunft des Ufi-Konzerns. Die Amerikaner, die als einzige der westlichen Besatzungsmächte einen Teil des einstigen Filmimperiums zugesprochen erhielten, verzichteten auf die Demontage der Bavaria- und Tempelhofer Ateliers. Im Münchner Geiselgasteig arrangierten sich die stationierten Soldaten mit den Filmleuten, die sich auf dem Gelände notdürftig eingerichtet hatten, und versorgten sie sogar mit Konserven und Zigaretten. Diese unerwarteten Gesten nährten aber keineswegs die Hoffnung auf eine nahtlose Weiterführung der Filmarbeiten. Am 13. Juli wurden auf Anordnung der 6870. District Information Service Control Section alle bestehenden Arbeitsverhältnisse aufgelöst und auf dem weitläufigen Areal Weizen, Kartoffeln und Mais angepflanzt.

Der Westen hatte kein Interesse am deutschen Konkurrenten. Man setzte vertrauenswürdige Notare als Verwalter der Produktionsstätten ein. Die US-Army nutzte allenfalls das Tempelhofer Atelier als Übungshalle für ihre Fallschirmspringer. Ansonsten machten die Filmoffiziere die Ufa-Kinos für Hollywoods zweite und dritte Garnitur frei und gaben sich nicht einmal die Mühe, die seichten Unterhaltungsstreifen für das deutsche Publikum zu übersetzen.

Der für die Belange des deutschen Films verantwortliche US-Offizier war in Babelsberg eine Koryphäe gewesen, als der deutsche Film noch Weltgeltung genoß. In Erich Pommer, den ehemaligen Produktionschef der Ufa, setzten die Nachkriegsdeutschen eine fast gläubige Hoffnung. Erich Kästner rollte als Redakteur der *Neuen Zeitung* stellvertretend den roten Teppich aus. »Vom Regisseur bis zum ersten Beleuchter, vom Stukkateur bis zum Komiker, vom Architekten bis zur Kleberin, von der Diva bis zum zweiten Cutter, vom Tonmeister bis zum Drehbuchautor, vom Kameramann bis zur Maskenbildnerin wartete eine ganze, große, lahmgelegte Industrie auf diesen einen Mann und Namen ... Die amerikanische Regierung hat diesen bedeutendsten deutschen Produktionsleiter nicht zum Spaß herübergeschickt ... Es ist an der Zeit, die Hemdsärmel hochzukrempeln.« Pommer war der Weg in die Emigration nicht leichtgefallen. Doch nun drängte er darauf, die Arbeit seines Amtsvorgängers Billy Wilder fortzusetzen. Wilder hatte schon nach kurzen Wochen kapituliert. »Ich glaube, daß es in den nächsten acht bis zehn Monaten keine neuen deutschen Filme geben wird.«[11]

Diese vorsichtige Prognose sollte sich trotz Pommers Engagement bewahrheiten, denn vorerst galt es, die Spreu vom Weizen zu trennen. Der erste grobe Überblick über die materiellen Ressourcen des Ufi-Torsos bot ein vernichtendes Bild. Was nicht in Schutt und Asche versank, war Plünderern oder der Demontage zum Opfer gefallen. Aber noch fanden sich Regisseure und Produzenten, die voller Begeisterung neue Filme mit neuen Inhalten herstellen wollten. Viele hatten wenig mehr im Gepäck als ihren Namen und eine große Portion Enthusiasmus.

Helmut Käutner zum Beispiel radelte nach Hamburg und sprach bei den Briten vor. Der Regisseur war den Filmoffizieren kein Unbekannter. Seine *Große Freiheit Nr. 7* sollte der erste deutsche Spielfilm sein, der am 6. September 1945 in die Kinos kam. Doch wie jeder andere hatte Käutner zuerst ein »Gesuch um eine Zulassung bei der Nachrichtenkontrolle« zu stellen. 124 Fragen beschäftigten sich vorrangig mit der politischen Vergangenheit der Antragsteller, insbesondere Parteizugehörigkeit, Veröffentlichungen nach 1923, Arbeitsverhältnisse und Dienstrang in der Wehrmacht. Der geplante Film mußte inhaltlich konkret umrissen und die vorgesehenen Mitarbeiter benannt werden. Sofern dieser Fragenkomplex zur Zufriedenheit der alliierten Behörden beantwortet wurde, mußte der Antragsteller nach Bad Oeynhausen fahren, um sich einer mündlichen Durchleuchtung zu unterziehen. Die Amerikaner warteten mit einer Liste von 131 Fragen auf und schickten ihre Kandidaten nach Bad Orb, um ihre politische Loyalität mit 50 Fangfragen zu testen.

Helmut Käutner hatte zunächst auf diese Prozedur verzichtet und baute im zerstörten Hamburg ein Informationsbüro zur Erfassung des ehemaligen Ufi-Personalbestandes auf. Diese einmalige Adressenkartei konnte nur mühselig gefüllt werden, denn dem Initiator standen weder Post noch Telefon zur Verfügung. So mußte er sich ausschließlich auf die Mundpropaganda verlassen. »Im Herbst 1945 hatte Käutner bereits in Erfahrung gebracht, wo sich die wichtigsten Schauspieler, Regisseure, Autoren usw. befanden und wer nicht überlebt hatte. Käutners Unternehmen war nicht nur eine Art Rotes Kreuz für Filmkollegen, die einander suchten. Es war eine Organisation geworden, die mit deutschen und englischen Stellen im Sinne der Filmschaffenden verhandelte und Kontakte herstellte.«[12]

So erfuhr der stellungslose Regisseur Käutner von den vielfältigen Aktivitäten ehemaliger Ufa-Stars, die gezwungenermaßen zu ihren Berufsanfängen zurückkehrten. Sie tingelten durch die Lande. Willy Fritsch sang im Carl-Hagenbeck-Zirkuszelt in der Revue *Liebes-Expreß* alte Schlager, und Lil Dagover gastierte um die Ecke im ehemaligen Hamburger Kino Harvestehuder Lichtspiele mit der Komödie *Finden Sie, daß sich Constanze richtig verhält?*. Harald Braun überbrückte die Wartezeit als Intendant der Heidelberger Kammerspiele. »Die Künstler der Ufa, sofern sie überlebt hatten und durch das Kriegsende nicht aus der Bahn geschleudert worden waren, befanden sich auf Tournee, belustigten mit ihren Fertigkeiten die Truppen der Siegermächte oder rezitierten deutsche Gedichte und deutsches Gedankengut im Sendestudio des mit britischer Lizenz gegründeten Nordwestdeutschen Rundfunks (NWDR).«[13]

In Berlin hatte der Stadtkommandant Bersarin schon am 28. April 1945 die Öffnung der Theater, Kinos und Sportplätze befohlen. Viktor de Kowa erhielt als erster Berliner Künstler den Auftrag, geeignete Räumlichkeiten für einen Theaterbetrieb zu erkunden. Sein Theater am Kurfürstendamm, dem er seit 1943 vorstand, war vollständig zerstört. Die Tribüne schien geeignet und hatte den einzigartigen Vorteil einer intakten Bestuhlung. Viktor de Kowa benachrichtigte alle verfügbaren Schauspielerkollegen und gab das Startsignal. Bei der ersten Zusammenkunft mußte die Spielstätte von Trümmern und halbverwesten Bombenopfern befreit werden. Das erste Programm kündigte sich dann auf selbstgemalten Plakaten frech und unkonventionell an: »Heute abend um 6 Uhr: Keine Kapelle – keine Ausstattung – keine Wasserpantomimen – kein Ballett.«

Die Vorstellungen waren komplett ausverkauft. Endlich gab es wieder Unterhaltung – nach Wochen ohne Radio. Aus Furcht vor Widerstandsaufrufen hatten die fremden Soldaten alle Apparate requiriert. Auch das Versammlungsverbot schien somit aufgehoben. Die Zuschauer bezahlten vielfach in Naturalien. Auch Zigaretten und Strümpfe ließ man gelten.

Drei Wochen nach der Premiere amüsierten sich die Zuschauer über einen vermeintlichen Regieeinfall, als Rotarmisten mit Maschinenpistolen auf die Bühne sprangen. Viktor de Kowa wurde ohne Angabe von Gründen verhaftet und verschwand in den Kellern des NKWD-Untersuchungsgefängnisses. Per Zufall erkannte ihn ein russischer Filmenthusiast während der täglichen Enttrümmerungsarbeiten als einen populären Filmstar und ebnete ihm den Weg zum Kommandanten. Fünf deutsche Schauspielkollegen hatten de Kowa in einem Brief als überzeugten Parteigänger Hitlers denunziert. Einige der Unterzeichnenden kannte der Schauspieler nicht einmal per Namen. Nach wahrheitsgetreuen Zeugenaussagen war für de Kowa die Lebensgefahr vorbei, andere Schauspieler hatten weniger Glück.

Die sowjetischen Behörden verzichteten generell auf Nachforschungen zur Vergangenheit der Arbeitssuchenden. Es gab keine Fragebögen und Verhöre. Sie verließen sich auf ihre schwarzen Listen und Hinweise aus der deutschen Bevölkerung. Teilweise ließen sie sogar belastete Personen ungeschoren, wenn sie ihnen nützlich erschienen. »Die russischen Kulturoffiziere waren so bestechend hochgebildete Leute, daß ihnen schwerlich jemand etwas vormachen konnte … (Die Entnazifizierung/Anm. H. T.) spielte eine ganz nebensächliche Rolle. Als ich zum Beispiel die sächsische Staatskapelle zusammensammelte, spielte es überhaupt keine Rolle, wer da eine Parteinadel getragen hatte oder nicht.«[14]

Doch wer ins Fadenkreuz der sowjetischen Aufmerksamkeit geriet, mußte Sorge tragen, nicht als Täter oder Mitläufer zu gelten und der undemokratischen Willkür ausgeliefert zu sein. Äußerst sensibel reagierten die Russen auf jede Andeutung »nationalsozialistischer Diversion«. Deutsche Schauspieler, die sämtliche Texte literarischer Programme genehmigen lassen mußten, erhielten manch unerwartete Lektion in Besatzermentalität. Paul Henckels wußte davon zu berichten. »Ich hatte vor, Rilkes ›Die Weise von Liebe und Tod des Cornets Christoph Rilke‹ zu sprechen. Der Dolmetscher übersetzte den langen Titel der Dichtung, und der Offizier erklärte kategorisch: ›Cornet ist chocher (hoher) Offizier! Wir nicht wollen!‹

›Ja, aber …‹

›Nix aber! – Njet! Verboten!‹

Kein Hinweis auf die Schönheit der Dichtung und ihre gegen das Waffenhandwerk gerichtete Aussage half: Njet! Verboten! Mit Wilhelm Buschs Kikeriki-Gedicht ›Hahnenkampf‹ ging es ähnlich. Der Dolmetscher übersetzt: ›Hahnenkampf‹, und sofort lehnt der Offizier ab: ›Njet! Kampf? Njet!‹«[15]

Im Westen warteten die Nutznießer und Parteigänger der Nazidiktatur auf einen günstigen Zeitpunkt und versorgten sich unterdessen mit lupenreinen Leumundszeugnissen. Doch als selbst Veit Harlan, der Regisseur des antisemitischen Hetzfilms *Jud Süß*, 1948 von den Alliierten seine Unbedenklichkeitsbescheinigung erhielt, begehrten namhafte Künstler auf. Daraufhin mußte sich Harlan vor dem Landgericht Hamburg wegen »Verbrechens gegen die Menschlichkeit« verantworten. Nach 51 Verhandlungstagen lautete das Urteil auf Freispruch mangels Beweisen. Der Kommentar des Angeklagten sprach Bände: »Die Welt ist rund. Eines Tages wird meine Frau wieder auf der Leinwand sein und ich neben der Kamera.«[16] Harlans Frau und Hauptdarstellerin in seinen Filmen war die populäre Dänin Kristina Söderbaum, im Volksmund als »Reichswasserleiche« bekannt.

In der Filmbranche zeigte sich die unterschiedliche Ausrichtung der Besatzungsmächte überdeutlich. Die westlichen Alliierten importierten ein marktwirtschaftlich orientiertes System und regulierten die neuen Absatzgebiete für ihre nationalen Kinematographien. Die staatliche Einflußnahme sollte sich auf die Lizenzvergabe und den Zensurstempel unter den fertigen Filmen beschränken. Startinvestitionen oder organisatorische Hilfen waren im brachliegenden Deutschland kein Thema, wo selbst die Beschaffung einer Kamera ohne Rohfilm schon ein Problem war. Die zukünftigen Produzenten konnten sich nur auf ihren Elan verlassen.

In Eigenregie versuchten ehemalige Studiomitarbeiter ihre zerstörten und geplünderten Arbeitsstätten wieder in Gang zu bringen. In den leerstehenden Fabrikhallen der AFIFA entwickelten sie auf einem altertümlichen Rahmenentwicklungsapparat Privatfotos der alliierten Soldaten. Per Zufall wurden der Direktion wertvolle Entwicklungs- und Kopiermaschinen angeboten. Erst später beschrieb die ehemalige Inhaberin eines kleinen, während des Krieges geschlossenen Kopierwerkes das eigentliche Problem. Die begehrten Geräte lagerten in einer Scheune bei Baruth, gesichert und beschlagnahmt vom russischen Ortskommandanten. Einige beherzte Mitarbeiter verluden die Maschinen im Schutze der Nacht auf einen Holzgaslastwagen. Nachdem die wertvolle Fracht über die Zonengrenze geschmuggelt war, konnte sich die AFIFA bei den sowjetischen Kulturoffizieren um Synchronisationsaufträge bewerben.

Die Russen mußten nach den ersten Vorführungen ihrer Filme in den deutschen Kinos feststellen, daß die Zuschauer zwar an die Kinokassen stürmten, aber die agitatorischen Inhalte nicht verstanden. Anfangs behalf man sich mit Dolmetschern, die nach jeder Szene die Vorführung unterbrachen und den Text übersetzten. Diese Kinoerklärer im Stil des frühen Stummfilms störten den Film als Ganzes, und selbst ausgesprochene Unterhaltungsfilme, wie *Sie trafen sich in Moskau*, verloren durch die zerstückelte Präsentation ihren Reiz. An Untertitel war das deutsche Kinopublikum nicht gewöhnt. Es blieb nur eine Möglichkeit:

Als erste der vier Siegermächte entschlossen sich deshalb die Russen, ihre Filme synchronisieren zu lassen. Der sowjetische Filmverleih Sojusintorgkino stellte die meisten der 288 ausländischen Produktionen, die 1945/46 in den deutschen Kinos liefen. Und wer verstand schon Russisch?

Mit dem zweisprachig aufgewachsenen deutschen Regisseur Eugen York fand sich ein kompetenter Partner, der seine Synchronstimmen auch unter namhaften Ufa-Stars auswählen konnte. Carl Raddatz, der sich in der Vergangenheit mit der perfekten Imitation des Ministers Goebbels Applaus und handfesten Ärger eingehandelt hatte, lieh nun Stalin seine Stimme. Die Synchronisation bereitete relativ geringe Mühe, da die Mundbewegungen hinter die überdimensionalen Bärte der Zeit zurücktraten.

Bereits am 6. Juni 1945 begannen die ersten Synchronarbeiten im Johannisthaler Tobis-Studio. Am 20. Juli startete *Berlin*, ein Streifen über die Eroberung der Reichshauptstadt, als erster synchronisierter Dokumentarfilm in den Berliner Kinos.

Zu diesem Zeitpunkt gab es im Westteil der Stadt schon wieder 26 bespielbare Filmtheater. Noch wurden auch sowjetische Filme eingeplant, obwohl es bereits zu ersten Verstimmungen mit den neuen Befehlshabern gekommen war. Aufmerksam registrierten die Berliner nach den Wochen der alliierten Verbrüderung die Revierteilung.

Nachdem das Marmorhaus am 20. Mai mit der Bühnenschau *Heitere Klänge aus Film und Operette* wiedereröffnet wurde, luden sowjetische Kommandos die heimkehrenden Zuschauer auf Lastwagen und ließen sie nach dem Kulturvergnügen in den Häuserschluchten beim Enttrümmern helfen.

Nach dem Protest des Direktors Karl Jacob stellte die Karlshorster Zentrale einige Posten an die Ausgänge, um solche Vorfälle zu unterbinden.

Ende Juli 1945 wurde Jacob wieder in den Ostteil bestellt und erfuhr, daß der Oberbürgermeister von Berlin das Mamorhaus für zwanzig Jahre an den sowjetischen Filmverleih Sojusintorgkino verpachtet hätte. Jacob redete sich mit Unkenntnis der Sachlage heraus und ließ sich zur Einsichtnahme der Vertragsunterlagen in sein Kino bringen. Durch die Hintertür konnte er der sowjetischen Eskorte entfliehen und zur britischen Militärpolizei in die Bleibtreustraße fliehen. Nach wenigen Worten entsandte der diensthabende Major Coppoch ein Kommando ins Kino am Kurfürstendamm, und die Russen mußten unverrichteter Dinge abziehen. Nach drei Wochen Zwangsschließung verzichtete Jacob auf sowjetische Filme.

Dabei waren die östlichen Besatzer in den ersten Wochen als durchaus großzügige Unterhalter aufgetreten. Ein geschäftstüchtiger Unteroffizier betrieb von einem Zigarettenladen in der Prenzlauer Allee aus auf eigene Rechnung einen florierenden Verleih sowjetischer Filme. Im Gegensatz zu den amerikanischen Behörden, die »ihre« Deutschen allein durch Kulturfilme läutern wollten, gestatteten die Russen eine bunte Mischung aus Kabarett und Film. Doch bald hatten die Filmvorführer wieder ausreichend Strom, und die Zwangspausen mußten nicht mehr mit kurzweiligen Einlagen überbrückt werden. Die Schauspieler flogen raus und mußten sich neue Arbeit suchen. Aber in dieser Krise waren Handwerker gefragt, nicht Künstler. Friedrich Luft schrieb: »Der Hunger treibt sie alle aus ihren Löchern, die Redlichen, die Wichtigen, die wirklich Großen und die alten Nazi-Dichter für ein halbes nasses Brot.«[17]

In den ersten Wochen nach Kriegsende entglitt den Leinwandhelden von gestern die wirtschaftliche Grundlage ihres Erfolges. Noch war die Lage auf dem zerstörten Filmmarkt undurchsichtig und diffus. Der Kontakt zu den ehemaligen Auftraggebern war abgebrochen, und die Vierteilung sorgte für Verwirrung. Briten und Franzosen waren als Anhängsel der überseeischen Großmacht nicht an zukünftigen Konkurrenten interessiert. Die Amerikaner durchleuchteten derweil mit einem ungeheuren bürokratischen Aufwand kooperationswillige Deutsche. Ihren Soldaten verboten sie jeglichen Kontakt mit der Zivilbevölkerung und warnten in Lehrfilmen vor dem germanischen Werwolf. »Die Nazipartei mag verschwunden sein, aber die Nazi-Denkweise, die Nazi-Erziehung und die Nazi-Tücke sind geblieben. Die deutsche Eroberungslust ist nicht tot. Sie lebt weiter.«[18]

Die russischen Kulturangebote eröffneten die kalte Schlacht um die Herzen der einstigen Feinde. Mit russischer Lizenz etablierten sich auf dem Babelsberger Ufa-Gelände schnell einige Firmen. Findige Techniker nutzten die Gunst der Stunde und synchronisierten zum beiderseitigen Vorteil sowjetische Filme. Union-Film, Jupiter-Film und der alten Wehrmachtsfirma Mars-Film war zwar nur ein kurzes Leben beschieden, doch mit dem schnellen Startkapital konnte man die Fachleute an den Standort binden und eine erste technische Grundausstattung zusammenklauben. Denn Geld spielte in dieser Goldgräberstimmung eine untergeordnete Rolle. Die Reichsmark hatte nur noch symbolischen Wert, und die Russen schafften die bunten Papiere waschkörbeweise herbei. Nur Liegenschaften, Maschinen und Rohstoffe waren für die Zukunft von Wert.

Jede alliierte Besatzungsmacht setzte verläßliche und loyale Deutsche als Vertreter ihrer Ordnung ein. »Am 10. August übergab die SMAD (Sowjetische Militäradministration in Deutschland/Anm. H. T.) durch die Bildung von deutschen Zentralverwaltungen, die beratende Körperschaften der Militärverwaltung waren, einen begrenzten Aufgabenbereich an deutsche Stellen und schuf damit die Voraussetzung einer eigenen deutschen Verwaltung.«[19]

Laut Befehl Nr. 40 der SMAD vom 28. August 1945 wurde der Kommunist Paul Wandel als Präsident der gegründeten Zentralverwaltung für Volksbildung bestätigt. Wandel hatte während der Moskauer Emigration maßgeblich am »Aktionsprogramm der Partei für die ersten Maßnahmen in Deutschland« mitgearbeitet, doch der künstlerische Bereich war nicht sein Spezialgebiet.

Die Abteilung für Kunst und Literatur übernahm Herbert Volkmann, der in der illegalen Gruppe Harnack-Schultze-Boysen tätig gewesen war.

Wandel und Volkmann kündigten in einer Zeitungsmeldung die Wiederaufnahme der deutschen Filmproduktion an und forderten alle Filmschaffenden auf, sich in der Zentralverwaltung zu melden. Mit dem SMAD-Befehl Nr. 51 wurden beide verpflichtet, bis zum 1. Oktober 1945 eine Aufstellung aller künstlerisch Tätigen vorzulegen.

Volkmann setzte ein sechsköpfiges Gremium für die Belange des Films ein, das sich ausschließlich aus filmerfahrenen Antifaschisten und Kommunisten rekrutierte. Der Regieassistent Dr. Kurt Maetzig, der Oberbeleuchter des deutschen Kulturfilms Alfred Lindemann und der emigrierte Schauspieler Hans Klering sollten maßgebliche Rollen in der Gruppe spielen, die sich fortan »Filmaktiv« nannte. Ihre zentralen Aufgaben bestanden in der Kontaktaufnahme zu Künstlern in Berlin und der näheren Umgebung sowie in der Erfassung und Zusammenführung der verstreuten Ufi-Technik. Letzteres stieß auf wenig Entgegenkommen bei den einstigen Ufa-Herren, die sich inzwischen in die Westzonen abgesetzt hatten und sich nicht trauten, die Frage nach Recht und Eigentum laut zu stellen.

In verdeckten Aktionen hatte die Westberliner Ufa-Zentrale wichtige Unterlagen und wertvolle Gerätschaften aus den Ufi-Immobilien und Ausweichlagern des Berliner Umlandes zusammengezogen. Nun begann der Streit um den mageren Rest.

Demonstrativ richtete das Filmaktiv sein neues Domizil in der zerstörten Ufa-Verwaltungszentrale, Krausenstraße 38/39, ein und ernannte sich mit diesem symbolischen Akt zum Erbverwalter des faschistischen Filmimperiums für den demokratischen Teil Deutschlands.

Auf den in der Zeitung veröffentlichten Sammlungsaufruf meldete sich als erster der Kameramann Werner Krien, der sich durch seine Mitwirkung an *Münchhausen* einen Namen gemacht hatte. Ihm folgte ein Unbekannter namens Wolfgang Staudte. Er brachte bereits ein fertiges Manuskript mit. Den Interessenten hätten Volkmann und die »Filmaktivisten« eine Arbeitsperspektive anbieten müssen, wenn man schon in der Zeitung großzeilig inserierte. Doch entsprechende Fragen beantwortete man nur ausweichend-optimistisch. Entscheidungen wurden auf anderer Ebene getroffen.

Das Filmaktiv mußte sich auch mit widerrechtlichen Interzonentransporten auseinandersetzen. »Wir stellen täglich fest, daß dies Eigentum (aus den ostzonalen Ufa-Immobilien/Anm. H. T.) trotz der Beschlagnahme widerrechtlich in die amerikanische und britische Zone entführt wird. Es finden fast täglich solche Transporte statt, ohne daß wir die Macht haben, dieses für die neue Gesellschaft unersetzliche Material festzuhalten.«[20]

Am 29. Oktober 1945 ließ Stalin durch Marschall Schukow die Erlaubnis zur Gründung einer deutsch-sowjetischen Aktiengesellschaft übermitteln. Doch die SMAD ließ sich Zeit mit den Verhandlungen und kümmerte sich um aktuelle Belange. So intervenierte sie zum Beispiel gegen das von den Amerikanern ausgesprochene Auftrittsverbot der Berliner Sinfoniker im östlichen Teil Berlins. Händeringend machte das Filmaktiv auf die ersten Aktivitäten in der Münchner Bavaria und Ankündigungen des Westberliner Ufa-Rudimentes aufmerksam.

Da sich Volkmanns Zentralverwaltung finanziell überfordert und nicht recht zuständig fühlte, baten Maetzig und Lindemann um die Regelung folgender Punkte: »a) die generelle Anweisung der SMA an die Zentralverwaltung zur Gründung der Film-Aktiengesellschaft, wie sie in den bisherigen Besprechungen festgelegt ist.

b) die Freigabe des Filmeigentums früherer reichsmittelbarer Betriebe und der Betriebe aktiver Nazis zugunsten der Film-Aktiengesellschaft.

c) die finanzielle und sachliche Beteiligung der SMA.«[21]

Das Filmaktiv versuchte die Zentralverwaltung für Volksbildung zu umgehen und handelte mit den Russen einen vorläufigen Vertrag aus, der zwar niemals unterzeichnet wurde, aber gut vorzeigbar war. »Die Herren Dr. Maetzig und Lindemann sind im

Interesse der unter Führung der Deutschen Zentralverwaltung für Volksbildung in Gründung befindlichen ›Deutschen Filmgesellschaft‹ berechtigt, alle mit der Verwaltung und Fortführung folgender Firmen vorkommenden Rechtsverhandlungen und Geschäfte und alle sonstigen Handlungen auszuführen ... Insbesondere sind die Bevollmächtigten berechtigt, für die obengenannten Gesellschaften aus deren Betrieben, Lagern und dergleichen Apparaturen, Filme, Rohstoffe, Inventar, Einrichtungsgegenstände und sonstige Materialien zu übernehmen und abzutransportieren.«[22]

Endlich konnte das Filmaktiv als legitimierter Partner auftreten und seinen zweiten Aufgabenkomplex, die zentrale Materialerfassung, angehen. Die von den sowjetischen Militärdienststellen beschlagnahmten Außenlager der Ufi hatten oberste Priorität auf den Suchlisten. Die abgestempelten Vollmachten versprachen kurze Verhandlungen.

»An die Russische Kommandantur Grannsee/Mark

Die von Ihnen sichergestellten Film-Materialien im Lager an der Baldinger Chaussee gehörten der ehemaligen Ufa und werden von uns übernommen. Wir bitten Sie um die Freigabe und Überführung des gesamten Materials. Wir beginnen heute, am 14. 2. 46, mit dem Abtransport dieser Filme nach Berlin.

Das gesamte Material verbleibt in der sowjetischen Zone und wird nach Berlin SW 68, Krausenstr. 38/39 verlagert.

Zum Aufbau der deutschen Filmindustrie sind diese Filme unbedingt wichtig und werden ab sofort dringend gebraucht.«[23] Doch bald mußten die ausgeschickten Späher die Wertlosigkeit papierner Zertifikate erkennen. Jeder Ortskommandant wollte als Kleinstdiktator umworben oder mußte mit hochrangiger Offiziersbegleitung gezwungen werden, die Ufa-Gerätschaften zu übergeben. Denn die Wege nach Karlshorst waren lang, und der Sold war gering. Der zuständige Ortskommandant von Storkow glaubte zum Beispiel, für die Herausgabe von wertlosen Materialresten 20000 RM fordern zu können. Gegen diese Übergriffe waren die Beauftragten des Filmaktivs machtlos, da selbst die hiesige

Polizei keine Rückendeckung bot. »Es wurde dem Reviervorsteher mitgeteilt, daß wir die Frage, ob der Kommandant berechtigt sei, für die Freigabe unseres Eigentums etwas zu fordern, in Berlin klären werden.«[24]

Auch die requirierten Sperrholzplatten für eine Tanzfläche der Roten Armee konnte man getrost abschreiben. Selbst die ortsansässigen Landsleute hatten sich schamlos bedient. Die Berliner Filmbeauftragten mußten bei der Suche nach verschwundenen Materialien keine großen Strecken zurücklegen. Im Gasthaus *Liska* in Pätz fand man die restlichen Furnierplatten als Verkleidung des großen Tanzsaales. Die Feinmechanikerdrehbank gefiel einem Bauern aus Groß-Schauen. »Nach Meinung von Herrn Dux (Kinobesitzer in Storkow/Anm. H. T.) müßte in Selchow bei den Bauern noch verschiedenes zu finden sein. Es wird jedoch nur mit den größten Schwierigkeiten möglich sein, von den Bauern etwas herauszubekommen, zumal das Meiste in der Zwischenzeit entweder verschoben oder verarbeitet worden ist.«[25]

Mancher zukünftige Kinobesitzer hatte sich einen russischen Offizier kommen lassen und ganze Vorführanlagen ohne Genehmigung und Nachweis abgefahren. Dubiose Handelsunternehmen schossen wie Pilze aus dem Boden und machten mit geraubter Filmtechnik enorme Umsätze. »Am 21. ds. Mts. erhielten wir Kenntnis durch unseren Beauftragten, Herrn Oesterreich, (Rückbringung verlagerter Film-Materialien), dass in Bernau, Schönfelderweg, im Heeresbekleidungsamt, Block 7 – II. Etage, ein riesiger Bestand an allen Film-Materialien lagert. Vom Objektiv bis zur kompletten Ernemann-Maschine, sämtliche Zubehörteile des Wiedergabesektors, Verstärkerröhren usw. Laut Mitteilung besteht dort eine russisch-polnische Handelsgesellschaft ›DMB‹ (Dolwikki, Mense und Bogolow). Verantwortlicher Leiter ist der Herr Major Drewal von der Sowjetischen Militär-Administration. Herr Oesterreich gab mir bekannt, dass diese Handelsgesellschaft nach Sondergenehmigung aus Karlshorst alle benötigten Waren verkauft.

Wir bitten, in Karlshorst veranlassen zu wollen, ob dieses gesamte Lager nicht dem in Gründung befindlichen ›Film-Aktiv‹ zur alleinigen Verfügung gestellt werden kann, zumindestens aber ab sofort ein Verbot über Verkäufe an Privatverkäufer eintritt. FILM-AKTIV«[26]

Das Filmaktiv mußte sich bei den vergeblichen Suchaktionen wie der Hase mit den Igeln vorgekommen sein. Stets waren andere schneller, entweder waren die Lager geplündert oder requiriert worden. Meistens hatten die selbsternannten Ufa-Erben gar nicht erst die bürokratischen Irrwege beschritten und sich gleich selbst bedient. Das Filmaktiv saß zwischen allen Stühlen. Die russische Generalvollmacht aus Berlin zeigte im märkischen Umland nicht die gewünschte Wirkung. Die Zentralverwaltung für Volksbildung hatte außerdem Tobis-Kommissare zur Sicherung ihres Materialbestandes legitimiert, so daß das Filmaktiv sogar vom unmittelbaren Vorgesetzten hintergangen wurde. Die Westberliner Ufa-Zentrale nutzte die Spannungen zwischen den Alliierten zu großangelegten Gütertransporten in den Westteil. Das Filmaktiv konnte den Verlust nur noch aktenkundig machen und sich im kleinlichen Schriftwechsel mit den Konkurrenten verlieren.

Offiziell fühlte sich Herr von Theobald von der Universum Film A.G. nicht mehr zuständig, »da das Material inzwischen von den Amerikanern beschlagnahmt worden sei«.[27]

Im Gegenzug versuchte das Filmaktiv, einen amerikanischen Offizier mit dem amtlichen Briefkopf der Zentralverwaltung zu beeindrucken und ihn unter Angabe eines falschen Überführungszieles zur Herausgabe von zwei Ufa-Aufnahmewagen zu bewegen. »Da wir im Aufbau der deutschen Filmindustrie begriffen sind, und uns im Auftrage der Zentralverwaltung für Volksbildung sämtliche Geräte und Materialien der ehemaligen Ufa-, Althoff- und Tobis-Ateliers zur Verfügung stehen, bitten wir Sie, Herr Kommandant, zwei Ufa-Aufnahmewagen (hellgrau, Holzchassis, Firmenschild ›Ufa‹), welche sich in der Kaserne des 2. Bataillon 309. Infantrie, Gate Nr. II in Nikolassee, Dreilindenstr., in der Garage befinden, freizugeben. Diese Wagen verbleiben im amerikanischen Sektor und werden in das Film-Atelier, Bln.-Grunewald, Eichkampstr. überführt.«[28]

Auf dem Schreibtisch von Herbert Volkmann häuften sich Aktennotizen und Vermerke. Die Tobis beklagte den Verlust ihres Eigentums im geschätzten Wert von zwei Millionen Reichsmark. Da man die alliierten Besatzer nicht als Schuldige angeben konnte, konzentrierten sich die Ermittlungen auf Randpersonen, wie den Bürgermeister Brüggemann aus Großgörsdorf, der einen Teppich im Wert von 5000 RM für eine benötigte Ortslichtleitung verkauft haben sollte.

Anfang 1946 war das Klima zwischen den zersplitterten Ufi-Gesellschaften so vergiftet, daß eine zukünftige Zusammenarbeit unter einem gemeinsamen Dach undenkbar wurde. Der Wettlauf um das gemeinsame Erbe hatte das Ufi-Imperium nachhaltiger zerstört, als es die feindlichen Bomber und Panzer vermocht hatten. Die hochspezialisierten Filmfachleute wurden über das gesamte Nachkriegsdeutschland verteilt. Mit Hilfe der jeweiligen Besatzungsmacht begannen ein gnadenloses Werben um die Filmgrößen von einst und das lukrative Geschäft mit Filmresten aus einer anderen Zeit.

Ufa und Überläufer

Zerschlagung der Ufa; Streit um die Tobis; entlassene Mitarbeiter durch sowjetisches Filmprojekt bezahlt; Ufi als Auslaufmodell; Liquidationsausschüsse im Westen; Verbot von *Münchhausen*; unpolitische Überläufer; 200 Filme vorläufig verboten; undifferenzierte Beurteilung; Urheberrecht ohne Wirkung; Beutefilme als Siegergeschäft; erster deutscher Nachkriegsfilm; Ohrfeige für Goebbels?; Premiere mit Alcolat; Deutsche wollten deutsche Filme; Überläufer für deutsche Verleiher; freiwillige Selbstkontrolle

Deutschland sollte nach dem Willen der Allierten in einen abhängigen Agrarstaat umgewandelt und wie eine gemeinsam verwaltete Kolonie behandelt werden. Die Briten setzten die von ihnen bestätigten Stadtverwaltungen nach den Prinzipien der überseeischen Kolonien zusammen, im französischen Teil mußten die deutschen Bewohner die Trikolore grüßen. Und die Amerikaner orientierten auf die Umerziehung des schuldigen Volkes durch den Film: Aufklärung über die nationalsozialistischen Verbrechen und Vermittlung von demokratischen Normen. Die Auffassung von der Kollektivschuld behinderte einen kooperativen Aufbau des zerstörten Landes. Die Amerikaner schrieben den Status quo des wirtschaftlichen Chaos fest und votierten gegen die Verstaatlichung der Kohle- und Stahlindustrie, die als kriegstreibende Wirtschaftszweige nicht begünstigt werden sollten.

Der alliierte Kontrollrat als oberstes Gremium der Besatzungsmächte vertrat gegenüber dem staatlichen Filmkonzern Ufa-Film GmbH (Ufi) eine einhellige Position. Das unter dem NS-Regime mühsam aufgebaute Propagandainstrument sollte in seine Einzelteile zerlegt und für alle Zeiten zerschlagen werden. Das ehemalige

Reichsfilmvermögen wurde laut Potsdamer Abkommen beschlagnahmt und den Militärregierungen zur Kontrolle, Registrierung und Verwaltung überantwortet. Über die Zukunft des Ufi-Gerüstes bestand nur insofern Konsens, daß die enteignete Kinokette als vertikale Vertriebsschiene für ausländische Filme genutzt werden sollte.

Die deutschen Treuhänder setzten sich bewußt über die amerikanischen Verordnungen und Gesetze zur »decartelization« und »deconcentration« hinweg und nutzten ausländische Verleihinteressen durch Ankauf neuer Filmtheater zur Vermehrung des Reichsfilmvermögens. »Während sich die westlichen Besatzungsmächte davon eine Vergrößerung des Abspielmarktes zugunsten auch ihrer Produkte erhofften, sah die deutsche Politik darin die aktiven Ansätze zur Erhaltung und Konzentration des Gesamtpotentials der westdeutschen Filmwirtschaft im Sinne der Wiederherstellung eines Filmwirtschaftskonzepts der dreißiger Jahre.«[29]

Berlin als ehemaliges Verwaltungszentrum der deutschen Filmindustrie wurde zum Versuchsfeld für Nachkriegsentwicklungen. Hier prallten die Bestrebungen der Restauratoren, Goldgräber und Reformer ungehindert aufeinander. Mit amerikanischer Duldung verlegte ein dubioses Gremium aus mittleren Ufa-Angestellten und emporstrebenden Betriebsfremden die Zentrale der Ufi in die Bayerische Straße und gab sich als zuständiger Ansprechpartner aus. Diese Konstellation widersprach eindeutig dem Potsdamer Abkommen, denn alle Entscheidungen über das Reichsfilmvermögen oblagen den jeweiligen Besatzungsmächten.

Kurioserweise bestätigte der Westberliner Treuhänder, Regierungsrat Siche vom Oberfinanzpräsidium, den vom Treptower Bezirksbürgermeister abgesetzten Max Koslowski als Geschäftsführer der Tobis, obwohl sich die Anlagen dieser reichsmittelbaren Filmfirma ausschließlich im Ostteil der Stadt befanden. Die sowjetischen Behörden dachten langfristig und ließen sich nicht auf kleinliche Streitereien ein. »Um die bei der Tobis in Arbeit befindlichen sowjetischen Filme nicht zu gefährden, kam es auf Forderung von

Sojusintorgkino zu einem Kompromiß: Koslowski wurde zwar als Kommissarischer Leiter abberufen, verblieb aber als Produktionsleiter für die Synchronisationsarbeiten zunächst noch im Betrieb ...«[30] – Vor der Gründung der deutschen Zentralverwaltungen wurde das Ufi-Präsidium von den deutschen und alliierten Gremien akzeptiert. Der Magistrat von Berlin und die Kammer für Kunstschaffende unter der Leitung von Paul Wegener bestätigten die selbsternannten Repräsentanten durch ihre Verhandlungsbereitschaft. Die Ufi informierte die Tobis-Leitung über eine Vereinbarung vom Anfang August 1945, »dass die Kammer für Kulturschaffende in Zukunft sich ausschließlich mit der kulturellen und politischen Seite des Films befasst, während die gesamten wirtschaftlichen und technischen Fragen von der Ufa Film GmbH behandelt werden.

Es wurde ferner beschlossen, dass die bisher der Ufa Film GmbH angeschlossenen Filmkünste stillgelegt werden, da eine eigene Produktion z. Zt. noch nicht möglich ist. Das bedeutet für Ihre Gesellschaft genau wie für die übrigen Gesellschaften, dass Ihr Personalbestand soweit reduziert werden muss, wie es sich mit der Durchführung einer Vermögensaufstellung mit dem Stichtag des 1. Mai 1945 vereinbaren lässt ... Es muss den Verhandlungen mit den Alliierten überlassen bleiben, ob und welche Gesellschaften in Zukunft in Deutschland drehen dürfen oder nicht. Erst nach Klärung dieser Frage kann dann endgültig entschieden werden, ob die Tobis-Filmkunst GmbH weiter bestehen bleibt oder liquidiert werden muss.«[31]

Der kommissarische Treuhänder für das Johannisthaler Filmstudio, Albert Wilkening, setzte sich über die Anweisungen aus der Tobis-Zentrale hinweg und versuchte durch unorthodoxe Maßnahmen, die 40 entlassenen Mitarbeiter zu halten. Als sich der sowjetische Regisseur Alexander Ussoltzew am 29. Dezember 1945 in Johannisthal nach einem Drehteam erkundigte, sah Wilkening seine Chance und ließ sich von dem späteren Leiter der Berliner Sojusintorgkino-Vertretung einen Vorschuß in Höhe von 50000 RM auszahlen. Der geplante Spielfilm *Brandenburger Tor* kam zwar nie zustande, und die Summe wurde später mit Synchronisationsaufträgen verrechnet, aber das Tobis-Atelier blieb arbeitsfähig und von der Westberliner Verwaltungszentrale unabhängig.

Die Firmenbezeichnungen Ufa und Tobis dienten im Osten bis zur offiziellen Übernahme nur noch zur Kennzeichnung der Liegenschaften. Auch die weiteren Firmen des Ufi-Konzerns waren als wirtschaftliche Einheit passé. Die Berlin-Film GmbH hatte Winkler 1942 als Dachorganisation zahlreicher privater Kleinstfirmen etabliert. Für diesen Zwangszusammenschluß gab es nach dem Krieg keine Notwendigkeit mehr, und die Berlin-Film GmbH wurde quasi als Modell für die geplante Ufi-Zerschlagung auf ein Mindestmaß reduziert. Auch die Terra tauchte nach der Firmengründung von 1920 nur kurzfristig in den Amtsregistern auf. Als Produktionsgesellschaft der Constantin brachte sie nach dem Krieg nur noch den Namen ein.

Prag- und Wien-Film standen natürlich außerhalb der deutschen Verfügungsgewalt. Trotz zeitweiliger sowjetischer Oberhoheit wurden diese beiden Ufi-Filmgesellschaften im Potsdamer Abkommen nicht den Russen als Reparationsvermögen zugesprochen, sondern bildeten den Grundstock für künftiges nationales Filmschaffen. Nur die Münchner Bavaria blieb durch die Einsetzung eines deutschen Treuhänders als organisatorische Einheit erhalten und war somit vorerst die einzige Konkurrenz zum Berliner Filmkomplex.

Die im Westen gebildeten Liquidationsausschüsse mußten sich neben der Abwicklung des Ufi-Komplexes auch mit einem aktuellen Phänomen beschäftigen, das mit Macht über die Zonengrenze in die Kinos herüberdrängte. Geschäftstüchtige Kinobesitzer erkannten den Überdruß des deutschen Publikums an den alliierten Filmen und organisierten sich die alte Unterhaltungsware aus den Ufa-Ateliers.

Die sowjetischen Besatzer betrachteten die Ufa-Filme als legitimes Beutegut und übereigneten die eroberten Filmrollen dem Monopolverleiher Sojusintorgkino zur weiteren Verwertung. Diese Praxis mißfiel den westlichen Verbündeten, die bekanntermaßen auf die Umerziehung des deutschen Volkes setzten. Sie folgten bald dem russischen Beispiel, die alten Filme wieder in die Kinos zu bringen.

Der Befehl Nr. 29 vom 18. August 1945 regelte die Befugnisse einer Sektion für Propaganda und Zensur innerhalb der Politischen Abteilung der SMAD. Jeder deutsche Film mußte von der zuständigen Besatzungsmacht genehmigt und für ihr Territorium zugelassen werden. Die Zensurentscheidungen fielen zum Teil recht willkürlich und unverständlich aus. Die Russen verboten zum Beispiel den Ufa-Jubiläumsfilm *Münchhausen*, da er ihrer Meinung nach die russische Zarin Katharina diffamierte. Dagegen gestatteten sie die Vorführung von Karl-Ritter-Filmen, die die Amerikaner in ihrem Sektor verboten hatten. Eindeutige Inhalte und Botschaften im unspezifischen Milieu waren gefragt.

An diesen Kriterien gemessen, hatten die vorsichtigen Ufa-Filme der letzten Kriegsjahre kein Problem, da sich die Autoren um glasklare Aussagen hatten bemühen müssen. Da gab es keine nuancierten Mehrdeutigkeiten oder pures Alltagsleid. Nein, das Leben trat als verdientes Vergnügen oder freudiger Kampf auf, aber immer optimistisch und leicht überzeichnet.

Alle deutschen Filme, die vor dem 8. Mai 1945 entstanden und erst nach dem Krieg in deutschen Kinos gezeigt wurden, werden als Überläufer bezeichnet. »In der Geschichtsschreibung zum deutschen Film wird der Begriff zwar dem militärischen Bereich entlehnt, doch seiner politischen Dimension beraubt. Überläufer waren demnach Filme, die von einem System in das andere wechseln konnten, wobei die Zäsur zwischen Krieg und Nachkrieg lag. Der Nachkrieg vollendet in dieser rein technischen Definition, was die Kriegsproduktion zu beenden nicht imstande war.«[32]

Karsten Witte beschreibt in seiner Abhandlung über deutsche Komödien jenes Paradoxon, daß diese Filme nicht erst nach dem Krieg »überliefen«, sondern in Inhalt und Form bereits jene Kehrtwendung betrieben, die später ihre Zulassung durch die militärischen Feinde ermöglichte. »Denn auf der weißen Fahne der Kapitulation, die heftig geschwenkt wird, ist kein politisches Signifikat einer Überzeugung eingeschrieben; außer jenem, der Politik, die Feind- und Freund-Bilder konfrontiert, zu entrinnen.«[33]

Mit einer gewissen Sorglosigkeit sortierten die ausländischen Besatzer nur Filme aus, die sich durch einen offensichtlichen Ideologiegehalt auffällig machten. Der in französischen Diensten stehende Henry Freund etwa hatte nur einen Nachmittag Zeit, einige hundert deutsche Streifen auf bedenkliche Szenen zu sichten. Hakenkreuz-Pannen blieben in den ersten Monaten nicht aus. Zwar wurden über 200 Titel verboten, doch diese Zahl reduzierte sich durch Wiedervorlagen im Lauf der Jahre ganz erheblich. Ein gelegentlicher Hitlergruß oder verräterische Insignien des Dritten Reiches wurden einfach entfernt, wie auch in der Realität ein Soldat ohne Schulterstücke und Orden wie ein unbelasteter Befehlsempfänger wirkte. Doch aufgrund der undifferenzierten Konzentration der Zensoren auf belastende Äußerlichkeiten und verbale Entgleisungen konnten alle Produkte des braunen Zeitgeistes in eine andere Epoche hinüberrutschen, die sich die Gegnerschaft zum Nationalismus auf die Fahnen geschrieben hatte. »Die strengen Richtlinien für die Zulassung von Filmen, mit denen die Alliierten eine scharfe Trennung zwischen der alten und der neuen Zeit zu ziehen hofften, sie griffen nicht. Natürlich waren alle den Nationalsozialismus verherrlichende Filme sowie alle antisemitischen Hetzkonstrukte strikt verboten. Doch daß der braune Ungeist implizit auch in scheinbar harmlosen, ja sogar in vermeintlich überzeitlichen, künstlerisch makellosen Streifen steckte, wurde geflissentlich übersehen … Welche Weltanschauung und welches Menschenbild die Schwänke mit der Betonung auf Gesetz und Ordnung, auf gesunde Volksgemeinschaft und nationale Tugenden, die Romanzen mit ihrer eingefleischten Rollenverteilung in Ehe und Familie ebenso verbreiten wie Biographien mit ihrer penetranten Ehrfurcht vor dem schicksalgesandten Genius, davon

Desillusionierung: Trauer und Resignation

wurde damals so wenig Rechenschaft abgelegt wie heute, wenn das Fernsehen mit Filmnostalgien aus der Ufa-Traumfabrik die Wohnstuben wärmt und zum harmlosen Wohlsein einlädt.«[34]

Die undifferenzierte Beurteilung der Ufa-Filme war einer Zeit geschuldet, die durch die Grausamkeiten des Krieges und existenzielle Neuordnungen den Blick für Nuancen getrübt hatte. Die Hervorbringungen des vergangenen Regimes wurden nur grob gerastert, denn das deutsche Publikum verlangte angesichts des Zusammenbruchs aller Normen vertraute Muster.

Als Täter abgestempelt, fühlten sich die Deutschen kollektiv betrogen. Das sollte der Lohn für den Gehorsam sein? So hatte man sich die Befreiung nicht vorgestellt. »Dem politischen Zusammenbruch folgte der Sturz in ein seelisches Vakuum, das der unumgängliche Preis für eine nicht selbst erkämpfte, sondern von den Siegern ins zerstörte Land gebrachte Freiheit war. Die materielle Notlage nach dem Krieg mit ihren deprimierenden Auswirkungen auf das Selbstwertgefühl verstärkte das bereits vorhandene kollektive Syndrom aus Apathie, Verdrängung und Sehnsucht nach Harmonie. Wieder einmal wurde das Kino zum Betäubungsmittel – oder vielmehr zu einer sanften Droge, die den Betäubungszustand, in dem sich viele Deutsche nach der Kapitulation befanden, verlängern half.«[35] In Ermangelung deutscher Nachkriegsfilme mit antifaschistischer Grundhaltung bedienten die Alliierten nur das Unterhaltungsbedürfnis der desorientierten Verlierer. Die Amerikaner hatten in ihrer Besatzungszone 15000 deutsche Filmkopien beschlagnahmt und brachten sie über den Militärverleih AFI in die Kinos. Qualitativ standen die Überläufer dem filmischen Handgepäck der Besatzungsmächte keineswegs nach, nur mit dem Unterschied, daß die ausländischen Produkte aufgrund des Beschlusses vom 9. August 1945 keiner Zensur mehr unterlagen. »Auf Grund eines Berichtes der Kulturkommission haben die alliierten Kommandanten bestimmt, daß die Kontrolle über die Bühnen- und Lichtspielunternehmen durch die Kommandanten der amerikanischen, englischen, französischen und russischen Zone auf dem von ihnen kontrollierten Territorium durchgeführt wird. Filme, die in alliierten Ländern erschienen sind, werden ohne Zensur vorgeführt. Durch besondere Verleihanstalten wird ein Filmaustausch zugelassen, um die Möglichkeit zu haben, beliebige Filme, die durch die Alliierten in den Kinos aller Besatzungsmächte herausgebracht worden sind, vorzuführen.«[36]

Zuerst überließen die Allierten das einträgliche Verleihgeschäft ihren jeweiligen Landsleuten. Die Briten hatten bis zum 12. Oktober 1945 bereits 244 deutsche Filme freigegeben, die sie über den Atlas-Verleih vertrieben. Von den Theaterbesitzern forderten sie siebzig Prozent der Nettoeinnahmen. Der amerikanische Militärverleih AFI gestattete den Theaterleitern kein Mitspracherecht in der Filmauswahl und teilte die Kopien zu.

Unbekümmert nahm Sojusintorgkino die deutschen Beutefilme ins Programm auf und verschwieg in den Vorspännen und

Werbematerialien oft die Herkunft der Filme. Das Urheberrecht schien mit dem Potsdamer Abkommen außer Kraft gesetzt worden zu sein. Jedenfalls gab es keinen Aufschrei der Entrüstung. Die Beteiligten waren für die abgedrehten Filme entlohnt worden, und die Ufi-Zentrale hatte sich widerrechtlich mit dem zusammengeklaubten Firmengut in den Westen abgesetzt. Wer hätte gegen geistigen und materiellen Diebstahl opponieren und auf sich aufmerksam machen sollen? Selbst die Filmkomponisten, die nach bisherigem deutschen Urheberrecht Tantiemen einfordern konnten, verzichteten auf ihre Ansprüche und schielten nach neuen Arbeitsmöglichkeiten. Damals wie heute existiert das internationale Urheberrecht für den Film nur in groben Zügen und wird durch nationale Bestimmungen geregelt. Wer also seine Ansprüche auf rechtsstaatlicher Grundlage einklagen wollte, mußte sich auf finanzkräftige Partner stützen können. Die Ufi-Rechtsnachfolger dürften dieses Thema auch in den folgenden Jahrzehnten nicht berührt haben.

Alliierte Behörden und arbeitswillige deutsche Filmleute hakten den Ufa-Film in den Nachkriegskinos als Relikt vergangener Zeiten und als legitimes Siegergeschäft ab. Wie später nie wieder waren sich beide Seiten über die Aufgaben des zukünftigen Films in Deutschland einig. Man wollte schonungslos und engagiert die Wahrheit über den deutschen Faschismus vermitteln. Noch spielte es keine Rolle, wo sich der Wohnsitz der Filmkünstler befand. Werner Hochbaum wandte sich gegen »die überzuckerte Operettentorte, die eines der Privilegien der Nazi-Filmfabrik war … Wir wollen den Dingen und Menschen ins Auge sehen, wir wollen versuchen, den Problemen auf den Grund zu gehen.«[37] Nicht unähnlich Kurt Maetzig vom Ostberliner Filmaktiv: »Wir wissen jetzt, was uns an den Nazifilmen außer der verwerflichen ideologischen Grundlage stets so deutlich mißfiel: Es ist die Unehrlichkeit der künstlerischen Mittel!«[38]

Doch vorerst lag die deutsche Filmwirtschaft brach. Das Ufa-Kopierwerk produzierte den ersten Nachkriegsstreifen, einen

Sag' die
Wahrheit
STUDIO
45

Lehrfilm über Rattenbekämpfung. In einer weiteren Ufa-Arbeitsstätte, im Tempelhofer Atelier, fand unter der Bezeichnung »Studio 45« ein Team zusammen, das in fast gleicher Besetzung einen der letzten Ufa-Filme vollendete, der ein Dreivierteljahr zuvor aufgrund der Kriegsereignisse hatte abgebrochen werden müssen. Die Mannschaft um Regisseur Helmut Weiß erhielt die Genehmigung der Alliierten zur Neuauflage der Allerweltskomödie *Sag' die Wahrheit.* Unproblematisches Boulevardtheater.

Das Tempelhofer Atelier war durch einen glücklichen Umstand allen Plünderungsaktionen entgangen, da die betriebseigene Feuerwehr mit drei Löschzügen die angrenzenden Stadtbezirke vor verheerenden Feuerbränden geschützt und sie später mit lebensnotwendigem Wasser versorgt hatte. Helmut Weiß mußte die beiden Hauptdarsteller Hertha Feiler und Heinz Rühmann auswechseln, da Rühmann von den Militärbehörden aufgrund unhaltbarer Verdächtigungen zeitweise gesperrt war. Weiß griff auf Gustav Fröhlich zurück, der nach einer Skandalgeschichte den Nimbus des Widerständlers pflegte. In den dreißiger Jahren war er mit der tschechischen Schauspielerin Lida Baarova liiert gewesen und hatte sich mit dem offensichtlichen Interesse des Propagandaministers für die auffallende Schönheit abfinden müssen. Als Fröhlich die beiden in einer kompromittierenden Situation überraschte, soll er seinen obersten Vorgesetzten geohrfeigt haben. Die Peinlichkeit wurde rasch bereinigt, die Baarova auf persönliche Anweisung von Hitler ausgewiesen, und Fröhlich blieb unbehelligt. Nur der Kabarettist Werner Finck mußte den Schlamassel ausbaden, hatte er doch gleich sein Programm um den Schlager »Ich möchte einmal f(F)röhlich sein« erweitert.

Mit dem Erfolgsgespann Rühmann/Feiler wäre der erste westdeutsche Spielfilm vielleicht nicht solch ein undiskutables Debakel geworden, das die Presse verdientermaßen verriß. »Protest! Hier kommt deutlicher Protest gegen den ersten Film der ›Studio 45 Film GmbH‹. Man reibt sich die Augen und hält es nicht für möglich. Jetzt einen Film machen zu dürfen, sei es einen ernsten, sei es einen heiteren, ist ein verpflichtendes Geschäft. Diejenigen, denen der knappe Zelluloidstreifen in die Hand gelegt wird, sollten damit in der Kamera vielfach wuchern. Daß wir auf Fixierung der Patsche, in der wir sitzen, humorlos bestehen sollten, wird keiner verlangen. Daß Heiterkeit notwenig ist – darüber kein Wort. Aber was ist dies hier? Menschen bevölkern die Leinwand, die uns fremder sind als die Steinzeitbewohner. Schleiflackgents im Tennisdreß. Klubdamen mit leichten moralischen Webfehlern. Keiner und keine, die auch nur von fern an Arbeit erinnerten.«[39]

Immerhin brachte der Film einen jungen Mann aus Polen ins Spiel, der später mit seinem Markenzeichen »CCC« in Berlin-Spandau eine große Karriere machen sollte. Artur (»Atze«) Brauner finanzierte mit dem Verkauf eines Pelzmantels kurz entschlossen die Endphase des Films und ließ sich in Berlin nieder. An die Uraufführung von *Sag' die Wahrheit* am 20. Dezember 1946 erinnert sich der Erfolgsproduzent mit einem leichten Schmunzeln. »Wir feierten unsere erste Premiere mit Erdbeersekt (die Flasche zu 200 Mark), Alcolat (einem widerlich süß schmeckenden Alkoholersatz) und Marmeladenstullen (Vierfrucht, aus einem zerbombten Ruinenkeller). Wir wußten, daß unser Film keine Chance hatte, für den ›Oscar‹ nominiert zu werden. Er war beileibe kein Kunstwerk, weiß der Himmel, nein. Aber er war eine anständige Arbeit.«[40]

Im viergeteilten Deutschland verlangten die neuen Zensoren zeitnahe Filmstoffe zur Erteilung von Produktionslizenzen. Wie das Beispiel *Sag' die Wahrheit* beweist, waren die westlichen Behörden in der Auslegung dieser Forderung recht großzügig. Fürs Zeitkolorit reichten schon Heimkehrer in Notbehausungen oder ein kriegsversehrter Barpianist in Nebenrollen aus. Die erste französische Lizenz erhielt Artur Brauner für das belanglose Komödchen *Herzkönig*. Die Nachwelt wird den Film als »untauglichen Versuch« bezeichnen, »mit spärlicher Nachkriegsausstattung und noch spärlicherem Charme die deutsche Traumfabrik nach 1945 wiederzubeleben«.[41]

Eric(h) Pommer:
1890–1966

Vielleicht hatte der von Brauner geschätzte Regisseur Helmut Weiss die Forderung des amerikanischen Filmbeauftragten Erich Pommer wörtlich genommen, ohne den Sinn zu verstehen. »Deutschland ist arm. Das ist die große Chance des deutschen Films. Wir müssen das Wesentliche wollen. Aller Pomp, aller Ausstattungszauber muß verschwinden. Massenfilme? Nein! Stars? Nicht unbedingt nötig. Das Entscheidende ist das Buch. Der Einfall. Die Entwicklung des Einfalls. Armut kann sich produktiv auswirken. Die Autoren und die Regisseure werden auf neue Ideen kommen, um Eindrücke zu erzielen, die bisher nur durch großen Aufwand möglich wurden.«[42]

Erich Pommer hatte angesichts seiner früheren Ufa-Großfilme höhere Erwartungen geweckt. Nun sprach er dem Minimalismus das Wort und verlangte seinen ehemaligen Landsleuten die Quadratur des Kreises ab. In den vergangenen zwölf Jahren war ihnen der kritische Sinn für Inhalte abhanden gekommen, wenn sie nicht sogar mit dem faschistischen Regime sympathisierten. Auf harmlosen Ausstattungsfilmen beruhte der Erfolg der Ufa-Größen. So und nicht anders waren sie beim Publikum beliebt. Im Gegensatz zu anderen europäischen Kinowerkstätten, die sich weniger um die illusionierende Kulisse bemühten und neue Geschichten in den Ruinenlandschaften ansiedelten, konzentrierte man sich in Deutschland auf die Fortführung der erlernten Dramaturgie. Der erste Spielfilm der Bavaria, *Zwischen gestern und morgen*, wartete mit einem guten Schauspielerensemble auf und vermittelte ein Gefühl der Trauer in konventioneller, aber gut gespielter Manier. Die Auseinandersetzung mit aktuellen Problemen vermied Regisseur Harald Braun. Die alte Garde stand wieder vor und hinter der Kamera, und nach einigen Pflichtfilmen hakten sie das Thema Faschismus ab. Von veränderten Arbeitsbedingungen abgesehen, schloß sich für die wiedereintreffenden Emigranten der Bogen zu ihren glanzvollen Anfangsjahren, als sie sich – vor der braunen Herrenzeit – einen Namen gemacht hatten. In einem Interview spitzte Robert Siodmak den Vergleich polemisch zu. »Aber, lieber Freund, sagen Sie mir bitte, was hat sich denn inzwischen bei euch verändert? Nichts! Ich bin 1933 als Filmregisseur weggegangen und komme als Filmregisseur wieder. Damals waren die Kinos voll, heute sind sie es auch. Das Publikum früher war arm, aber vergnügungssüchtig und kritiklos. Das Publikum jetzt ist zwar nicht mehr so arm, aber immer noch kritiklos und vergnügungssüchtig. Lustspiele überwiegen heute wie damals. Und ihr habt immer noch die gleichen Stars: Hans Albers, Heinz Rühmann, Willy Fritsch, Gustav Fröhlich, Paul Hörbiger, Henny Porten, Luise Ullrich, Anny Ondra, Magda Schneider, Jenny Jugo – die gleichen Regisseure: Carl Boese, Willi Forst, Georg Jacoby, Gerhard Lamprecht, Carl Froelich, Luis Trenker, sogar Veit Harlan und Karl Ritter – und es ist derselbe Klamottenautor, der heute wie damals die meisten Drehbücher schreibt: Bobby E. Lüthge. Mein Film ›Quick‹ war ein Produkt der UFA, und die UFA gibt es immer noch oder schon wieder.«[43] Kein Wunder also, daß das deutsche Publikum die alten Ufa-Reprisen als selbstverständlichen Programmteil nach dem Krieg nicht nur akzeptierte, sondern geradezu danach verlangte.

Gegen die wenigen und späten Neuproduktionen bildeten Dutzende von Überläufern eine fast undurchdringliche Mauer, die den Geschmack mehrerer Generationen nachhaltig prägte. Noch kurz nach der Währungsreform 1949 sprachen sich in einer Umfrage 83,9 Prozent der Kinozuschauer für den deutschen Film aus. Der Artikel in der *Neuen Filmwoche* Nr. 17/1948 liest sich wie ein Erklärungsversuch. »Die ausländische, vornehmlich die amerikanische und englische Produktion, soweit sie in Deutschland gezeigt wird, muß sich eine immer schärfer werdende Kritik gefallen lassen ... Ein Blick auf den Erstaufführungskalender der vergangenen Monate genügt. Immer mehr vermißt der deutsche Kinobesucher Filme, die den tatsächlichen Wert des Filmschaffens jener Länder ausmachen. Er vermißt Filme, die von dem Leben in Ländern, so wie es ist, Zeugnis geben. Er verzichtet gern auf den Revuekitsch, der ihm nichts sagen kann. Er verzichtet vor allem aber auf die Serie der Verbrecherfilme, die in den letzten Monaten fast ununterbrochen auf ihn einstürmte ... Unsere Kinos sind zu Leichenschauhäusern geworden. Wir haben aber an Ort und Stelle so viel Verbrechen erleben müssen, daß wir heute eines filmischen Anschauungsunterrichtes über Gangsterallüren und Verbrechermethoden keineswegs bedürfen, sei dieser noch so gekonnt. Der deutsche Kinobesucher hat eine weniger scharfe Medizin nötig.«

Die Zeichen für Filme aus vergangenen Zeiten, die jetzt verdrängt wurden, standen also gut. Die Überläufer bedienten den kollektiven Geschmack, dessen man sich kraft alliierter Bestätigung nicht einmal mehr schämen mußte. Niemand hatte in diesen Tagen ein Problem mit den Ufa-Relikten. Auch in der Filmgeschichtsschreibung wird dieses Phänomen bisher nur angedeutet.

Die Auswertung des Ufi-Erbes im rechtsfreien Raum schien also das Prinzip der Stärke zu bedienen. Juristische Bedenken spielte der ehemalige Produktionsleiter der DEFA, Albert Wilkening, in einem Nebensatz herunter. »In jener Zeit war das Interesse, Arbeitsmöglichkeiten zu erhalten, größer als das Bedürfnis nach einer genauen Klärung des Rechtsverhältnisses.«[44]

Die Besatzungsmächte heimsten die Filmkopien ein und legitimierten ihr Vorgehen im Potsdamer Abkommen. Mit der ersten erkennbaren Verwaltungsstruktur im besetzten Deutschland wurde das Ufa-Geschäft institutionalisiert. Aus den Siegerländern importierte Verleihorganisationen übernahmen das von ihren Militärpartnern beschlagnahmte Filmgut und erhielten einen gewissen Beteiligungssatz.

Die ins westfälische Vlotho ausgelagerte Verwaltung der Ufa-Film GmbH legte kein Veto ein. Unter der wohlwollenden Beobachtung durch die britischen Behörden trugen die Filmbeamten auf dem nahe gelegenen Schloß Varenholz »beachtliche Vermögenswerte« und »ein riesiges Reservoir an Kopien einsatzbereiter UFA-Filme« zusammen. Der zuständige Filmoffizier Major Auten genehmigte 600000 RM für die Instandsetzung des Schlosses und träumte von der Wiederbelebung der alten Ufa. Auf dem Ortsschild des Bahnhofes prangte das Ufa-Signet neben der Bezeichnung »UFA-Stadt Vlotho«. Kurz darauf wurde Hamburg zum Filmzentrum der britischen Besatzungsbehörde erkoren.

1946 gab es wieder 170 Lichtspielhäuser in Berlin. Nur die Kinos aktiver Nazis bzw. der Ufa-Kette wurden enteignet. Die privaten Anbieter wollten sich von den Monopolverleihern unabhängig machen und brannten auf das große Geschäft mit den Überläufern. 1947 vereinigten sich die Amerikaner und Briten zur Bizone und vergaben ein Jahr später Konzessionen an unabhängige Filmverleiher. Gewissermaßen als Starthilfe erhielten die ersten Verleiher in der britischen Zone Hunderte Filmkopien aus dem Bestand des Atlas-Verleihs. Herzog-Film wurde als erster Verleih mit 199 Kopien bedacht. Es folgten Lloyd und Bejohr mit jeweils 300 Kopien. Insgesamt wurden 3055 Kopien verteilt.

Der geschäftsführende Direktor des Landesverbandes hessischer Filmtheater, Gustav Zimmermann, bejubelte die unbegrenzte Filmauswahl als einen Akt der Friedenssicherung. »Mit der Einführung des freien Filmverleihs haben wir zum ersten Male seit dem Zusammenbruch wieder die Möglichkeit, gleichberechtigt mit den Vertretern der internationalen Filmwirtschaft Verhandlungen zu führen und Verträge abzuschließen. Zunächst sind es nur die Repräsentanten und Vertreter amerikanischer und englischer Filmgesellschaften, die uns wieder die Hände reichen. Bald werden es auch französische, Schweizer, vielleicht auch russische Firmenvertreter sein, die uns ihre Angebote machen. Auch deutsche Firmenvertreter werden wieder den deutschen Film im Ausland anbieten, so wie es ehedem war, als die Fäden des Friedens auch den deutschen Film in alle Welt zogen.«[45]

Die vage Möglichkeit, mit russischen Firmen zu verhandeln, zerschlug sich, als die östlichen Besatzer 1948 als Reaktion auf die einseitige Wirtschaftshilfe für die westlichen Zonen den alliierten Kontrollrat demonstrativ verließen. Zuvor hatte der Monopolverleiher Sovexport für die sowjetische Besatzungszone im Austausch gegen eigene Filme nur ein schmales Kontingent westlicher Provenienz gestattet. Überläufer waren verständlicherweise nicht darunter gewesen, denn den Russen war deutlich bewußt, daß die Verwertung der angeeigneten Filmware nur im eigenen Herrschaftsbereich gestattet war. Indessen konstituierte sich in den Zentren der ehemaligen Bezirksverleiher ein dichtes Netz schneller Firmengründungen. Vor der nationalsozialistischen Verstaatlichung und Monopolisierung des Filmverleihs bestand ein vertraglich gerichtetes System territorialer Interessensphären. Ein Verleiher erwarb die Verwertungsrechte eines Films zeitlich begrenzt beispielsweise ausschließlich für den Norden Deutschlands. Dieses Prinzip des dezentralisierten Filmverleihs galt nach dem Krieg nur kurz und wurde mit der allmählichen Instandsetzung des Transportwesens und der Staatsgründung nach 1949 durch Monopolverträge abgelöst. Für den 1944 verbotenen Film *Jugendliebe* fühlten sich zum Beispiel folgende Verleiher verantwortlich: Atlantic-Filmverleih GmbH (Frankfurt), Cebe-Filmverleih (Berlin-West), Dafa-Filmverleih (München), Gustav Türck Filmvertrieb GmbH (Düsseldorf/Hamburg).

Die Amerikaner hatten ihr System der freien Marktwirtschaft

Fritz Kampers
in *Jugendliebe*

erfolgreich durchgesetzt. Folgerichtig gestatteten sie als erste Besatzungsmacht offiziell die Vermarktung des Ufa-Erbes und gaben den ihnen unterstellten Treuhändern entsprechende Vollmachten für »das Vermögen der UFA-Film GmbH und Tochtergesellschaften«. Die Briten und Franzosen zogen alsbald nach und beendeten damit die bis dahin übliche Praxis der Alliierten, die Überläufer je nach Besitz der Kopien als Eigentum zu betrachten.

Heute fällt es vielfach schwer, Ursache und Wirkung auseinanderzuhalten. Gaben die Militärzensoren 1949 so viele Filme frei, weil zu diesem Zeitpunkt zahlreiche Konzessionen an Verleihfirmen erteilt wurden, die »Stoff« brauchten, oder dauerte es einfach eine Weile, bis deutsche Kaufleute Interesse daran fanden, am Ufa-

Erbe zu partizipieren? Vielleicht kam es auch erst zu jener imposanten Gründungswelle von Verleihunternehmen, als die Zensur, ebenfalls 1949, in die Hand der Freiwilligen Selbstkontrolle der deutschen Filmwirtschaft (FSK) gelegt wurde?

Schorcht-Filmverleih gehörte zu den Firmen, die vom Treuhänder für das amerikanische Besatzungsgebiet die Erlaubnis erhalten hatten, Überläufer wie *Kreuzelschreiber*, *Dreimal Komödie* oder *Münchnerinnen* zu verwerten. Der Verleihvertrag vom 18. 10. 1949 war auf die Dauer von drei Jahren begrenzt. »Das Risiko der Freigabe durch die Militärregierung und das Risiko der Materialbeschaffung lag bei Schorchtfilm, wofür fast ein Jahr verloren ging.«[46]

Der Stuttgarter Emka-Verleih hatte sich schon ein Jahr zuvor die Rechte an zwei Filmen von Hans Schweikart gesichert. Nur en passant ging die *Neue Filmwoche* (Nr. 49/1948) auf die Herkunft der Überläufer *Frech und verliebt* und *Die Nacht der Zwölf* ein. »Sie lagen bei der Bavaria fertig vor, als die Amerikaner München besetzten, und sind nun vor einiger Zeit freigegeben worden. Wenn man sich erinnert, wieviel Sicherheit des filmischen Griffs Hans Schweikart sich schon in seinen vorausgehenden Lustspielfilmen erworben hatte, so wird man verstehen, daß die beiden neuen Schweikart-Filme eine besondere Bereicherung des gegenwärtigen Repertoires an deutschen Filmen darstellen.«

Auch der erste von der FSK geprüfte deutsche Film war ein Überläufer: *Intimitäten*. Die Genehmigung vom 18. Juli 1949 besagt jedoch nicht, daß der Streifen nicht zuvor gelaufen war. Unter der Überschrift »Intimitäten – wieder ›Uraufführung‹ eines älteren deutschen Films in Berlin« vermerkte die *Neue Filmwoche* (Nr. 10/1948) »Nach ›Via mala‹ ist mit ›Intimitäten‹ ein weiterer deutscher Film zur Uraufführung gekommen … Es entzieht sich unserer Kenntnis, wann und wo der Streifen nach dem Zusammenbruch aufgefunden wurde und welches Schicksal er hatte. Jedenfalls sind die Zeichen der Zeit nicht spurlos an ihm vorübergegangen, denn er schien nach der Fertigstellung recht ›mitgenommen‹ und abgespielt.«

Gretl Schörg und Viktor de Kowa in *Intimitäten*

Goebbels' Filmerbe hatte der bundesdeutschen Filmindustrie aus der Wiege geholfen. Denn nicht allein die Verleiher und Kinobesitzer verdienten am Leinwandzauber des Dritten Reiches. Die Gelder für die zeitweise Rechteübertragung liefen auf ein gesondertes Konto, das nachfolgend der deutschen Filmindustrie zugute kam. Die Überläufer paßten sich wie selbstverständlich in ein System des fließenden Übergangs ein, das neue Themen und Botschaften erwarten ließ und doch nur wieder im bewährten Ufa-Stil mündete. »Am Anfang standen somit nicht Visionen oder Ideen, stand weder die Phantasie noch die Leidenschaft des Erzählens – am Anfang der westdeutschen Filmindustrie stand großspurig-kleinherziger Krämergeist, stand eine umtriebige, dem Willen der Besatzungsbehörden gegenüber jederzeit devote Geschäftstüchtigkeit: ein ökonomistisches Branchenverständnis, das mit dem allgemeinen Ökonomismus des Überlebens ebenso im Bunde war wie mit jenem ökonomischen Gleichgewicht der Gefühle, das sich der Absage an die Schreckensbilder der gerade überstandenen Vergangenheit und der Verweigerung jeglicher Trauer verdankte.«[47]

Das große Geschäft

Filmaktiv mit neuen Filmen; DEFA auf unsicheren Füßen; erste Wochenschauen; *Die Fledermaus* als Startkapital; eine Million für die DEFA; die politisch korrekte Filmfirma; Auswertung der Beutefilme im In- und Ausland; ausstehende Gage für Paul Verhoeven; Austauschfilme; Klassenkampf und Konkurrenz; Zuspruch für vollendete Ufa-Filme; Autorenmangel; Ärger mit Willi Forst; Gewinne für die Bavaria

Die ostdeutsche Besatzungszone setzte sich mit dem Etikett »demokratisch« von den westlichen ab und strebte ungeachtet aller Wiedervereinigungsabsichten einen neuen und anderen Weg an. Der Film spielte wieder eine zentrale Rolle in der Massenbeeinflussung, doch diesmal mit verändertem Vorzeichen. Die Reden auf der ersten Zusammenkunft der Filmschaffenden im traditionsreichen Hotel Adlon am 22. November 1945 dokumentieren das gemeinsame Bemühen der Teilnehmer um Veränderung. Die Referenten sprachen sich unisono gegen Völkermord, Führerkult und Militarismus aus. In diesem Zusammenhang ging es natürlich auch gegen den »Ungeist der UFA-Traumwelt«. Nach vielen Jahren der Sprachlosigkeit konnte man sich endlich Luft machen und über die Arbeits- und Denkmethoden des ehemaligen Auftraggebers empören. Es war von »überzuckerter Operettentorte« und »Nazi-Pseudosozialismus« die Rede. Werner Hochbaum forderte: »Wir müssen weh tun, damit das alles von uns abfällt.«

Die Absicht war erkennbar, nur der Weg blieb verschwommen. So erhoben die Filmindividualisten die Ablehnung der gemeinsamen Vergangenheit zum Programm und hofften auf neue Arbeitsmöglichkeiten. Der Sammlungsaufruf des Filmaktivs hatte zwar

Hoffnungen geweckt, doch die sowjetischen Initiatoren kamen zwischen den Zeilen deutlich zum Ausdruck, und so blieb die Resonanz sehr verhalten. Dabei waren die ostdeutschen Behörden nicht kleinlich in der Beurteilung mehr oder minder belasteter Ufa-Mitarbeiter. »Am Anfang stand die loyale Zusammenarbeit mit allen demokratisch und humanistisch gesinnten Menschen«, erinnert sich Anton Ackermann, Sekretär für Kultur im ZK der KPD.

Anfang Februar 1946 stellte das Filmaktiv elf Spielfilmprojekte und einen Dokumentarfilm vor. Die thematische Bandbreite reichte »von der Adaption deutscher Klassik (Büchners ›Woyzeck‹) bis zur französischen Oper (Offenbachs ›Schöne Helena‹), von Tucholskys ›Rheinsberg‹ bis zur Gegenwartserzählung ›Die Wandlung des Joachim Borck‹ von Edmund Sabott und Friedrich Wolfs BVG-Film ›Kolonne Strupp‹ (einer der wenigen Originalstoffe), für den er damals noch selbst als Regisseur vorgeschlagen war; acht Filme befaßten sich mit Gegenwartsthemen, Ernstes und Heiteres hielten sich die Waage. Geplant war ein ›sehr moderner Kriminalfilm‹, eine von ›amerikanischem Beispiel inspirierte‹ politische, satirische Revue und schließlich ein Avantgarde-Film im Stil des deutschen Vor-Expressionismus.«[48]

Mit Werner Finck, Erich Kästner, Günther Weisenborn und Hedda Zinner fand das Filmaktiv unbelastete Filmautoren, die der Gnade der Zentralverwaltung für Volksbildung sicher sein durften. Denn das geschriebene Wort, die intendierte Aussage stand im Zentrum der behördlichen Aufmerksamkeit. Die nach Moskau emigrierte Führungsriege unterschied kulturtheoretisch zwischen Literatur und anderen Sparten der Kunst und setzte eindeutig Priorität. Friedrich Wolf benannte in einem Schreiben an Wolfgang Langhoff vom 27. Dezember 1945 das Hauptproblem: »Wir brauchen dringend: Exposés über zeitgemäße deutsche Thematik. – Gute Regisseure unsres Schlags.«

In der ersten Euphorie traten bekannte wie unerfahrene Regisseure mit schnellen Projekten an die Öffentlichkeit. Werner Hochbaum zum Beispiel wollte mit *Der Weg im Dunkeln* die Verbrechen in den Konzentrationslagern thematisieren, doch seine schwere Erkrankung und der frühe Tod am 15. April 1946 machten dieses Vorhaben zunichte. Materialknappheit und primitive Verhältnisse in den Ateliers ließen viele engagierte Projekte nicht über das Planungsstadium herauskommen. Die prominenten Schauspieler beobachteten die Entwicklungen aus der Ferne. Den Nachwuchs hatte der Krieg verschlungen.

In dieser desolaten Situation mußte das Filmaktiv handeln. Erforderlich war die Umstrukturierung in eine juristisch legitimierte Firma, denn nur über diesen formalen Akt konnten finanzielle Transaktionen abgewickelt werden. Trotz der sowjetischen Genehmigung zum Aufbau einer ostdeutschen Filmindustrie hatten Alfred Lindemann und seine Mannschaft mit dem Hunger zu kämpfen. Kurt Maetzig erinnert sich: »Ich sehe mich noch sitzen im Büro von Klering, und eines Tages sage ich: ›Du, es geht nicht mehr, sieh zu, wie Du ein Stück Butter herkriegst, sonst stehe ich von diesem Stuhl nicht mehr auf, ich kann einfach nicht mehr.‹ Und wir arbeiteten damals alle, das Filmaktiv (…) ohne Bezahlung, es gab noch kein Geld, aber essen mußte man eben.«[49] Die deutsche Zentralverwaltung appellierte derweil an den Enthusiasmus, und der Berliner Magistrat verwies auf die leeren Kassen, denn ohne Industrie gab es keine Steuereinnahmen. Kurz vor dem ersten Weihnachtsfest in Friedenszeiten verkaufte Lindemann auf Vermittlung des Kameramannes Reimar Kuntze eine Leica mit Teleobjektiv und eine wertvolle Armbanduhr für 38000 RM. Die ausstehenden Löhne für das Filmaktiv waren gesichert, und Lindemann konnte jedem Mitarbeiter sogar noch eine Festtagsgratifikation von 50 RM auszahlen.

Im Dezember 1945 tauchte in einigen Bittgesuchen an die SMAD schon die selbstgewählte Bezeichnung »Deutsche Filmgesellschaft – in Gründung« auf. Man wollte die erste Filmfirma in Deutschland werden – und nicht nur vom Entstehungsdatum her.

Doch mit der Umbenennung hatte Alfred Lindemann als designierter Geschäftsführer noch keine gesicherte Finanzgrundlage geschaffen. Der einzige seriöse Geschäftspartner war Sojusintorgkino, für den das Filmaktiv sowjetische Spielfilme synchronisiert hatte. Volkmann von der Zentralverwaltung meldete sich bei Major Dymschitz an und schilderte die Finanzmisere. »Ich fuhr hin und wurde gefragt: ›Genosse Volkmann, wir sind interessiert an einem Film über den Wiederaufbau Berlins, können Sie uns den herstellen lassen?‹ Ich sagte: ›Ja, natürlich, selbstverständlich.‹ Sie: ›Was würde uns das ungefähr kosten?‹ Ich hatte keine Ahnung, was ein Film kostete, ich wußte bloß, ich brauchte 200000 Mark im Moment. Ich sagte: ›200 000 Mark.‹ Gut, war akzeptiert. Es wurde auf einen Knopf gedrückt, etwas russisch gesagt, und dann kamen zwei Leute an mit einem Wäschekorb voller Geldscheine. Diese Geldscheine wurden gezählt (...) und dann in eine Aktentasche rein, die wurde rund wie ein Schweinchen, dann wurden zwei Bindfäden rumgebunden.«[50]

Volkmanns Erzählung endet mit dem lapidaren Satz: »Mit diesen 200000 Mark fanden wir den Anschluß an die eigene Finanzierung.« Doch in den zahlreichen Publikationen finden sich keinerlei Hinweise auf weitere Geldquellen. Im Februar 1946 entwickelte das ehemalige Filmaktiv das endgültige Kürzel »DEFA« als Geschäftsbezeichnung, wobei der letzte Buchstabe die Abkürzung für Aktiengesellschaft bedeuten sollte. Doch kein Gründungsmitglied hätte Kapital in irgendeiner Form aufbringen können.

Dabei drehte die DEFA bereits vor der offiziellen Lizenzübergabe am 17. Mai 1945 im Berliner Osten. In den gefluteten U-Bahn-Schächten erhellten die Scheinwerfer eine grausige Szenerie. In den letzten Kriegstagen hatte die Wehrmacht strategische Brükkenverbindungen gesprengt und den Wassereinbruch in das U-Bahn-Netz verursacht. Hunderte Flüchtlinge, die in den unterirdischen Bahnhöfen Schutz suchten, fanden ein qualvolles Ende. Friedrich Wolf hatte mit *Kolonne Strupp* eine Geschichte über den Kampf einiger Arbeiter der öffentlichen Verkehrsbetriebe BVG gegen den Krieg entworfen, und die DEFA wollte die authentische

Szenerie im Bild festhalten. Doch die ersten Aufnahmen mußten wegen Unstimmigkeiten mit dem Drehbuchautor abgebrochen werden (vgl. viertes Kapitel).

Ohne Firmenlogo und gesicherte Finanzierung wagte Kurt Maetzig bereits am 13. Januar 1946 den Sprung nach vorn und filmte als erste nachkriegsdeutsche Wochenschau den Boxkampf zwischen Eder und Przybalski im Berliner Friedrichstadtpalast. Unter dem programmatischen Motto »Sie sehen selbst, Sie hören selbst – Urteilen Sie selbst!« sahen die Berliner Kinogänger am 18. Februar den ersten *Augenzeugen* – zunächst monatlich ausgestrahlt. Die westlichen Alliierten verboten die Aufführung in ihren Besatzungszonen.

Für jede Wochenschau erhielt die DEFA 25000 RM von Sojusintorgkino, denn bei aller Monopolstellung innerhalb der ostdeutschen Anbieter blieben auch nach der offiziellen Firmengründung im Mai 1946 die Verwertungsrechte ausschließlich dem sowjetischen Verleiher vorbehalten. Mit den regelmäßigen Wochenschau-Aufträgen hatte sich die DEFA ein sicheres Standbein aufgebaut, doch Spielfilme ließen sich von dem knappen Honorar nicht finanzieren.

Trotzdem fiel elf Tage vor der Lizenzübergabe die Startklappe für den ersten deutschen Nachkriegsspielfilm *Die Mörder sind unter uns* (vgl. viertes Kapitel). Die sowjetischen Teilhaber der DEFA-GmbH hatten diesem Projekt zugestimmt und planten in klassenkämpferischer Verbundenheit bereits ein anderes Geschäft.

Bereits Ende 1945 bereitete das Filmaktiv heimlich und ohne Wissen der Sowjets die Fertigstellung unvollendeter Ufa-Filme vor. Volkmann von der Zentralverwaltung für Volksbildung war Mitwisser und offizieller Auftraggeber, denn an ihn ging am 4. 1. 1946 eine Rechnung über 20000 RM, die auch einen Posten von 5000 RM »für die Vorarbeiten der Fertigstellung der alten deutschen Filme« enthielt.[51]

Diese verdeckte Aktion erhielt unerwartet Schützenhilfe von der sowjetischen Seite. Mit einem Stapel von Filmbüchsen eröffnete

Oberst Galperin dem Filmaktiv den Einstieg ins Geschäftsleben. In Galperins Aufzeichnungen liest sich diese Begebenheit folgendermaßen: »Eines Tages kamen zwei Soldaten zu mir. Sie meldeten, daß sie in einem Bunker in Babelsberg Filme gefunden hatten (...) Man brachte eine Unmenge von Schachteln und Büchsen mit Negativmaterial. Was konnte das sein. Ich vermutete, es könnte sich um ›Die Fledermaus‹ handeln, die Geza von Bolvary noch in den letzten Tagen gedreht hatte. Dann holten wir eine Schnittmeisterin, die uns die Vermutung bestätigte. Aber der Film war nicht vollständig. Der größte Teil lag im Barrandov-Studio in der Tschechoslowakei. Die tschechische Seite gab ihn aber nicht heraus. Wir schickten einige Offiziere dort hin. Sie bekamen das Material ohne Schwierigkeiten. Dann übergaben wir den Film deutschen Fachleuten zur Bearbeitung.«[52]

Tatsächlich erhielt die DEFA am 18. und 20. März 1946 Vorauszahlungen in Höhe von 150000 RM für die »Fertigstellung des Films ›Fledermaus‹« und nachfolgend nochmals 130000 RM. Beide Seiten konnten mit dem Vertragabschluß mehr als zufrieden sein. Sojusintorgkino spielte mit dem vier Millionen Mark teuren Ufa-Film die fünffache Verleihsumme ein, und die DEFA finanzierte mit dem Goebbels-Erbe ihren Start. In Anbetracht des vorteilhaften Geschäftsabschlusses standen der DEFA goldene Zeiten bevor, denn nur wenige Eingeweihte wußten um die eigentliche Zukunftssicherung der ostdeutschen Produktionsfirma. Im Keller des Geschäftssitzes in der Krausenstraße hatte man einen von sowjetischen Räumkommandos übersehenen Tresorraum mit unvollendeten Ufa-Filmen entdeckt. Bis 1950 verdiente die DEFA an der Fertigstellung des Materials über eine Million Mark. In der Öffentlichkeit distanzierte sich die Filmfirma mit dem korrekten Profil von der Ufa-Vergangenheit und sorgte nebenbei für beachtliche Einnahmen. Im Werbematerial der *Fledermaus* tauchte die Firmenbezeichnung noch auf und sorgte in den Pressemitteilungen für unbeabsichtigte Irritationen. Es ist vom »ersten abendfüllenden Spielfilm« die Rede, »den die Defa in festlichem Rahmen

im Filmtheater Friedrichshain zur Uraufführung brachte«. Die Terra als eigentliche Produktionsfirma wird im Presseheft nicht erwähnt.

Die DEFA brachte zumindest im Werbetext zur *Fledermaus* eine juristisch abgesicherte Formulierung, und wenn Journalisten, die an dieser Stelle die Produktionsfirma erwarteten, einen falschen Zusammenhang herstellten, so hatte sich der Arbeitsaufwand doppelt gelohnt. »Der Film wurde von der DEFA für die Aufführung vorbereitet. Verleih: Sovexportfilm.«

Der eigentliche Ruhm für diese Sisyphusarbeit gebührt jedoch der Schnittmeisterin Alice Ludwig. Nach dem Krieg sollten Spielfilme in den ehemaligen Ufa-Ateliers für lange Zeit Zukunftsmusik sein, so daß die Arbeitskraft einer ausgebildeten Cutterin wertlos wurde. Von dieser trostlosen Perspektive ließ sich die energische Frau nicht entmutigen und ergriff die Initiative. »Mit einigen getreuen Helfern durchstöberte ich zunächst die Filmbunker in Babelsberg. Bei grimmiger Kälte, ohne genügende Beleuchtung, sichteten wir viele tausend Meter Negativ-und Positivstreifen, die in einem grotesken Durcheinander den Boden bedeckten. Durch Kriegseinwirkungen, Plünderungen und unsachgemäße Behandlung war ein wilder Wirrwarr entstanden. Die Bruchstücke von zahllosen alten und neuen, bekannten und noch nicht vorgeführten Spielfilmen ruhten unter Bergen von Dreck und Trümmern, sie hingen sogar in den Bäumen, lagen auf allen Wegen und ringsum auf den Dächern, wohin sie wohl durch den Luftdruck geschleudert worden waren. Drei Monate suchten wir so, nicht nur in Babelsberg, sondern auch in verschiedenen Kopieranstalten, überall in Berlin, in Köpenick, in Tempelhof, im Jagdschloß Stern usw. Endlich hatten wir so viel Material gefunden, daß ich an die Sichtung gehen konnte. Ich hätte die Arbeit nicht schaffen können, wenn ich nicht das Drehbuch nahezu auswendig beherrscht hätte.«[53]

Das fertige Produkt hatte mit 2700 Metern beileibe nicht normale Spielfilmlänge, aber man muß den Rekonstrukteuren hoch anrechnen, daß sie aus verschiedenen Schnittversionen und verschütteten Resten einen reizvollen Handlungsablauf zusammenpuzzelten.

Jede fehlende Sequenz hätte das Ende der mühseligen Arbeiten bedeuten können. Der Filmlaie kann nur annähernd den Jubel nachempfinden, den wenige Zelluloidmeter auslösen können. »In der ›Fledermaus‹ spielte Hans Brausewetter seine letzte Rolle«, erinnert sich Alice Ludwig. »Und gerade seine Gesangsaufnahmen fehlten mir bis zum Schluß. Sie blieben unauffindbar, bis ich ihnen durch einen Zufall auf die Spur kam. Beim Abspielen scheinbar nebensächlicher Tonstreifen hörte ich plötzlich meine eigene Stimme. Es waren einige unwesentliche Bemerkungen, irgendwann während der Aufnahmen in Prag gemacht, aber auf einmal entsann ich mich, daß sie zu einem Gespräch mit Hans Brausewetter gehörten, das unmittelbar vor seinen Gesangsaufnahmen stattgefunden hatte. Ich ließ das Band weiterlaufen, und siehe: da war, was ich suchte!«[54]

Der Farbfilm *Die Fledermaus* war der erste Spielfilm, der in deutscher Sprache in der SBZ gezeigt wurde. Gleichzeitig verkaufte Sovexport den Überläuferfilm auch in den Westen. Das finanzielle Engagement des russischen Verleihers wurde mit dem Urheberrecht des ehemaligen Produzenten gleichgesetzt. Bisher hatten sich die militärischen Sieger am Reichsfilmvermögen nur bedient und nur für die Synchronisation ihrer Filme bezahlt. Zum ersten Mal investierte eine ausländische Gesellschaft in ein deutsches Produkt und kooperierte mit deutschen Fachleuten, und dies bereits im Frühjahr 1946.

Der ungeheure Publikumserfolg, »noch einmal den Glanz und die Fülle einer unter Trümmern begrabenen ›Traumfabrikation‹ vorübergaukeln«[55] zu sehen, verlangte geradezu nach einem Nachfolgeprojekt. Doch die DEFA mußte diplomatisch vorgehen, denn Sovexport war trotz fehlender Machtbefugnis eine Siegerbehörde, und die Ufa-Filme standen der SMAD in fertiger und unfertiger Form als Beutegut gesetzlich zu. Die Funktionäre der DEFA konnten sich trotz guter Bande nach Karlshorst und gemeinsamen Gesellschaftervertrags keine Eigenmächtigkeiten erlauben. Das verheimlichte Ufa-Erbe war zunächst ein Zelluloidstapel ruhenden Kapitals, denn im Vordergrund der DEFA-Aktivitäten stand natürlich die Abgrenzung zur Ufa durch ein gegensätzliches Produktionsprofil.

Inhaltlich fühlten sich die linientreuen Geschäftsführer dem Antifaschismus verbunden und ließen in den neuen Filmen zarte Ansätze einer sozialistisch orientierten Weltanschauung anklingen. Dieses Firmenprogramm konnte der DEFA-Vorstand nur mit dem früheren Ufa-Stamm durchsetzen. Der Chefdramaturg Georg C. Klaren hatte allein 150 Drehbücher für den Ufi-Konzern gefertigt, und der anvisierte Erfolgsregisseur Hans Deppe war mit dreißig Unterhaltungsfilmen eine anerkannte Größe.

Mit dem Staudte-Opus *Die Mörder sind unter uns* setzte die DEFA weitreichende Signale. Der Film verdeutlicht die dramaturgische Ausrichtung der nächsten Jahre und zeugt auch von der finanziellen Potenz der ostdeutschen Firma, denn trotz aller Zuwendungen, die die Westberliner Ufa-Zentrale unter das Babelsberger Filmvolk streute, konnte die DEFA einen hochkarätigen Mitarbeiterstamm halten. Mitte Mai 1946 beschäftigte das Filmunternehmen bereits 500 Mitarbeiter. In der Konsolidierungsphase waren die politischen Auswahlkriterien der zukünftigen Mitarbeiter nicht allzu hoch angesetzt. Die Ergebnisse der Entnazifizierungskommission erlaubten trotz nachgewiesener nationalsozialistischer Betätigung eine Einstellung unter Vorbehalt. In einem Bericht an den Vorstand, Herrn Lindemann, vom 21.November 1946, bot Direktor Bergmann die Variante an, »dass wir in solchen zweifelhaften Fällen, in denen das Entnazifizierungsgesetz kein Verbot der Beschäftigung ausgesprochen hat, eine Beschäftigung nach vorhergehender Prüfung durch die Betriebsleitung unter Mitwirkung des Betriebsrates verantworten können«.[56]

Es ging nicht immer so reibungslos. Gegen die Wiedereinstellung des Kameramannes Reimar Kuntze, der wegen falscher Angaben im Fragebogen fristlos entlassen worden war, opponierte die Belegschaft mit einer öffentlichen Resolution. »Die Betriebsgruppe Johannisthal hält Reimar Kuntze für die DEFA für untragbar und erklärt, daß ein Zusammenarbeiten mit ihm in keiner Weise infrage kommt. Wir erklären, daß wir entschlossen sind, in jedem Fall, wo belastete Nazis in unserem Betrieb auftauchen, mit den schärfsten Mitteln, die uns zur Verfügung stehen, vorzugehen. Die Betriebsgruppe fordert von der Direktion die Nennung derjenigen Personen, die entgegen allen Beschlüssen der Alliierten und Erklärungen von Mitgliedern der Direktion immer wieder Nazis in einflußreiche Stellungen zu lancieren versuchen.«[57]

In einer Erklärung setzte sich der Regisseur Hans Deppe am 17. Dezember 1947 für den beschuldigten Kameramann ein.»Ich habe nie wahrgenommen, dass er sich aktiv im Sinne des Nationalsozialismus betätigt oder auch nur geäussert hat. Er schloss sich im Gegenteil der von mir oft geäusserten Kritik an den Massnahmen des dritten Reiches an und hat das von mir in ihn gesetzte Vertrauen niemals missbraucht. Seit einem Jahr ist mir erst die Tatsache seiner früheren Zugehörigkeit zur NSDAP durch seine eigene Mitteilung bekannt.«[58]

Denunziationen hatte es schon vor der Gründung der DEFA zahlreich gegeben. Die Technikabteilung spitzelte zum Beispiel die Film-Union als Konkurrent für sowjetische Synchronaufträge systematisch aus. Direktor Hölaas wurde im Schreiben vom 24. April 1946 als »aktiver Faschist« und der ehemalige Filmgeschäftsführer der Ufa, König, als »sehr befähigt, aber skrupellos« bezeichnet. Der ehemalige Sekretär von Wolfgang Liebeneiner, Bolz, war demnach ein »typischer Faschist. Karrieremacher. Fachlich unbedeutend«. Es folgte nur die kollektive Verurteilung des Konkurrenten. »Die Film-Union ist als Auffangfirma des ehemaligen Film-Konzerns der ›UFA‹ gedacht. Sämtliche Herren haben nun das Bestreben, über die russische Synchronisations-Arbeit wieder zur Produktion zu kommen, um somit Stufe für Stufe zu gewinnen und entsprechenden Einfluß.

Als Gruppe muss eine Mitarbeit der Film-Union abgelehnt werden.«[59]

Die Film-Union wurde kurz darauf von der SMAD aufgelöst und der Technikbestand der neu gegründeten DEFA überantwortet. Nach dem Protest der Ufa-Zentrale gab die DEFA ein unabhängiges Gutachten in Auftrag. Das Antwortschreiben des Notars Karl Kriegbaum vom 23. September 1946 sicherte die ostdeutsche Filmgesellschaft gegen Besitzrechte aus dem westlichen Stadtteil ab, denn die Film-Union hatte mit Duldung der SMAD die ehemalige Ufa-Technik genutzt. »Ansprüche der Ufa gegen die Film-Union sind nur dann gegeben, wenn die von der Film-Union genutzten Sachen noch im Eigentum oder Besitz der Ufa stehen bzw. zur Zeit der Nutzung standen.

In diesem Fall wären Ansprüche auf Grund der Eigentums- und Besitzverletzung sowie auf Grund ungerechtfertigter Bereicherung entstanden.

Die Ufa hat aber ihre Eigentums- und Besitzrechte in dem Augenblick verloren, als das gesamte Ufa-Gelände von der Roten Armee besetzt wurde.

Es muss heute als Kriegsrecht angesehen werden, dass alles von einer kämpfenden Truppe im Kriege eroberte Besitztum, soweit es nicht reiner Privatbesitz und ausserdem zu privater Benutzung bestimmt ist, Kriegsbeute des besetzenden Staates wird oder negativ ausgedrückt: Alles nicht rein private und rein privat genutzte Eigentum geht unter. Es entsteht neues Eigentum der besetzenden Macht.

Unbestreitbar war das Ufa-Vermögen reichsmittelbarer Besitz; die Ufa bediente sich zwar privatrechtlicher Institutionen, um tätig zu werden, tat dies aber nur, um den nazistischen Interessen des vergangenen Regimes umso mehr dienen zu können. Dies trat je länger je mehr in Erscheinung, bis die Ufa ein Propaganda- und damit Kriegsmittel wurde, die ihre Weisungen von Goebbels empfing.

Damit wurde die Ufa aber im Augenblick der Besetzung Kriegsbeute der Roten Armee. Der Film-Union sind also nicht Sachen der Ufa, sondern der Roten Armee übergeben worden. Die Ufa bzw. deren Treuhänder haben mithin auch keine Ansprüche gegen die Film-Union.«[60]

Diese Argumentation hatte grundsätzliche Bedeutung für den Umgang mit der Hinterlassenschaft des politisch belasteten Vorgängers. Es betraf nicht nur die bewegliche und immobile Firmenmasse des Ufi-Konzerns, sondern auch das Besitzrecht an den fertigen und unvollendeten Ufa-Filmen.

Die DEFA erhielt durch einen zehnjährigen Pachtvertrag die Tobis- und Althoff-Ateliers zugesprochen und bedankte sich dafür mit »52 Wahlfilmen für die SED, die der Partei unentgeltlich zur Verfügung gestellt wurden«.[61] Doch bald bemerkte der DEFA-Vorstand die Schattenseiten der unheiligen Allianz. Die Neuproduktionen durften nur über den Monopolverleiher Sovexport in die Kinos gehen. Ohne Abnahmegarantie war die DEFA auf das Wohlwollen des sowjetischen Geschäftspartners angewiesen. »Der Verleihbetrieb bestimmte nicht nur die Spieldauer der Filme in den Kinos, die Anzahl der herzustellenden Kopien und den Verkauf von Lizenzen, sondern diktierte auch Festpreise für die geplanten Vorhaben. Um die geforderten Gelder zu erhalten, hatte die DEFA der sowjetischen Seite das Drehbuch, die Dekorationsskizzen und die Besetzungsliste vorzulegen. Wenn nach Fertigstellung der Filme die Verleihfirma mit den Ergebnissen nicht zufrieden war, hatte sie die Möglichkeit, die Streifen zu verbieten bzw. die Premiere zu verschieben, bis die gewünschten Veränderungen vorgenommen waren oder Moskau die Freigabe der Filme erteilte.«[62]

Im November 1947 wurde die DEFA in eine Aktiengesellschaft umgewandelt. Die Zentralverwaltung für Volksbildung half den mittellosen Genossen mit einem Darlehen über vier Millionen Reichsmark aus. Nach der sowjetischen Drohung, das gesamte mobile Vermögen als Teil der Reparationsleistungen anzusehen, vergab der Vorstand die Aktienmehrheit mit 55 Prozent an die russische Seite. Andererseits gestattete die neue Rechtsform die Nutzung der Babelsberger Studios und den Aufbau eines eigenen Filmverleihs. Damit konnte man das System der Festpreise gegen flexiblere Verleihkonditionen ablösen, denn die DEFA verlor durch diesen Abrechnungsmodus zwischen Mai 1946 und Oktober 1947 allein für das Territorium der SBZ einen Gewinn von etwa 5,1 Millionen RM.

In politischer Hinsicht herrschte zwischen den Vertragspartnern Sovexport und DEFA Harmonie, doch in ökonomischer Hinsicht ging es sehr kapitalistisch zu. Sovexport nutzte die Monopolstellung für unseriöse Geschäftsabschlüsse. Private Kinobesitzer beschwerten sich bei ihren Landesregierungen über erpresserische

Szene aus *Ohm Krüger*

Fünfjahresverträge, die ihnen Sovexport unter Androhung von Lizenzentzug abverlangte.

Mit den Ufa-Überläufern hatten die sowjetischen Genossen keine ideologischen Probleme. Anonym und ohne Signet der jeweiligen Produktionsfirma startete Sovexport die Erinnerungsstücke aus Goebbels' Glasmenagerie in unbedeutenden Kinos und baute die Überläufer fließend in das Verleihprogramm ein.

Für den Einsatz in den Kinos der fernen Sowjetunion erließ das Zentralkomitee der KPdSU in einem streng geheimen Protokoll eine gesonderte Order. Fünfzig Filme aus dem sogenannten Beutefonds wurden dem Filmministerium zur weiteren Verwertung überantwortet. »Das Filmministerium der UdSSR (Gen. Bolschakow) ist verpflichtet, dem Staat im Laufe der Jahre 1948/49 aus dem Einsatz der ausländischen Filme in öffentlichen und geschlossenen Vorführungen einen Reinerlös von nicht weniger als 750 000 000 Rubel zu erbringen, darunter 250 000 000 aus dem Filmverleih der Gewerkschaft.«[63]

Neben reinen Unterhaltungsfilmen konnte das sowjetische Kinopublikum den antibritischen Hetzfilm *Ohm Krüger* sehen, der von der alliierten Kontrollbehörde sofort verboten worden war. Für interne Vorführungen wurde sogar der bekannteste Propagandafilm, *Jud Süß*, zugelassen. Daneben nimmt sich die Einverleibung der amerikanischen und europäischen Filmklassiker aus dem Reichsfilmarchiv wie ein Dummerjungenstreich aus. Mancher Ufa-Film wurde sogar in den Gefangenenlagern für politische Häftlinge vorgeführt. »Nach dem Krieg zeigte uns die Lagerverwaltung als Belohnung manchmal Filme. Gemacht wurde das, um unseren Arbeitselan zu steigern, doch es klappte nicht so recht, meist waren es die Beutefilme ›Die Frau meiner Träume‹, ›Sun Valey Serenade‹.«[64]

Unter Punkt 7 des geheimen Protokolls heißt es: »Das Filmministerium wird bevollmächtigt, im Jahr 1948 folgende erbeutete Musikfilme aus Deutschland zu zeigen: Zauber der Bohème, Die Fledermaus …«[65]

Hätten die DEFA-Chefs um diesen Raubritterjargon gewußt, wären die verdächtigen Ufa-Rollen vielleicht im Tresor geblieben. Doch zu sehr lockte das Geschäft mit dem unfertigen Material, und der selbstverständliche Umgang der Russen mit den »Beutefilmen« dürfte manchen Rest seriösen Geschäftsgebarens überlagert haben. Wolfgang Harkenthal als ehemaliger Mitarbeiter von Sovexport erinnert sich: »Die sowjetische Besatzungsarmee hatte etwa 90 Kinos, meist UFA-Besitz requiriert ... Natürlich brachten diese Kinos auch erhebliche Einnahmen, denn sie zeigten nicht nur sowjetische Filme, die, bis auf wenige Ausnahmen, nicht sehr hoch in der Gunst des Publikums standen, sondern auch alte deutsche Filme, die politisch unbedenklich waren, von denen sich Kopien fanden oder die aus dem ebenfalls unter sowjetischer Regie stehenden ehemaligen Reichsfilmarchiv entnommen wurden.«[66]

Der DEFA-Vorstand wagte Anfang 1947 eine zaghafte Andeutung gegenüber dem sowjetischen Verleiher und bot die technische Vollendung des Tobis-Farbfilms *Das kleine Hofkonzert* an. Dieses unverfängliche Verwirrspiel um Liebe, Leid und Tralala war von ähnlicher Machart wie *Die Fledermaus*, und in den Verhandlungen hoffte man auf Konditionen wie beim ersten Projekt. Zwar erhielt die DEFA mit knapp 130000 RM nicht einmal die Hälfte des erwarteten Betrages, aber man durfte zumindest auf weitere Geschäfte hoffen.

Das kleine Hofkonzert wurde zum Fangeisen für die doppelgesichtige Filmgesellschaft. Aus unerwarteter Ecke tauchte ein grundsätzliches Problem auf. Am 14. April 1948 erhielt der DEFA-Vorstand die schriftliche Anfrage des damaligen Regisseurs und amtierenden Intendanten des Bayerischen Staatsschauspiels, Paul Verhoeven, »ob Sie sich als Rechtsnachfolgerin der Tobis in Bezug auf den Farbfilm ›DAS KLEINE HOFKONZERT‹ auch für die Außenstände dieses Films verantwortlich halten«.[67]

Sechs Tage später versuchte Hans Klering mit einem sachlichen Schreiben, die Angelegenheit zu entschärfen. »Die Defa ist nicht Rechtsnachfolgerin der Tobis. Das Vermögen der Tobis-Filmkunst GmbH ist vielmehr als Reparationsleistung in Anspruch genommen worden. Nach den Übergabebestimmungen ist eine durch den Magistrat der Stadt Berlin zu bildende Liquidations-Kommission für die Abwicklung der alten Forderungen und Schulden einzusetzen.«[68]

Die Angelegenheit schien vergessen und der Querulant zum Schweigen gebracht. Doch anderthalb Jahre später setzte Verhoeven zu einem empfindlichen Rundumschlag im Osten an. Mit Post vom 30. Oktober 1949 informierte er den Geschäftsführer Dr. Wilkening und gleichzeitig den Chefdramaturgen Dr. Falk Harnack über seine Schreiben an Sovexport und die Linsa AG (sowjetische Filmgesellschaft zur Verwaltung der Besitztümer ehemaliger Ufa-Betriebe). Darin meinte Verhoeven mit dem Hinweis auf die zukünftige Zusammenarbeit seinen Trumpf ausspielen zu können. »Ich bin überzeugt, dass ein künstlerischer Erfolg des Films ›Das kleine Hofkonzert‹ dem für die DEFA in Aussicht genommenen Film ›Das kalte Herz‹ zuwächst und glaube, dass ich Ihre Unterstützung in meinen Bemühungen um die Schaffung einer künstlerisch einwandfreien Fassung des Films ›Das kleine Hofkonzert‹ finden werde.«[69]

Verhoeven war von der Schnittversion der DEFA zutiefst enttäuscht und sah sich als Autor und Regisseur des Films in seinen künstlerischen Intentionen verkannt. Er schlug die grundsätzliche Überarbeitung des Negativs und die Verwertung des Tobis-Vorhabens in den Westzonen durch seine Filmgesellschaft vor.

Die sowjetischen Stellen machten sich nicht die Mühe einer schriftlichen Reaktion und beauftragten die DEFA mit dem lapidaren Mehrzeiler: »Aufgrund Ihres Briefes vom 30. 10. 49 habe ich mit Herrn Ussolzew gesprochen. Herr Ussolzew sieht leider keine Möglichkeit, noch etwas zu ändern, da der Film bereits im Einsatz und sämtliche Kopien gezogen sind.

Für die Westzonen ist Sovexport ebenso wie wir darauf angewiesen, einen Filmaustausch vorzunehmen. Es käme also nur in Frage, dass Sie in dieser Richtung mit der Sovexportfilm verhandeln. Bei dieser Gelegenheit könnte dann gegebenenfalls die Frage des Umschneidens berücksichtigt werden.«[70]

Dr. Wilkening machte zumindestens auf einen interessanten Umstand aufmerksam. Bislang hatte Sovexport die sogenannten Beutefilme ausschließlich in der sowjetisch besetzten Zone angeboten und die Westzonen ausgeklammert. Auf die von der DEFA vollendeten Ufa-Filme nun glaubte die Verleihfirma ein legitimes Recht zu besitzen und sie behandeln zu dürfen wie DEFA-Produktionen. Die gängige Praxis im Verhältnis zwischen den alliierten Besatzungszonen war ein Austausch von Filmen im Verhältnis 1:1. »Die Militärregierungen bestimmten, daß jeweils ein Film aus einer Besatzungszone gegen einen Film aus der anderen Besatzungszone ›getauscht‹ werden durfte: das hieß konkret, daß die jeweiligen Filme dem Partner zur Auswertung in ›seiner‹ Zone ohne gegenseitige Verrechnungen überlassen wurden ... In der Zeit von 1948 bis 1951 kamen in der SBZ/DDR insgesamt 24 westdeutsche Filme in die Kinos, in den Westzonen/BRD waren es 18 DEFA-Spielfilme ... Für die westlichen Filmproduzenten, die durchweg sehr kapitalschwach waren, bedeutete der Filmaustausch – vor allem in der ersten Zeit nach der Währungsreform (20. Juni 1948) – eine entscheidende ökonomische Hilfe.«[71]

Im Juli 1951 verbot die Regierung der Bundesrepublik Deutschland die Einfuhr aller DEFA-Filme. Zuvor hatten einige Verleiher bereits das Signum des ostdeutschen Klassenfeindes im Vorspann entfernen lassen.

Den im gleichen Jahr konstituierten Progress-Filmverleih wird die rigide Entscheidung enttäuscht haben. Neben DEFA-Filmen gedachte man auch Überläufer (z. B. *Moselfahrt mit Monika*) in den Westen zu »exportieren«. Direktor Lindemann betonte indes die brüderliche Zusammenarbeit zwischen DEFA und Sovexport und lehnte »reinkapitalistische Grundlagen« zwischen den politischen Bundesgenossen ab. Doch in der Folgezeit häuften sich die Probleme aufgrund der laxen Zahlungsmoral des russischen Abnehmers. »Seit einer Woche versuche ich, von Sovexport Geld zu bekommen. Leider ist es mir bis heute nicht gelungen. Entweder fehlt angeblich der Lieferschein oder die Rechnungen müssen geprüft werden. Ausserdem werden plötzlich zwei Posten, die wiederholt besprochen waren, wegen Nichtzuständigkeit nicht ausgezahlt.«[72]

Mit dem eigenständigen Filmverleih entfielen die zeitrauben-

Progress präsentiert …

den Mahnungen. Doch nun wurden die fertiggestellten Ufa-Filme zum Problem: Die unbequemen Konkurrenten verdrängten die eigenen DEFA-Produkte aus den Kinoprogrammen. Auf einer internen Tagung vom 8. August 1949 äußerte sich der Verleihchef Lippmann nach einer Kritik an dem westdeutschen Austauschfilm *Herzkönig* unverhohlen aggressiv gegenüber dem russischen Konkurrenten. »Sovexport bringt auch nicht nur erstklassige Filme heraus, z.B. ›Das singende Haus‹. Dem Inhalt dieses Films ist unser Film ›Herzkönig‹ sicher gewachsen. Wir wissen, daß die Qualität der westlichen Filme nicht gut ist. Wir müssen jedoch leider diese

Austauschfilme nehmen, damit unsere Filme im Westen laufen.«[73]

Auf die Frage des Leipziger Filialleiters Weimann, ob die alten DEFA- und sogar Ufa-Filme nicht ins Programm aufgenommen werden könnten, antwortete Herr Lösche von der Berliner Zentrale zunehmend ungehalten. »Die alten DEFA-Filme (vor ›Und wieder 48‹) in unseren Verleih zu übernehmen, ist nicht möglich; die alten deutschen Filme wollen wir am liebsten ganz abschieben.«[74]

Im Geschäftsbericht der Berliner Filiale beklagte man die unseriösen Geschäftspraktiken des russischen Verleihers und kritisierte die politische Unreife der Kinobesitzer wie des Publikums überhaupt. »Da im Sovexport-Vertrag vorgesehen war, daß wir für diesen Bezirk sofort Verträge tätigen können, wurden diese Vertragsabschlüsse mit den Kunden auch sofort in Angriff genommen. Erfreulich war hierbei festzustellen, daß die Kunden mit äußerster Bereitwilligkeit uns entgegenkamen und die von uns vorgetragenen Wünsche bezüglich der Abschlüsse erfüllten. Nach einmonatiger Tätigkeit hörte aber diese Bereitwilligkeit auf, als Sovexport plötzlich dazu überging, alte deutsche Filme in erheblichem Maße auf den Markt zu bringen. Während vordem die Kunden auf telefonischen Anruf hin zu uns kamen, mussten wir uns bemühen, durch persönliche Besuche die noch vorhandenen Lücken zu füllen ... Die Theaterleiter sind heute noch vielfach der Meinung, daß ihre Aufgabe nur darin besteht, die Filme schlechthin vorzuführen ohne nach den Ursachen zu forschen, warum gerade sehr häufig fortschrittliche Filme (ob russisch oder DEFA) vom Publikum abgelehnt werden. Dabei gehen sie in ihrer Toleranz sogar so weit, daß sie nicht nur nichts dagegen tun, sondern sogar noch auf die Produktion mitschimpfen. Nur diesem Umstand ist es mit zuzuschreiben, daß die alten Beutefilme sehr häufig auf den Spielplan der Theater kommen und auch sehr gern gebracht werden.«[75]

Herr Latuske von Sovexport bemühte sich um Schadensbegrenzung und beschwor nach oberflächlichen Floskeln das gemeinsame Ziel. »Wir setzen die Austauschfilme so ein, wie es sich gerade ergibt. Es kann gut vorkommen, daß die Filme in Erstaufführungs-

Theatern eingesetzt werden, jedoch ein Anspruch besteht weder bei unseren Austauschfilmen noch bei Ihren. Das gleiche gilt auch für unsere Beutefilme.

Wir dürfen uns bei dem Einsatz der Filme nicht leiten lassen von dem Gedanken der Umsätze. In 1. Linie kommt der politische Einsatz. Die Filme müssen so plaziert werden, wie sie politisch wertvoll sind ... Die Leute in den Westzonen müssen sehen, hier wird eine Filmwirtschaft aufgebaut, die großartig ist.«[76]

Bis 1951 holte die DEFA noch 16 Überbleibsel aus der überwundenen Vergangenheit ans Tageslicht und verringerte für verhältnismäßig lächerliche Summen das Einspielergebnis ihrer eigenen Filme. Auf die knapp 6000 DM für *Rätsel der Nacht* etwa hätte die DEFA vielleicht besser verzichtet, denn auf jede Ausgrabung verschollener Ufi-Streifen reagierte die westliche Fachpresse mit beißendem Hohn. »Wieder einmal hat Sovexport in aller Heimlichkeit einen alten deutschen Film anlaufen lassen, dessen Kopien man längst verbrannt oder verschüttet wähnte. Jetzt zeigte sich, daß die DEFA Herr des Streifens geworden war und ihn ›fertigstellte‹, so daß er nunmehr in das Programm der Filmtheater in der sowjetischen Zone ›eingeschmuggelt‹ werden konnte. Auch in Berlin lief er verschwiegen in einigen kleinen Theatern an.«[77]

Pikanterweise versuchte die DEFA mit ihren selbstgefertigten Konkurrenten den mangelnden Zuspruch ihrer Eigenproduktionen zu begründen. Die DEFA-Filme konnten nicht schlecht sein, nur war eben das Publikum für die neuen Inhalte noch nicht reif. Da sich die ostdeutschen Kinogänger nicht austauschen ließen, mußte man sich auf neue, publikumswirksame Drehbücher konzentrieren.

Nach parteiinternen Auseinandersetzungen machte der DEFA-Vorstand für mißlungene Filme die Autoren verantwortlich. Doch trotz aller Resolutionen und dramaturgischen Vorgaben verharrte die gesamtdeutsche Filmproduktion bis Mitte der 50er Jahre im alten Ufa-Stil. »Die Autoren und Regisseure, die für den deutschen Nachkriegsfilm verantwortlich zeichnen, waren nahezu ausnahmslos bereits vor Kriegsende in der Filmproduktion tätig gewesen. Sie orientierten sich demzufolge bei ihrem Nachkriegsschaffen vorwiegend an den traditionellen Qualitätsmaßstäben des deutschen Unterhaltungsfilms der 30er und 40er Jahre, strebten nach möglichst umfassender technischer Perfektion und nach einem aus dem Gefühlsappell erwachsenden emotionalen Engagement des Zuschauers. Nur wenige Filmschöpfer konnten sich von diesem Hang zur Tradition frei machen und dem Betrachter Einsichten und Erkenntnisse über reale und zeitgebundene Erscheinungen aus verschiedenen Lebensbereichen vermitteln ... Abgesehen von den fünf DEFA-Filmen mit Relevanz im Hinblick auf die kommunistische Weltanschauung gibt es in ideeller und thematischer Hinsicht zwischen den in den Westzonen oder Westsektoren Berlins gedrehten Filmen und den DEFA-Produktionen keine wesentlichen Unterschiede.«[78]

Nach eindeutigen Vorgaben des Hauptaktionärs SED befand sich die DEFA-Leitung in einer Zwangslage, die sie allerdings selbst mitzuverantworten hatte. Durch die Endfertigung unvollendeter Ufa-Filme hatte man den geschmacksbildenden Filmstil in die neue Zeit transportiert und den Weg zu neuen, richtungweisenden Inhalten und Gestaltungsweisen blockiert. Die Partei verlangte nicht nur humanistisch orientierte Filmstoffe, wie *Ehe im Schatten*, sondern dem Aufbau eines sozialistischen Deutschlands dienende Filmleistungen. »Die von der SED am Ende der 40er und zu Beginn der 50er Jahre verordnete Themenbeschränkung bedingte einen rapiden Rückgang an Drehbuchautoren und Regisseuren. Auf der Parteiebene wurde allerdings nur der Autorenmangel beklagt. So ist in einem Brief vom Februar 1950 an das Politbüro nachzulesen: ›Die Versuche, Autoren für die DEFA zu gewinnen, sind im allgemeinen gescheitert.‹ Am Ende des Jahres hieß es in einem Schreiben an alle führenden Partei- und Staatsfunktionäre: ›Seit Monaten wird die Produktionskapazität zu 2/3 nicht ausgelastet, da die DEFA als produktionsbestimmende Institution bei der Auftragserteilung an das Kinostudio versagte.«[79]

Die auf 1600 Mitarbeiter angewachsene Filmfirma füllte das Vakuum mit unaufwendigen Filmprojekten. Wieder half das Ufa-Erbe aus der wirtschaftlichen Misere heraus. Regisseur Staudte bot die Neuverfilmung des Tobis-Filmstoffes *Der Mann, dem man den Namen stahl* an, den er im Frühjahr 1945 zwar abgedreht hatte, aber nicht mehr in die Kinos bringen konnte. Der DEFA-Vorstand erhoffte sich mit der Neuinszenierung der Originalversion größere Einnahmen als mit der Vollendung des alten Materials für Sovexport (vgl. viertes Kapitel).

In der gleichen Zeit entstand auch die Idee, den unvollendeten Terra-Film von Helmut Weiß *Sag endlich ja* in eigener Fassung herauszubringen. Kurt Maetzig begründete diesen dramaturgischen Ausrutscher im DEFA-Programm mit äußeren Zwängen und bedauerte in dem Schreiben an den sowjetischen Berater der DEFA, Igor Tschekin, daß man die gängige Verleihpraxis von Sovexport nicht kopieren konnte. »Der Film ›Träum' nicht, Annette‹, der wohl der schlechteste der unter der DEFA-Marke herausgekommenen Filme ist, ist im Jahr 1948 entstanden und, soweit ich mich entsinne, überhaupt erst 1949 aufgeführt worden. Dieser Film geht auch nur aus einem unglücklichen Grund unter der DEFA-Marke; denn eigentlich ist es ein alter deutscher Film, vor der Kapitulation gedreht, zu dem die DEFA nur Ergänzungsaufnahmen gemacht hat. Die bereits vor der Kapitulation fertiggestellten Filmteile wurden für 300 000 Mark von der Firma Sowexport-Film erworben und von der DEFA deshalb fertiggestellt, weil sie einen Vertrag mit der Schauspielerin Frau Jugo hatte, der sie zur Zahlung einer sehr hohen Gage verpflichtete, und da kein geeignetes neues Drehbuch für Frau Jugo vorhanden war, entschlossen sich alle beteiligten Stellen, durchaus unter Berücksichtigung der Schwäche dieses Films ›Träum nicht, Annette‹, diesen alten deutschen Film mit ihr fertigzustellen.

Schon damals habe ich angeregt, den Film nicht unter der DEFA-Marke, sondern anonym zu starten, so wie es Sowexport-Film heute noch tut mit den Dutzenden von Filmen alter deutscher Produktion, welche Sowexport-Film laufend in Deutschland zeigt.«[80]

Allerdings hat sich nicht nur die DEFA des Ufa-Erbes bedient. Nach der Privatisierung der Bavaria im Jahr 1956 kamen aus den Schnitträumen in Geiselgasteig insgesamt sechs alte Produktionen in die Kinos. Sicherheitshalber wurden einige Titel geändert, wie etwa *Geld ins Haus* in *Der Millionär*. Über die formelle Rechteübertragung des reichsmittelbaren Filmbestandes auf die neuformierte Produktionsgesellschaft ist nichts bekannt. Noch vor der formellen Gründung der Nachkriegs-Bavaria bediente sich die Münchner Witt-Film des alten Bavaria-Stoff *Der blaue Strohhut*. Viktor Tourjansky hatte den Film mit Johannes Heesters, Elfie Mayerhofer und Ferdinand Marian geplant und brachte ihn 1949 mit Karl Schönböck und Margot Hielscher heraus. Auch Paul Verhoeven verwandte den alten Tobis-Stoff *Du bist nicht allein*, der 1949 in München produziert wurde. Mit *Am Brunnen vor dem Tore* verfilmte Hans Wolff ein weiteres Tobis-Drehbuch.

Der Vollständigkeit halber seien auch die weniger bedeutenden Filmgesellschaften genannt, die mit einzelnen Titeln in der Nachkriegszeit auftauchten. Der Wiener Regisseur Dr. Hans Haß beendete 1949 seinen dokumentaren Expeditionsfilm *Menschen unter Haien* in eigener Verantwortung. Die Regisseurin Leni Riefenstahl, berühmt-berüchtigt für ihre Olympia- und Parteitagsfilme, versuchte sich mit der Bearbeitung der Oper *Tiefland* von Eugen d'Albert an einem Spielfilm. »Die Arbeiten an dem Film, mit dessen Aufnahmen am 1. August 1940 bei Mittenwald begonnen wurde, zogen sich infolge mehrmaliger Unterbrechung über $4^1/_2$ Jahre hin. Die letzten Aufnahmen des Films wurden Ende 1944 in den Barrandow-Ateliers in Prag gedreht.«[81] Frau Riefenstahl hatte für die schleppende Endfertigung alle erdenkliche Unterstützung der Ufi und des Reichspropagandaministeriums erhalten. Noch am 26. März 1945 wurde der Tonmeister Hermann Storr beauftragt, eine Tonaufnahme-Kofferapparatur in das ferne Kitzbühel zu transportieren. Doch erst neun Jahre später brachte der Allianz-Verleih den Film in die bundesdeutschen Kinos. Willi Forst hatte 1944 den Farbfilm *Wiener Mädeln* als Auftragsarbeit für die Wien-Film begonnen und versuchte nach der Kapitulation, die abgedrehten Filmmaterialien zusammenzufügen. Das österreichische Bundesministerium für Vermögenssicherung beauftragte den selbständigen Filmemacher mit der Endfertigung des übereigneten Farbnegativs, das sich im Laufe der Sichtungsarbeiten jedoch als unvollständig herausstellte. Willi Forst wandte sich als Rechteinhaber des Films an die sowjetischen Behörden in Wien und Berlin, um die in Prag und Berlin lagernden Negative im Austausch für eine siebenjährige Auswertungsübertragung zu erhalten. Selbstverständlich sollte die

Forst-Film GmbH mit der Endfertigung beauftragt und honoriert werden. Sovexport dagegen brachte mit der bewährten Hilfe der DEFA eine nicht autorisierte Schnittfassung heraus, zog diese aber nach einer gütlichen Einigung mit Forst und viermonatiger Spielzeit zurück. In den Westzonen und Österreich wurde nur die autorisierte Fassung des Regisseurs zugelassen.

Offiziell vermied es die DEFA, mit den undurchsichtigen Rechtsverhältnissen in Zusammenhang gebracht zu werden. Sie verstand die technische Endfertigung als rein marginale Serviceleistung, die mit dem eigenen Produktionsprofil nichts zu tun hatte. Wie aus den Worten des Präsidenten der Zentralverwaltung für Volksbildung Paul Wandel hervorgeht, strebte die DEFA nach höheren Werten. »Der Film muß heute Antwort geben auf alle Lebensfragen unseres Volkes. (...) Er darf nicht mehr Opium des Vergessens sein, sondern soll den breiten Schichten unseres Volkes Kraft, Mut, Lebenswillen und Lebensfreude spenden. Vor allem muß das Filmschaffen getragen sein von innerer Ehrlichkeit, die die Wahrheit sucht, die Wahrheit verkündet und das Gewissen wachrüttelt.«[82] Die ostdeutschen Filmemacher suchten ihren Weg zwischen aufklärerischen Idealen und realen Alltagsnöten. Mit Hilfe der unvollendeten Ufa-Filme finanzierte die DEFA streng auf Linie ihren Start. Es war der Übergang von einer politischen Indoktrination in die nächste.

Durch die Verbreitung des Ufa-Erbes transportierte die DEFA die inhärente Botschaft eines menschenverachtenden Regimes in die neue Zeit. Doppelzüngigkeit? Die Bavaria in Westdeutschland hingegen versuchte gar nicht erst, das einträgliche Ufi-Geschäft hinter kraftvollen Parolen zu verstecken.

Man hätte auf den Kritiker des Films *Träum nicht, Annette* hören sollen: »Laßt totes Kapital tot sein und macht es nicht mit vollen Kassen lebendig, wenn es moralisch keine Zinsen tragen kann. Es rächt sich, genau wie der falsche Gedanke, daß man den Überschuß der schlechten Filme brauche, um mit ihm gute herstellen zu können.«[83]

VIERTES KAPITEL

Filme ohne Ende

Lex Ufi; die komplizierte Entflechtung; Deutsche Bank und Bertelsmann als Nutznießer; Gewinn trotz Schulden; der große Ausverkauf; das Ufa-Erbe bleibt im Land; Murnau-Stiftung

Fünf Jahre nach der Gründung der beiden deutschen Staaten trafen sich zwei Herren im idyllischen Bad Wiessee. Der in Vergessenheit geratene Ludwig Klitzsch war Gründungsmitglied und Generaldirektor der Ufa gewesen und hatte damals den neuen Filmkonzern nach amerikanischem Muster umstrukturiert. Ihm gegenüber saß Arno Hauke, der neue Chef der eigentlich dezentralisierten und zerschlagenen Ufa. Nach den Motiven für seine Reanimationsversuche befragt, antwortete Hauke entwaffnend naiv: »Ich gehe gern ins Kino.«

Arno Hauke war nach dem Krieg durch eine ungewöhnliche Fleißarbeit aufgefallen. Akribisch hatte er das Reichsfilmvermögen für die britische Besatzungszone aufgelistet, inklusive konkreter Zahlen. Mit der ausgelagerten Ufa-Verwaltungszentrale in Vlotho und dem profilierungsbereiten Major William Auten als verantwortlichem Filmoffizier der Information Control Film Section standen dem jungen Mann optimale Voraussetzungen zur Verfügung. Mehr als seine parallel arbeitenden Revisorkollegen sah Hauke im intelligent verzweigten Ufa-Imperium ein faszinierendes Labyrinth, das es zu erkunden galt. Mit ungewöhnlichem Enthusiasmus durchstöberte er alte Bilanzen und Grundbucheintragungen, überprüfte die vorhandenen Werte und machte sich mit seinem Überblick zum Ansprechpartner in allen Fragen der offiziell angedachten Liquidierung des Gesamtkomplexes Ufi. Denn die Amerikaner und Engländer hatten mit dem Gesetz Nr. 24 (Lex

Ufi) vom September 1949 den Verkauf des Ufi-Vermögens in der Bizone vorgeschrieben und dieses Bestreben ein Jahr später mit dem Gesetz Nr. 32 nochmals untermauert.

Die Fachleute im Dezentralisierungsausschuß erkannten die Sinnlosigkeit dieses Unterfangens. Der Reichsbeauftragte für die deutsche Filmwirtschaft Winkler hatte nicht nur die fünf reichsmittelbaren Produktionsfirmen in die Ufa Filmkunst GmbH (Ufi) gepreßt, sondern um dieses Gerüst eine Kinokette, Immobilien, Musikverlage, Kopierwerke und Handelsgesellschaften geschlungen. Dieses komplizierte Konstrukt konnten nur absolute Wirtschaftsexperten durchschauen oder gar entwirren. Die erste Bundesregierung beauftragte den als unbelastet geltenden Winkler mit der Entflechtung seines Lebenswerkes und achtete geflissentlich darauf, daß er nicht zu forsch zur Tat schritt. Die eindeutigen Forderungen der Alliierten, das beschlagnahmte Filmvermögen innerhalb von 18 Monaten an den Meistbietenden zu verkaufen, wobei niemand mehr als ein Studio oder drei Kinos erwerben sollte, werden durch juristische Schlupflöcher in der deutschen Lex Ufi (»Gesetz zur Abwicklung und Entflechtung des reichseigenen Filmvermögens« vom Juli 1952) entschärft. Eine von den Alliierten Ende 1950 anberaumte Auktion von Filmnegativen und Kopien war zur peinlichen Veranstaltung gediehen, da potentiellen Käufern mit späteren Restitutionsforderungen gedroht wurde.

Arno Hauke avancierte derweil zum alleinunterzeichnenden Geschäftsführer und arbeitete mit raffinierten Grundstücksmanipulationen an seiner und der Ufa-Zukunft. Mit dem geknüpften Draht nach Bonn ließ sich der Passus, daß weder Bund noch Länder, Körperschaften oder politische Parteien Anteile des Ufi-Komplexes erwerben dürften, insofern umgehen, als Bankgesellschaften mit Bundesbeteiligung von dieser Regelung ausgenommen blieben. Wie schon zur Ufa-Gründung 1917 übernahm auch vier Jahrzehnte später die Deutsche Bank wieder die Anteilsmehrheit über die neugegründete Universum Film AG, die Ufa-Theater AG und die Bavaria Filmkunst für einen symbolischen Preis, obwohl weitaus höhere Angebote vorlagen. Der CDU-Bundestagsabgeordnete und Vorsitzende des Abwicklungsausschusses, Rudolf Vogel, setzte sich bewußt über das von den Alliierten verfügte Verbot der Bezeichnung »Ufa« hinweg und gab in einem späteren Interview seine Eigenmächtigkeit als politisches Interesse zu erkennen. »Der Name ›Ufa‹ hatte einen internationalen Goodwill-Wert ersten Ranges gehabt. Es wäre töricht gewesen, so etwas nicht wieder beleben zu wollen, bzw. für den Bund oder für die deutsche Filmwirtschaft daraus Nutzen zu schöpfen.«[1]

Der Ex-Liquidator Arno Hauke ließ als Vorstandsvorsitzender beider Gesellschaften vollmundig verlauten: »Die Ufa ist wie ich, die hat stabile Beine, die wirft nichts um.«[2]

Natürlich waren in dem frisch geschnürten Ufa-Paket auch die Filmrechte aller unter diesem Markenzeichen bzw. ab 1942 unter dem Ufi-Dach produzierten Filme enthalten. Die Bavaria übernahm eigenständig die Vermarktung der eigenen Überläufer, während die neue Ufa dem Verleih der übernommenen Filmschätze nur marginales Interesse entgegenbrachte. Arno Hauke wollte sich mit neuen Filmen, aber im bewährten Ufa-Stil, profilieren.

Die anläßlich der Firmengründung lauthals beschworene Filmkunst geriet über gemütliche Werke wie *Ist Mama nicht fabelhaft?* (eine Filmkomödie mit Luise Ullrich) in Vergessenheit, aber hartgeschliffene Diamanten erwartete das Publikum unter dem Ufa-Rhombus ohnehin nicht.

Ungeachtet der Anfangserfolge wollte sich Hauke, der das Kino »als moralische Anstalt im Schillerschen Sinne« verstand, mit ernsthaften Filmen ein Denkmal setzen und landete einen kommerziellen Flop nach dem anderen. 1960 beendeten die Vorstandsmitglieder aus der Deutschen Bank die unnachahmliche Karriere des ehemaligen Buchprüfers Hauke und vergaben seinen Posten an den damaligen Verleihchef der Film-Hansa, Theo Osterwind. Doch auch jener bot in der durch das Fernsehen veränderten Kinolandschaft nur traditionelle Unterhaltungsware an, die sich in den Wirtschaftwunderjahren überlebt hatte.

Nach nur zwei Jahren erlebte der kleinliche Poker um das Ufa-Erbe einen weiteren traurigen Höhepunkt. Die Deutsche Bank hatte sich offensichtlich verkalkuliert und veräußerte den hochverschuldeten Komplex an den Bertelsmann-Verlag, der in dieser Medienkombination an die frühere Scherl-Ufa-Verbindung erinnerte. Doch nicht aus historischen Erwägungen erwarb Direktor Dr. Könlechner den traditionsreichen Konzern. Die im Paket mitgelieferten Musikverlage gaben den Ausschlag für die Transaktion. Außerdem konnte man den übernommenen Schuldenberg von 26 Millionen DM im Zeitraum von fünf Jahren gewinnbringend abschreiben. Dieses einträgliche Geschäft zuungunsten der Steuerzahler rechnete sich außerdem durch Verkauf bzw. Verpachtung der gewinnbringenden Unternehmenszweige. In den Berliner Filmateliers richtete sich das Zweite Deutsche Fernsehen mit einem langfristigen Mietvertrag häuslich ein. Die Ufa-Filmtheater gingen für 40 Millionen DM an den Kinomogul Heinz Riech, dessen Imperium damit auf rund 300 Spielstätten anwuchs.

Erst als Bertelsmann den Ufa-Filmstock mit den Rechten an 3000 alten Spiel-und Kulturfilmen für sechs Millionen DM an die amerikanische Seven Arts verkaufen wollte, legte die Bundesregierung das per Kaufvertrag zustehende Veto ein. Über Nacht gründete die Spitzenorganisation der Filmwirtschaft (SPIO) mit einem großzügigen Bundesdarlehen die Friedrich-Wilhelm-Murnau-Stiftung und erwarb die Ufa-Filmrechte zuzüglich einiger Nachkriegsproduktionen für stolze zwölf Millionen. Zehn Jahre zuvor hatte die Deutsche Bank den gesamten Ufa-Komplex für den gleichen Betrag eingesteckt.

Das schnelle Darlehen der Bundesregierung basierte auf einem Optionsvertrag der SPIO mit dem neugegründeten Zweiten Deutschen Fernsehen. In Mainz gedachte man sich ein langfristiges Programmsegment zu sichern. Als sich das Objekt der Begierde aber als chemisch gefährdete Nitro-Filmrollen herausstellte, die mit erheblichem Kostenaufwand auf Azetatzellulose umkopiert werden mußten, zog ZDF-Intendant Holzamer den Übernahmevertrag zurück. Erst Jahre später kam es unter weitaus ungünstigeren Bedingungen zu einem Abschluß.

Das Interesse der Filmindustrie an dem Ufa-Erbe entsprach keineswegs den optimistischen Prognosen der SPIO, so daß die Kopier-, Lohn- und Nebenkosten der Murnau-Stiftung den Schuldenberg vergrößerten. Durch eine rückwirkende Umstellung der Tilgungsmodalitäten im Jahre 1990 will man in Wiesbaden zur Jahrtausendwende schuldenfrei dastehen.

Bundeswirtschaftsminister Ludwig Erhard hatte 1952 vor dem Parlament versprochen, das Reichsfilmvermögen für die Ankurbelung der freien Filmwirtschaft zu verwenden. Doch diese politische Absicht verkehrte sich durch einen unrentablen Konservatismus ins Gegenteil. Der Journalist Reinhold E. Thiel faßte in einer mehrteiligen Fernsehdokumentation die Bemühungen um den Erhalt des nationalsozialistischen Filmimperiums mit wenigen Worten zusammen. Danach »seien die hohen Werte aus politischem Interesse von den CDU-Regierungen verschleudert worden. Eine genaue Überprüfung der auf diese Weise entstandenen Verluste steht immer noch aus.«[3]

Premieren nach 50 Jahren

Neues Interesse am Ufa-Film; Goldgräberstimmung nach der Wende; *Shiva und die Galgenblume*; Rekonstruktion eines frühen Staudte-Films; widersprüchliche Filmliteratur; der saubere Bildschnitt; Zufälligkeiten der Filmarchivierung; die späte Premiere; der Sonderfall Staudte; Rekonstruktion eines weiteren Ufi-Films; Spätwerk von Harry Piel ohne Musik und Drehbuch

Mit der Gründung der Murnau-Stiftung fand der Wettlauf um das Ufa-Erbe ein vorläufiges Ende. Über vierzig Filmgesellschaften wetteiferten im Westen Deutschlands im Ufa-Unterhaltungsstil um Marktanteile und ließen dem anspruchsvollen Kino wenig Platz. In den Aufbruchssiebzigern fristeten die Originale aus der dunklen Vergangenheit ein Schattendasein, verbannt in Spartenprogramme und Kunstkinos. Erst als »Opas Kino« nicht mehr total abgelehnt wurde und sich die Filmavantgarde längst etabliert hatte, entdeckte das Publikum den Ufa-Film wieder: als Unterhaltung und historisches Dokument.

Der Abstand zur Entstehungszeit der Ufa-Filme ermöglichte ein distanziertes Interesse an verblaßten Filmstars und vergangenem Glamour. In Ermangelung einer tragfähigen Hollywood-Konkurrenz erinnerten die durchschaubaren Geschichten an die Weltgeltung von einst.

Die Filme lagen zudem in sorgfältig aufgearbeiteten Kopien vor, denn nach der Phase der Bestandserhaltung hatten die Filmarchivare der ursprünglichen, vom Regisseur autorisierten Schnittversion oberste Priorität zuerkannt. Dieses Bemühen konzentrierte sich vorerst auf die filmhistorischen Glanzpunkte. Nur wenn sich ein ausgesprochener Unterhaltungsfilm mit einem bekannten Namen verbinden ließ, wurde dieser Streifen einer aufwendigen Rekonstruktion für würdig befunden.

Die unvollendeten Ufa-Filme gerieten nach der Wiedervereinigung Deutschlands ins Zentrum einer Art filmhistorischen Goldgräberstimmung. Nach der Veröffentlichung verbotener DEFA-Filme aus dem Jahre 1965 hoffte man nun, verschwiegene Sensationen aus den Filmbunkern des Staatlichen Filmarchivs der DDR (SFA) präsentieren zu können. Doch spektakuläre Funde blieben aus. Die bundesdeutschen Archive waren seit langem über die Bestände ihrer Ostberliner Kollegen informiert und respektierten das DDR-Urheberrecht, das das Ufa-Erbe dem sozialistischen Staat zuerkannt hatte. Nach der Wiedervereinigung blieb die Murnau-Stiftung wesentlicher Ansprechpartner für die Ufi-Filmrechte.

Nach der Übernahme des SFA durch das Bundesarchiv erhofften sich Dokumentaristen und Historiker die Veröffentlichung der Filmbestände aus der DDR-Sammlung. Doch nun versagten ihnen nicht geheimniskrämerische Entscheidungsträger den Zugang zur Schatzkammer. Das Bundesarchivgesetz verwehrte die Benutzung ungesicherter Filme.

Der Teufelskreis hatte sich nur kurzzeitig geöffnet. War mit der Murnau-Stiftung die Rechtsunsicherheit aus dem Weg geräumt, standen gewaltige Kopierkosten dem angedachten Verwendungszweck im Wege. Denn eigentlich hätte sich ein breites Publikum an den bewegten Bildern erfreuen sollen und nicht auf finanzstarke Zeiten hoffen müssen.

Zwei Kölner Filmemacher hatten in der Vorwendezeit die Gunst der Stunde genutzt und mit enormem Rechercheaufwand die Bestände des Ostberliner Filmarchivs durchforstet. Michaela Krützen und Hans Georg Andres konzentrierten ihr Interesse auf den Steinhoff-Film *Shiva und die Galgenblume.* Dieser Kriminalfilm um einen Geldfälscher konnte seinerzeit in Prag nur zur Hälfte abgedreht werden. Elf Rollen Bild und acht Rollen Ton gelangten über Moskau in die Filmbunker des Staatlichen Filmarchivs der

DDR und ergänzten als Fragment und Nitro-Unikat eher die Sammlung, als daß sie für eine weitere Aufarbeitung vorgesehen waren.

Krützen und Andres nahmen sich der wenigen Filmmeter an, synchronisierten die fehlenden Tonpassagen und ergänzten das Fragment um nachgedrehte Szenen. Bewußt präsentierten die Filmemacher die historischen Filmmeter als unbearbeitete Originalsequenzen mit Bildklappe und Arbeitskommentaren und konfrontierten den Zuschauer mit Dokumentarfilmausschnitten und Zeitzeugen.

Dieses Verfahren ist ein legitimer Versuch, Filmfragmente aus dem Schattendasein des Vergessens zu befreien und in einen neuen Gebrauchszusammenhang zu stellen. Die Filmankündigung geriet den Regisseuren allerdings etwas zu reißerisch. Natürlich handelte es sich bei dem Steinhoff-Film nicht um den »letzten« Ufa-Film. Außerdem hätte dem Filmtitel eine erklärende Unterzeile gutgetan, denn mit *Shiva und die Galgenblume* wird eine Rekonstruktion des Spielfilms suggeriert und nicht die Verwendung eines Torsos innerhalb einer Dokumentation.

Die Filmpresse reagierte überwiegend positiv, übersah keineswegs die dramaturgischen Mängel und lobte den Eifer. »Doch trotzdem ist ein wichtiger Film gelungen, der nicht nur ein Dokument von 1945 zeigt, sondern auch etwas von unserer Gegenwart 1993 dokumentiert: Team und Redaktion setzen ein Fragezeichen dahinter, ob eine solche Produktion künftig noch möglich ist. Doch solche Projekte müssen möglich bleiben – auch in schwierigen Zeiten.«[4]

Kurzzeitig hatte die aufwendige Fernsehproduktion ein unbeachtetes Stück Filmgeschichte erhellt und Interesse geweckt. Zugleich dokumentierte sie die Sinnlosigkeit weiterer Bemühungen: Wo nur Fragmente sind, gibt es wenig zu sehen.

Und dennoch. Das folgende Kapitel erzählt von einer Rekonstruktionsarbeit und gibt Einblick in die komplizierten Recherchen.

Hans Albers
in *Shiva und*
die Galgenblume

1944 hatte der Nachwuchsregisseur Wolfgang Staudte mit der Satire *Der Mann, dem man den Namen stahl* seinen dritten Spielfilm abgedreht. Das Ensemble war mit Axel von Ambesser, Elisabeth Flickenschildt, Paul Henckels, Aribert Wäscher und Hubert von Meyerinck hochrangig besetzt. Trotzdem gelangte dieser Streifen nicht in die Kinos. Spuren verloren sich in den Mühlen der Zensurbehörden.

Im Staatlichen Filmarchiv der DDR (SFA) überdauerten 56 Rollen Bild- und 23 Rollen Tonnegativ die Jahrzehnte. Mit Genehmigung und Unterstützung des Bundesarchivs und der Murnau-Stiftung konnte ich das überlieferte Material sichten und stellte fest, daß sich darunter ein fertig gemischtes Tonnegativ befand, die entsprechenden Bildsequenzen aber unauffindbar blieben.

Wenn also der Originalton bereits mit Geräuschen und Musik

vermischt vorlag, mußte im ersten Arbeitsschritt das Bild für die endgültige Zensurfassung geschnitten worden sein, da sich der professionelle Cutter in erster Linie am visuellen Eindruck orientiert.

Fachliteratur half kaum weiter. Über die Endfertigung wird in vorliegenden Publikationen geradezu gegensätzlich berichtet. Alfred Bauer, der ehemalige Mitarbeiter der Reichsfilmintendanz, bot in seinem Standardwerk *Der Deutsche Spielfilm Almanach* (1950) Anlaß für Mißverständnisse. »Bei Kriegsende war der Film in der Musik-Synchronisation.« Mit dem aufgefundenen Tonnegativ wird diese Behauptung widerlegt.

Eugen Netenjacob und Gabriela Grunwald rechnen Staudtes Film zu den Verbotstiteln und stützen sich auf die Aussage des Regisseurs. »Ja, die erste Fassung hieß DER MANN, DEM MAN DEN NAMEN STAHL. Das war eine allgemeine Satire über die Bürokratie. Er wurde damals verboten.«[5]

Wenn also der Film verboten wurde, mußte er de facto fertig gewesen sein. Doch halten wir uns zunächst an die von Wetzel und Hagemann zusammengetragenen Fakten. »Der Stoff wurde am 21. August eingereicht und am 26. Oktober 1943 vom Reichsfilmdramaturgen genehmigt. Ab 3. April 1944 wurden die Bauten im Berliner Grunewald-Atelier errichtet und nach einigen Umbesetzungen am 24. April mit den Dreharbeiten begonnen. Sie dauerten bis zum 20. Juli 1944. Die Bearbeitung des Filmmaterials verzögerte sich, so daß der Ablieferungstermin vom September bis zum Jahresende hinausgeschoben wurde. Am 21. Dezember 1944 kündigte die Tobis der Reichsfilmintendanz an, daß eine Zensurkopie Mitte Januar 1945 vorliegen würde. Unerklärlicherweise verliert sich die Spur des Films in dem vorliegenden Aktenmaterial mit dem Zensurtermin vom Januar 1945.«[6] Der Film wird zwar in der Jahresvorschau für 1945 noch als Tobis-Produktion erwähnt, eine Zensurkarte für diesen Titel existiert jedoch nicht.

Die Frage, ob der Film tatsächlich verboten war, wurde nachfolgend zum Randproblem, denn eigentlich sollte das Literaturstudium nur Aufschluß über den Verbleib des Originalmaterials geben. Auch in diesem Punkt waren sich die Autoren uneinig. Knapp und sachlich beschreibt Fred Gehler den überlieferten Materialzustand, ohne die Fakten zu kommentieren. »Staudte stellt ihn auch fertig, aber dann wurde der Film verboten … Der komplette Film hat das Jahr 1945 nicht überlebt, er ging zu erheblichen Teilen verloren.«[7]

Eugen Netenjacob als ausgewiesener Staudte-Kenner unterstützte diese These. »In den Kriegswirren gingen Teile des Films verloren. 1947/48 drehte Staudte eine Neufassung bei der Defa unter dem Titel ›Die seltsamen Abenteuer des Herrn Fridolin B.‹.«[8]

In der Regel bringen die Publizisten das Original *Der Mann, dem man den Namen stahl* mit dem Remake von 1948 in Verbindung und geben die Angaben ungeprüft wieder. Der anerkannte Filmhistoriker Jerzy Toeplitz begab sich als erster auf das dünne Eis. »Staudtes zweiter Film für die DEFA hieß ›Die seltsamen Abenteuer des Herrn Fridolin B.‹ Es handelt sich um eine rekonstruierte Fassung des für die Ufa während des Krieges gedrehten Streifens ›Der Mann, dem man den Namen stahl‹. Aus Material, das im Archiv gefunden wurde und nachgedrehten Sequenzen entstand die neue Version des Films.»[9]

In Unkenntnis des überlieferten Zelluloids wiederholte Toeplitz eigentlich nur Staudtes Erinnerungen, die eine merkwürdige Gedächtnislücke offenbaren. »Das Material wurde in Babelsberg dann von den Defa-Leuten gefunden, wir haben einige Szenen neu gedreht. Ich weiß darüber nicht mehr sehr viel, denn ich habe das als handwerkliche Fertigstellung empfunden.«[10] Auch die Schnittmeisterin des DEFA-Remakes, Lilian Seng, erwähnte die Verwendung der Eingangssequenz aus dem Tobis-Film. Doch in diesem konkreten Fall irrte sich die alte Dame. Nachweislich beschränkte sich die Auswahl des verwendeten Filmmaterials auf eine technisch komplizierte Gesangsnummer mit Axel von Ambesser, da im Althoff-Atelier keine Hinterbild-Projektion möglich war. Ansonsten sind alle Szenen vollkommen neu aufgenommen worden. Staudte konnte zwar alle Hauptakteure neu verpflichten, der dramaturgische Aufbau der DEFA-Version ist jedoch entschieden unverbindlicher und harmloser. Die Hauptfigur, Fridolin Biedermann, wurde beispielsweise vom Geschäftsführer eines florierenden Kaufhauses zum »ersten Schneider am Platze« degradiert. Wie hätte man auch üppig bestückte Geschäftsauslagen zeigen sollen, wenn für den zeitgleich produzierten DEFA-Film *Ehe im Schatten* sogar unverzichtbare Requisiten nur auf schriftlichen Antrag zur Verfügung gestellt wurden. »Eidesstattlich wird versichert, daß es sich bei der nachfolgenden Anforderung ausschließlich um wichtige Spielrequisiten für den Film ›Ehe im Schatten‹ handelt: 2,5 kg Mehl, 3 Brote, 1 kg Butter, 1 kg Marmelade, 50 g Tee, 1 kg Zucker.«[11]

Die Nachforschungen warfen somit mehr Fragen auf, als sie beantworteten. Nach erfolgloser Korrespondenz mit anderen Filmarchiven blieb nur die pragmatische Entscheidung, sich auf die vorhandenen Filmrollen zu konzentrieren. Nach der ersten groben Sichtung der Bildklappen schien eine vollständige Rekonstruktion des Bildnegativs möglich zu sein. Als weitere Mosaiksteine fanden sich die kopierten Bildüberblendungen einzelner Szenenübergänge, der grafisch gestaltete Vor- und Abspann des Films und nicht zuletzt eine autorisierte Rohschnittfassung. Durch den vorgefundenen Ton als Handlungsgerüst sollte eine Rekonstruktion auch ohne Drehbuch möglich sein.

Von der einjährigen Puzzlearbeit bleiben nur bislang ungeahnte Freuden in Erinnerung. Wenn man nach Stunden verzweifelter Suche eine zuklappende Tür in den Tausenden von Filmmetern entdeckt, hat man eine Ahnung von der Schöpfungsgeschichte. Gleichzeitig geht die Enttäuschung ins Unermeßliche, wenn die herbeigesehnten Abschnitte sich als asynchron und damit unverwendbar erweisen. Denn jede Szene wurde mehrmals gedreht, und vor der genauen Prüfung konnte man nie sicher sein, ob die inhaltlich passende Bildklappe auch vom Regisseur ausgewählt wurde. Man ist erstaunt, wie viele Varianten ein einziger Satz vor der Kamera zuläßt.

Außerdem war es eine neue Erfahrung, die stilistische Bedeutung von Einzelbildern kennenzulernen. 24 Bilder setzen sich zu einer Sekunde zusammen, so daß der Verlust weniger Filmbilder in dieser kleinsten Zeiteinheit nicht auffallen sollte. Die Praxis beweist jedoch das Gegenteil. Für einen sauberen Bildschnitt sind drei bis vier Einzelbilder von entscheidender Bedeutung, und nur durch mehrmaliges Ausprobieren nähert man sich der optimalen Lösung. In dem engen Korsett der vorgegebenen Tonfolge waren dem Filmrestaurator natürlich relativ enge Grenzen gesetzt, und diese Beschränkung war auch notwendig. Denn im Endergebnis sollte ja ein nachempfundener Staudte-Film entstehen. Trotz intensiver Suche blieben leider einige synchrone Bildklappen verschwunden, die durch verlängerte Standbilder kenntlich gemacht wurden. Der Verlust der wenigen Filmsekunden relativiert sich jedoch, wie ich hoffe, durch den erkennbaren Arbeitsaufwand.

Abschließend soll eine Episode die Zufälligkeit der Archivierung verdeutlichen. Nach Abschluß der Rekonstruktionsarbeiten an dem Staudte-Film wandte ich mich einem weiteren unvollendeten Ufi-Film zu: *Der Mann im Sattel* von Harry Piel. Die erste Sichtung des ungeschnittenen Materials barg eine Überraschung: Zwischen den wahllos kopierten Piel-Schnipseln tauchten einzelne Szenen aus dem Staudte-Film auf. Nach dem ersten Jubel und genauerem Hinsehen offenbarte sich des Rätsels Lösung. Nach dem Krieg hatten technische Kräfte das heillose Durcheinander der Filmrollen nach groben Kriterien geordnet. Der Filmtitel auf der obligatorischen Holzklappe (»Szene 501, die erste«) war die Richtschnur der Zuordnung. Da beide Filme mit »Der Mann …« abgekürzt wurden, konnte die Verwechslung leicht geschehen.

Die festliche Premiere von Staudtes letztem Ufi-Film im Sommer 1996 brachte nicht nur und endlich eine gelungene Filmsatire auf die Leinwand, die die Filmographie des Regisseurs um einen wichtigen Beitrag erweiterte, sondern verdeutlichte auch, daß die Geschichte der alten Ufi noch nicht abgeschlossen ist.

Staudtes Œuvre ist in diesem Zusammenhang gleich mehrfach von Interesse. Unzweideutig hat er sich durch den ersten DEFA-

Film *Die Mörder sind unter uns* einen festen Platz in der Filmgeschichte gesichert. Von seinen unter Ufi-Ägide gedrehten Kurz- und Spielfilmen wurde nur das Langmetrage-Opus *Akrobat Schö-ö-ön* veröffentlicht, und für Aufmerksamkeit sorgte *Der Mann, dem man den Namen stahl* erst verspätet. Der Nachfolgefilm *Frau über Bord* mit Heinrich George und wiederum Axel von Ambesser wurde von der Zensur zwar gnädiger aufgenommen, kam aber auch erst nach dem Krieg in die Kinos. Dafür hatte Staudte notdürftig eine Kreuzfahrt-Szenerie per Hinterbild-Projektion entworfen, der man die nüchterne Atmosphäre des Ateliers deutlich anmerkt. Dramaturgisch ein Ausrutscher. Ein Überlebensversuch des Regisseurs. Bekanntermaßen stand seine Befreiung von der Wehrmacht nach dem Biedermann-Debakel auf wackligen Füßen. Angeblich soll ihn nur die Fürsprache seines einflußreichen Hauptdarstellers George vor der Armee gerettet haben, denn die Berlin-Film GmbH hatte ihn ab 14. März 1945 freigemeldet.

Der Enddreißiger Staudte rangierte in der Ufi unter den Nachwuchsregisseuren. Nach dem Krieg wollte er keine Zeit mehr mit Fingerübungen verlieren. Der politisch aufmerksame Künstler bedrängte die militärischen Sieger mit neuen Filmideen und machte sich Gedanken über eine tiefergehende Erneuerung der deutschen Filmlandschaft. Mit dem Grundsatzpapier vom 9. Oktober 1945 wollte er die Herren in Karlshorst von der Notwendigkeit einer zentralisierten Filmgesellschaft überzeugen. Ein Grundpfeiler sollte eine »Schule zur Förderung des Nachwuchses« sein. Staudte wollte neben Alf Teichs und Peter Pewas die künstlerische Leitung der »Demo-Film« übernehmen und bot in der angedachten Produktionsstaffel sein Filmprojekt *Der Mann, den man töten sollte* an. Mit der Verplanung des ehemaligen Tobis-Geländes in Berlin-Johannisthal machte er sich unbeabsichtigt zum Konkurrenten für das Filmaktiv, seinen späteren Arbeitgeber. Staudte hatte zwar keine politische Lobby, die sich für seine konstruktiven Vorschläge stark machte, den energiegeladenen Künstler aber interessierte das Was und nicht das Wie. »Ich entdecke immer wieder, wie viele

Menschen es gibt, die kein Bewußtsein, keine Erkenntnis ihrer und unserer Situation haben ... Nun ist das so, daß sich auch unsereins in der Einschätzung der Situation irren kann: beispielsweise 1945. Da glaubten viele von uns, daß es nun darauf ankomme, sich recht revolutionär zu gebärden. Es kam aber darauf an, aufbauende Arbeit zu verrichten, nach all der Verwüstung und nicht zuletzt nach den Verheerungen, die in den Gehirnen der Menschen angerichtet worden waren.«[12]

Als unbeschriebenes Blatt mußte er sich vorerst mit Synchronaufträgen begnügen. Im Auftrag von Sovexportfilm übersetzte er den Eisenstein-Klassiker *Iwan der Schreckliche* und übernahm für diesen ersten Sieger-Spielfilm nach Kriegsende auch die Synchronregie. In Berlin traf Staudte auf den Schriftsteller Friedrich Wolf, der, aus dem Moskauer Exil zurückkehrend, ein fertiges Drehbuch mitbrachte. Sein Filmprojekt *Kolonne Strupp* sollte den verzweifelten Versuch einiger U-Bahner rekonstruieren, die sinnlose Sprengung der Untergrundtunnel zu verhindern. Wolfgang Staudte übernahm die ersten Dreharbeiten, und Alfred Lindemann von der Zentralverwaltung für Volksbildung unterstützte das Projekt durch die Vermittlung eines Kameramannes. Nur widerstrebend willigte Reimar Kuntze ein, denn im wilden Osten fürchtete er um seine wertvollen Apparate. Erst die Zusage aus Karlshorst, eine russische Schutzgarde von vier Mann bereitzustellen, konnte ihn überzeugen.

Vom 1. Januar 1946 an drehte Staudte in den gefluteten U-Bahn-Schächten Unter den Linden. Eile war geboten, denn die wenigen Scheinwerfer erwärmten bei der grimmigen Winterkälte nur einen geringen Aktionsradius. Außerdem konnte man den Statisten die psychische Belastung der grausigen Szenerie nur bedingt zumuten. Noch schwammen die Leichen der Ertrunkenen in dem unterirdischen Labyrinth.

Parallel bemühte sich der Autor Friedrich Wolf um einen renommierten Regisseur für sein Filmprojekt. Nachdem sich die Verhandlungen mit dem italienischen Neorealisten Roberto Rosselini unerwartet in die Länge zogen und der authentische Drehort mit den ersten rollenden U-Bahn-Zügen nicht mehr zur Verfügung stand, wurden die Dreharbeiten nach nur 16 Tagen abgebrochen. Anscheinend schwebte über Wolfgang Staudte ein unglücklicher Stern, die Arbeiten seiner letzten Jahre blieben entweder unvollendet oder verschwanden in den Archiven.

Mit aller Kraft verfolgte er nun sein eigenes Filmprojekt *Der Mann, den man töten sollte.* Ein persönliches Erlebnis aus der bedrohlichen Endphase des Dritten Reiches hatte ihn zu dieser Fabel um Schuld und Sühne angeregt. Ein betrunkener SS-Obersturmbannführer hatte ihm eine Pistole vorgehalten und gedroht: »›Kommunistensau, jetzt knall ich Dich ab.‹ Die anderen haben ihn davon abgehalten, und er wurde auch wieder friedlich und sagte: ›Wenn der Scheiß vorbei ist, dann kümmere ich mich wieder um meine Arbeit.‹ Das war der Apotheker von der Ecke Friedrichstraße/Schumannstraße. Ich hab mich dann verkrümelt und gedacht, was wohl passiert, wenn ich den später mal erwische, denn es war klar, daß alles bald zu Ende sein würde. Ich hab ihn später nicht erwischt, denn er war dann tot.«[13]

Diese ohnmächtige Wut führte in Staudtes Manuskript zur Selbstjustiz des ehemaligen Opfers gegenüber dem Täter in Uniform. Selbst den Russen war dieser Stoff zu heiß. Der Kulturoffizier stimmte dem Projekt grundsätzlich zu, verlangte aber einen anderen Schluß. »Eins ist natürlich unmöglich, daß ist der Schluß. Wenn der Film ein Erfolg wird, und die Leute kommen aus dem Kino, dann gibt es ein Geknalle auf der Straße, und das kommt natürlich nicht in Frage. Den Wunsch nach Rache, den können wir verstehen, aber es muß gesagt werden, daß das genau der falsche Weg ist.«[14]

Staudte beugte sich dem Druck, änderte den Titel und brachte mit *Die Mörder sind unter uns* den ersten DEFA-Spielfilm in die Kinos. Dieses Werk prägte die ostdeutsche Filmgesellschaft nachhaltiger als seitenlange Parteibeschlüsse. Der Regisseur trug fortan das Kainsmal des »Nestbeschmutzers«. Auch in unseren Tagen beschäftigen Tucholsky-Zitate die Gerichte. Unrecht in Uniform ist eben ein zweischneidiges Schwert.

In Ermangelung interessanter Filmstoffe legte Staudte der DEFA-Leitung sein vorletztes Ufi-Drehbuch vor und bot die Neuinszenierung der Satire *Der Mann, dem man den Namen stahl* an. Er stellte ein schnelles und billiges Ergebnis in Aussicht. Die Spielhandlung mußte nur unwesentlich verändert werden, die Musik von Herbert Trantow ließ sich verwenden, und dieselben Hauptdarsteller garantierten kurze Probenzeiten.

Aus Vorsicht oder auf Anweisung versetzte Staudte die Fabel in eine nebulöse, undefinierte Zeit und beraubte die Satire über alltäglichen Bürokratismus damit ihrer Schärfe. Das Remake kommt merkwürdig hölzern daher und fiel in der Kritik durch. *Nacht-Expreß* vom 10. März 1948: »Mußte Staudte diesen Film unbedingt starten? Ein unverbindliches Schildbürgermärchenland ist sein Schauplatz. Wir warten aber auf den ganz unallegorischen Lustspielfilm aus Berlin anno 1948.«

Der Abend vom selben Tag: »Wolfgang Staudte hat das Drehbuch geschrieben und Regie geführt, und er hatte da einen Stoff für ein sogenanntes Zeitstück, wie man ihn sich besser nicht wünschen kann, eben die Bürokratie. Aber er hat weder den Mut, in der Gegenwart zu bleiben, noch die Grazie, sich eine aparte Vergangenheit zu erfinden, und so torkeln seine Figuren durch den luftleeren Raum der Groteske.«

Natürlich hatte die Fachpresse von dem hochgelobten Regisseur einen gehaltvolleren Film erwartet, und Satire war für den deutschen Kinogänger ein ungewohntes Feld. Heutige Zuschauer könnten diesen Film unbelasteter genießen.

Die Studioleitung der DEFA richtete sich jedenfalls nach dem vernichtenden Kritikervotum und zog die finanziellen Konsequenzen. Sovexport hatte die Endabrechnung willkürlich um 300 000 Mark gekürzt, und die DEFA zahlte daraufhin versprochene Honorarzuschläge nicht aus. Selbst die üblichen Prämien wurden storniert. »Da der Film sowohl die vorgesehenen Termi-

Der Mann, dem man den Namen stahl

ne als auch die aufgestellte Kalkulation überschritten hat, ausserdem die Qualität des Films nicht den geforderten Ansprüchen genügt, kommt eine allgemeine Prämienzahlung nicht in Frage.«[15]

Die DEFA wollte insgeheim gern an der Ufi verdienen, aber unter dem eigenen Signet brachte dieses Erbe keinen Prestigegewinn. Doch Staudte fiel nach seinem erfolglosen Remake keineswegs in Ungnade. In seinen Erinnerungen glorifizierte er geradezu seine DEFA-Periode. »Zunächst einmal ist der wesentliche Unterschied der gewesen, daß ich meine eigenen Vorschläge bei der DEFA realisieren konnte, was mir in der Bundesrepublik nur sehr gelegentlich gelang.«[16]

Vorerst übernahm er den deutschen Part für das europäische Gemeinschaftswerk *A Tale of Five Cities*. In den Ruinen der ehemaligen Reichskanzlei in Berlin drehte er die Episode »Fünf Mädchen und ein Mann« für die ungewöhnliche Co-Produktion von Briten, Franzosen, Italienern, Österreichern und Ungarn. »Als kurz danach der Eiserne Vorhang über Europa niederging, verschwand der Film in den Archiven.«[17]

Die wechselvolle Zeitgeschichte hatte Wolfgang Staudte bis zu diesem Zeitpunkt recht stiefmütterlich behandelt. Von sechs Spielfilmen blieb nur das eine Werk im allgemeinen Gedächtnis, das sich gegen den üblichen Ufa-Stil sperrte. Die späte Premiere seiner gelungenen Satire *Der Mann, dem man den Namen stahl* korrigiert dieses Bild – leider erst nach dem Tod des Künstlers.

Meine Rekonstruktion eines weiteren unvollendeten Ufi-Films soll einem anderen Allround-Talent späte Ehren zuteil werden lassen: Harry Piel. Er stand in den zwanziger und dreißiger Jahren für gewagte Stunts und rasante Abenteuer. In Personalunion von Regisseur und Hauptdarsteller machte er sich bis 1945 in über hundert Spielfilmen einen unverwechselbaren Namen. In seinen eindimensionalen Fabeln war kein Platz für psychologische Ausleuchtungen der Charaktere. Den Mangel an Darstellungskunst machte Piel durch lebensgefährliche Verfolgungsfahrten und Ringkämpfe mit Raubkatzen wett. Auch in seinem 103. Spielfilm *Der Mann im Sattel* gab der 50jährige noch den Liebhaber, mühte sich jedenfalls nach Kräften.

Nach dem Verbot seines letzten Films *Panik* mußte der alternde Star alle Register seines verbliebenen Charmes ziehen, um eine nochmalige Chance zu erhalten. Nur durch die Fürsprache des neubesetzten Reichsfilmintendanten Hans Hinkel konnte Piel den aufwendigen Film aus der Welt des Pferdesports in Angriff nehmen. Entsprechend devot fiel das Dankschreiben an den »lieben Parteigenossen Hinkel« aus. »Es wäre mir ein Herzensbedürfnis gewesen, Ihnen persönlich meinen Dank auszusprechen, aber leider konnte ich Sie nicht erreichen.

Ich möchte Ihnen nun auf diesem Wege von ganzem Herzen danken für Ihre Unterstützung und Fürsprache, die ich um so mehr schätze, als ich weiß, daß Sie in der heutigen Zeit von so unendlich viel Arbeit bedrängt werden und kaum noch Zeit für sich selbst finden.

Harry Piel

Sie werden verstehen, daß ich mit meinem Schicksal hadere, weil mein Film ›Panik‹ nach jahrelanger, mühevoller Arbeit nicht herauskommen kann, wodurch ich um einen berechtigten Erfolg komme, der aber für einen Schaffenden ja immer wieder ein Antrieb für neue Arbeit ist. Ich hätte lieber auf alles Geld verzichtet und Tag und Nacht gearbeitet, um den Film ›Panik‹ uraufführungsreif zu machen.

Nachdem nun durch Ihre Hilfe der Weg frei gemacht wurde, hoffe ich, durch eine neue Arbeit die seelische Belastung endgültig loszuwerden. Jedenfalls werde ich alle Kräfte für die neue Arbeit einsetzen, und Sie sollen es nicht bereuen, daß Sie sich für mich eingesetzt haben.

Mit allerbesten Wünschen für Ihr Wohlergehen
Heil Hitler !
Ihr dankbarer HARRY PIEL«[18]

Unter der Schirmherrschaft dieses einflußreichen Mannes wurden dem Regisseur ein enormer Etat und sogar die Romanvorlage des emigrierten Wolfgang Scheff zugebilligt. Piel hoffte darauf, an den Erfolg seines Filmes *Jonny stiehlt Europa* anknüpfen zu können, der im gleichen Milieu spielte und ebenfalls auf einem Drehbuch von Werner Scheff fußte. Harry Piel wollte auch in der Besetzung kein Risiko eingehen und verplichtete mit Erich Dunskus, Valy Arnheim, Ewald Wenck, Egon Brosig alte Bekannte aus früheren Filmen.

Piel hatte sich von dieser Neuproduktion neuen Aufschwung versprochen, doch er mußte sich eingestehen, daß der Zenit seines künstlerischen Schaffens überschritten war. Er fand nicht mehr die Kraft, die letzten aufwendigen Aktionsszenen für *Der Mann im Sattel* zu bewältigen.

Das Schicksal hatte dem alten Haudegen einen gnadenlosen Hieb versetzt. Für die einmalige Sammlung aller seiner Filme hatte er sich als sicheren Aufbewahrungsort eine Ziegelei in der Altmark gesucht. Kurz nach der mißglückten Rohschnitt-Vorführung von *Der Mann im Sattel* erhielt er die Nachricht, daß ein Tieffliegerangriff sein Lebenswerk vernichtet hatte. Seine grenzenlose Verzweiflung erklärt sich aus dem Umstand, daß Piel der alleinige Besitzer von Kopien einiger seiner frühen Stummfilme war, die nun unwiederbringlich verloren waren. In einem Interview mit der *Neuen Filmwoche* (Nr. 27/28 von 1948) spricht nur noch ein niedergeschlagener Mensch. »›Welchen Film drehten Sie zuletzt, Herr Piel?‹ ›Panik im Zoo‹, der aber nur in Berlin und der Ostzone bisher gelaufen ist. Ein anderer Streifen mit dem Titel ›Mann im Sattel‹ wurde leider nicht fertig. Überhaupt hat der Krieg mir übel mitgespielt. Ich hatte mir ein eigenes Filmarchiv angelegt, in dem ich von jedem meiner Filme eine Kopie aufbewahrte. Durch den Krieg habe ich diese wertvolle Sammlung leider – neben vielem anderen – auch eingebüßt.‹

›Aber wie wir Sie kennen, lassen Sie den Kopf doch trotzdem nicht hängen?‹

›Gewiß nicht! Obwohl eines klar sein dürfte. Ich stehe heute mit 52 Jahren dort, wo ich vor 32 Jahren – damals als jüngster Filmregisseur und -produzent in Berlin – schon einmal stand. Ich muß wieder ganz von vorn anfangen.‹«

Piels vorletzter Spielfilm *Der Mann im Sattel* galt in der Filmliteratur trotz einiger Rekonstruktionsansätze als Fragment. 74 Rollen Ton und 51 Rollen Bild lagerten unsortiert als Nitromaterial im Staatlichen Filmarchiv der DDR.

Insgesamt wurden 499 Szenen mit 84 Ergänzungsaufnahmen und zahlreiche Originalrennen aufgenommen. Die Rohschnittfassung vom Februar 1945 gilt als verschollen. Nach einer gründlichen Materialsichtung scheint die Rekonstruktion des gesamten Films möglich zu sein. Die wenigen Lücken können problemlos durch erklärende Zwischentitel ergänzt werden. Als zusätzliche Aufgabe kommen die Herstellung einer nachempfundenen Filmmusik und die grafische Gestaltung des Vor- und Abspannes hinzu. Wenn sich die vom Kameramann Eugen Klagemann monierten Szenenanschlüsse nicht als unüberwindbares Handicap darstellen sollten, ist eine Premiere im Sommer 1998 durchaus realistisch.

Die Rudimente

Unvollendet oder abgedreht; Rudimente als Dokumente; Suche in den Archiven; Beutekunst; mißglückter Rücktransport; das DEFA-Erbe

Zum Schluß sollen nur noch jene neunzehn Filme erwähnt werden, die nach heutigem Erkenntnisstand niemals uraufgeführt werden können (vgl. Anhang).

Zuerst betrachten wir jene elf Filme, die definitiv keine Schlußklappe erlebten. Die Gründe für die Unterbrechung der Dreharbeiten sind im zweiten Kapitel erwähnt worden. Nur von wenigen Filmen sind die Schnittmaterialien archiviert. Der rudimentäre Charakter dieser Einzelaufnahmen bestätigt die von Dr. Bauer gemachten Angaben im *Deutschen Spielfilm Almanach*. Eine heutige Bearbeitung dieses Materials schließt sich demzufolge leider aus. Das filmarchivarische Interesse gilt also rein dem zeitgeschichtlichen Dokument, sofern in Zukunft nicht doch noch ergänzende Schnittreste auftauchen. Mit *Sag' die Wahrheit* und *Sag endlich ja* befinden sich in dieser Kategorie zwei Außenseiter, die kurz nach dem Krieg in einer anderen Version herausgebracht wurden. Die Vermutung liegt nahe, daß sich die neuen Produktionsgesellschaften (Studio 45 und DEFA) die Originalvorlagen angeeignet haben, um eine spätere Konkurrenz auszuschalten.

Des weiteren geht es um acht Filme, die nach Bauers Angaben zumindest abgedreht sein sollen. Die Sichtung der im Bundesarchiv verfügbaren Materialien ergab ein interessantes Bild. Danach müssen möglicherweise von drei Filmen fertige Rohschnittfassungen existiert haben. Von *Frühlingsmelodie* und *Tierarzt Dr. Vlimmen* sind geschnittene Bildnegative überliefert, die zumindest auf ein fortgeschrittenes Arbeitsstadium hinweisen. Leider sind nur von *Frühlingsmelodie* die Sprachbänder erhalten geblieben. Die fehlenden Originalgeräusche und stumme Bildpassagen ohne Musik verstärken den unfertigen Eindruck.

Von *Leb' wohl, Christina* existieren zwar drei endgemischte Tonrollen, die ebenfalls auf einen fertigen Bildschnitt hindeuten. Die restlichen Bild- und Tonrollen sind nur lückenhaft archiviert und erlauben keine Rekonstruktion des Handlungsablaufes.

Nach dem bisherigen Kenntnisstand haben sich mit den erfolgten Rekonstruktionen die Möglichkeiten einer sinnvollen Wiederbelebung des Ufi-Erbes erschöpft. Es bleibt die Frage, ob sich in anderen Archiven oder Filminstituten fehlende Restmaterialien finden lassen. Als erste Adresse empfiehlt sich das Moskauer Filmarchiv Gosfilmofond. Kurz vor dem Ende der DDR wäre es fast zu einer unkomplizierten Rückgabe der ausgelagerten Bestände des Reichsfilmarchivs gekommen. Doch nach der Wiedervereinigung scheiterte diese Transaktion an den finanziellen Forderungen der russischen Seite. Wenigstens übergaben die Moskauer Archivare eine buchstarke Liste, die aber keine eindeutige Identifizierung der Filme erlaubt. Nach dem Krieg wurden nämlich die deutschen Verleihtitel ins Russische übersetzt und nun wiederum ins Deutsche übertragen. Dabei schlichen sich verständlicherweise viele unkorrekte Bezeichnungen in die Listen ein, die nur vor Ort bereinigt werden können.

Die Bundesregierung sieht sich jedoch nicht in der Lage, die geforderten Summen aufzubringen, und möchte auch diesen Teilbereich nicht aus der schwelenden Diskussion um die Rückführung der geraubten Kulturschätze herauslösen. Die vorliegende Filmliste beinhaltet neben älteren Ufi-Filmen ausschließlich von der DEFA endgefertigte Filme und von der Reichsprüfstelle verbotene bzw. nach dem Krieg uraufgeführte Filme. Es ist unwahrscheinlich, daß die russischen Räumkommandos unfertiges Drehmaterial in die Heimat transportierten, denn die Beutefilme sollten vorrangig Geld einspielen. Aber erst eine gründliche Überprüfung der russischen Bestände wird jeglichen Spekulationen ein Ende bereiten.

Ein zufällig aufgefundenes Dienstschreiben vom 2. Juli 1946 nährt zumindestens die Hoffnung, daß sich im Reichsfilmarchiv die eigentlichen Schätze des Ufi-Imperiums befunden haben müssen. Lindemann und Klering von der frisch gegründeten DEFA baten »um Anweisung an das Reichsfilmarchiv Babelsberg auf Herausgabe der Negative zu den Filmen

Nr. 1 ›Mathilde Möhring‹

Nr. 2 ›Eine reizende Familie‹

Nr. 3 ›Das Leben geht weiter‹

Laut Genehmigung von Oberst Galperin sollen diese Filme 1 und 2 fertiggestellt werden. Film Nr. 3 brauchen wir, um wichtige Szenen in den Wahl-Propaganda-Filmen zu verwerten.«[19]

Dieses Schriftstück ist in zweifacher Hinsicht interessant. Auch in neuesten Publikationen gingen die Autoren von dem vollständigen Verlust der Drehmaterialien zu Liebeneiners *Das Leben geht weiter* aus. Man sollte sich also die ersten Wahlpropagandafilme der SED genauer ansehen.

Gleichzeitig wird die Hoffnung genährt, daß sich zusätzliches Schnittmaterial im ehemaligen Reichsfilmarchiv befunden haben könnte. Die eventuellen Schätze sind dem Staatlichen Filmarchiv der DDR jedoch nicht übergeben worden. Also bleibt wiederum Moskau als mögliche, nicht aber einzige Adresse übrig. Nach Aussage des ehemaligen Präsidenten des Bundesarchivs, Hans Barkhausen, haben amerikanische Filmoffiziere »in den Jahren bis 1953 mehr als siebentausend deutsche Filme, Negative wie Kopien (Spielfilme, Kurzfilme und Wochenschauen) nach den Vereinigten Staaten abtransportiert ... Auch die englische Besatzungsmacht zeigte sich am deutschen Film interessiert. Beim Imperial War Museum in London liegen etwa 160 deutsche Spielfilme der Nazizeit.«[20] Sollen sich die Politiker und Finanzmanager um die Rückführung der deutschen Filmbestände kümmern. Sie haben die Geschichte des deutschen Filmkonzerns nachhaltiger geschrie-

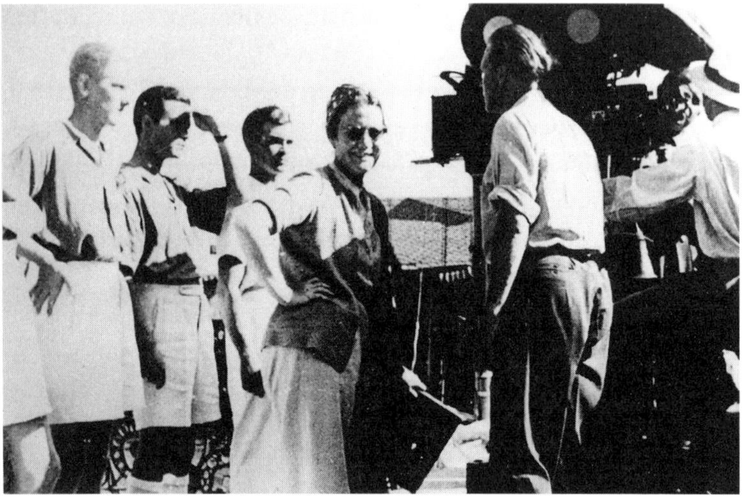

Drehaufnahmen zu *Leb wohl, Christina*

ben als Stars und Sternchen. Die Ufa kann sich auch heute noch der schützenden Hand der Lobbyisten sicher sein. Ende 1996 fusionierte die Bertelsmann-Tochter Ufa und der Luxemburger TV-Gigant CLT zur größten Fernsehgesellschaft Europas. Die EU befürwortete diese Kartellbildung mit dem Hinweis auf das Kirch-Imperium als gleichwertiges Gegengewicht.

Hoffentlich wird über die bunte Unterhaltung im nachempfundenen Ufa-Stil unserer Tage nicht vergessen, daß die Gefahr besteht, ganze Jahrgänge der früheren Kinoproduktion für immer zu verlieren – womit nicht die ferne Stummfilmepoche gemeint ist, sondern die Filme der kapitalschwachen Nachkriegsfirmen, denen nur ein kurzes Schicksal beschieden war. Schon heute sind Dutzende westdeutscher Produktionen aus den Verleihkatalogen verschwunden und gelten als verschollen.

Hoffentlich wiederholt sich dieser Prozeß nicht bei der Verhandlung des DEFA-Erbes, das seit 1990 provisorisch durch den Progreß Film-Verleih verwaltet wird. Die Filetstücke haben sich bereits gewiefte Manager des Filmbusineß auf Jahre gesichert, so daß die angedachte Stiftung vorerst nur die Zukunft verplanen kann. Die Geschichte der Ufa Film GmbH sollte heutige Entscheidungsträger dazu ermahnen, sorgfältiger mit dem nationalen Erbe umzugehen.

Anmerkungen

Erstes Kapitel: Filmproduktion im Chaos

1 Arthur Maria Rabenalt, *Film im Zwielicht*, Olms Presse, Hildesheim 1978, S. 80
2 *Bundesarchiv*, zit. als *BArch*, R 109 II/2
3 *Der Deutsche Film 1945 – Kleines Film-Handbuch für die Presse*, o. J., S. 9
4 *BArch*, R 109 II/29
5 *BArch*, Berlin-Film 227
6 Karsten Witte, *Lachende Erben, Toller Tag*, Vorwerk 8, Berlin 1995, S. 252
7 *BArch* R 109 II/53
8 »Der neue Riese« Manfred Behn; in *Das Ufa-Buch* von Hans-Michael Bock und Michael Töteberg (Hrsg.), Zweitausendeins, Frankfurt/M 1992
9 *Film-Kurier*, Nr. 62, 4. 8. 1944
10 *Film-Kurier*, Nr. 68, 25. 8. 1944
11 *BArch*, R 109 II/2
12 ebenda
13 *BArch*, R 109 II/38
14 *BArch*, R 109 II/29
15 *Film-Nachrichten*, Nr. 56, 10. 2. 1945
16 Hans-Christoph Blumenberg, *Das Leben geht weiter*, Rowohlt Berlin, Berlin 1993, S. 128
17 *BArch*, Berlin-Film 123
18 *BArch*, R 109 II/ 55
19 Vgl. Reichsgesetzblatt I, Seite 191 vom 31. 8. 1944
20 Maria Milde, *Berlin Glienicker Brücke: Babelsberger Notizen*, Ullstein, Frankfurt/M; Berlin 1991, S. 147
21 *BArch*, R 109 II/6

22 ebenda
23 *BArch*, U 427
24 *BArch*, Ufa 130
25 *BArch*, Berlin-Film 123
26 Klaus Kreimeier, *Die Ufa-Story*, Carl Hanser, München; Wien 1992, S. 416
27 *Film-Kurier*, Nr. 56, 10. 2. 1945
28 *BArch*, R 109 II/15
29 Rolf Hempel, *Carl Mayer*, Henschel, Berlin 1968, S. 91
30 Kreimeier, a. a. O., S. 432

Zweites Kapitel: Filme ohne Publikum

1 A. M. Rabenalt, *Joseph Goebbels und der Großdeutsche Film*, Herbig Berlin; München 1985, S. 9
2 Blumenberg, a. a. O., S. 177
3 *BArch* R 109 II/2
4 ebenda
5 *BArch* R 109 III/15
6 *BArch*, R 109 II/2
7 Blumenberg a. a. O., S. 161
8 Michael Töteberg und Michael Bock (Hrsg.) *Das Ufa-Buch*, Zweitausendeins, Frankfurt/M 1992, S. 468
9 Maria Milde a. a. O., S. 140
10 *BArch*, Berlin-Film 227
11 *BArch*, R 109 II/2
12 *BArch*, R 109 II/13
13 Francis Courtade, Pierre Cadars, *Geschichte des Films im Dritten Reich*, Carl Hanser, München; Wien 1975, S. 7
14 Dr. Arnold Bachmeister, *Bedeutung und Arbeitsweise der Filmprüfstelle in Berlin*, S. 1., Manuskript im BArch kl. Erw. Nr. 291
15 Zit n. Gerd Albrecht *Nationalsozialistische Filmpolitik*, Stuttgart 1969, S. 443
16 Kraft Wetzel, Peter Hagemann, *Zensur – Verbotene deutsche Filme 1933–1945*, Volker Spiess, Berlin 1978, S. 7
17 In: Albrecht, a. a. O., S. 523
18 *BArch*, R 109 III/2

19 Fritz Hippler, *Die Verstrickung*, Verlag MEHR WISSEN Düsseldorf, o. J., S. 221
20 Francis Courtade, *Geschichte des Films im Dritten Reich*, a. a. O., S. 20
21 Kraft Wetzel, a. a. O., S. 42
22 Reinhold Keiner, *Thea von Harbou und der deutsche Film bis 1933*, Hildesheim/Zürich/New York 1984, S. 71
23 Reinhold Keiner, a. a. O., S. 277
24 *BArch*, R 109 II/8
25 *BArch*, Berlin-Film 123
26 ebenda
27 *BArch*, R 109 II/60
28 *BArch*, R 109 II/60
29 *BArch*, R 109 II/55
30 ebenda
31 Johannes Heesters, *Ich bin gottseidank nicht mehr jung*, Edition ferenczy, München 1993, S. 133
32 *BArch*, R 109 II/40
33 Paul Hörbiger, *Ich hab für euch gespielt*, Herbig, München; Berlin 1979, S. 294
34 Blumenberg, a. a. O., S. 76
35 Johannes Heesters, a. a. O., S. 137
36 In: Manfred Barthel, *Als Opas Kino jung war*, Ullstein, Berlin; Frankfurt/M. 1956, S. 16
37 Hans Borgelt, *Die Ufa – ein Traum*, edition q, Berlin 1993, S. 252
38 Heinz Rühmann, *Das war's*, Ullstein, Berlin; Frankfurt/M 1995, S. 157
39 In: Blumenberg, a. a. O., S. 61
40 *BArch*, R 109 II/40
41 *BArch*, R 109 II/60
42 *BArch*, Berlin-Film 227
43 Maria Milde, a. a. O., S. 147
44 Brief von F. v. Petersson vom 11. 2. 1995 an den Autor
45 *BArch*, Berlin-Film 123
46 *BArch*, R 109 II/39
47 *BArch*, R 109 II/38
48 Geza von Cziffra, *Ungelogen*, Herbig, München; Berlin 1988, S. 261
49 *BArch*, R 109 II/37

50 *BArch*, R 109 II/38
51 ebenda
52 *BArch*, R 109 II/53
53 ebenda
54 *BArch*, R 109 II/25
55 *BArch*, R 109 II/53
56 Blumenberg, a. a. O., S. 139
57 Blumenberg, a. a. O., S. 138
58 Blumenberg, a. a. O., S. 187
59 *BArch*, R 109 II/50
60 *BArch*, R 109 II/50
61 *BArch*, R 109 II/47
62 In: Blumenberg, a. a. O., S. 192
63 Matias Bleckman, *Harry Piel*, hrsg. vom Filminstitut Düsseldorf, ohne Jahr, S. 324
64 Bleckman, a. a. O., S. 331
65 Bleckman, a. a. O., S. 332
66 Zitat aus dem TV-Feature *Shiva und die Galgenblume* von Michaela Krützen und Hans Georg Andres
67 ebenda
68 Gerhard Bienert, *Ein Leben in tausend Rollen*, Henschel, Berlin 1989, S. 106
69 Zitat aus dem TV-Feature *Shiva und die Galgenblume* von Michaela Krützen und Hans Georg Andres
70 *BArch*, R 109 II/38

Drittes Kapitel: Filmschicksale

1 In: »Der Todeskampf der Reichshauptstadt«, Frank Bauer, Chronos, Berlin, Kleinmachnow 1994, S. 281
2 *BArch*, Berlin-Film 123
3 *BArch*, R 109 II/53
4 *BArch*, R 109 II/61
5 Hans Borgelt in *Wissen Sie noch?*, Feldt & Co, Wiesbaden-Biebrich, 1955, S. 9
6 Zitat aus dem TV-Feature *Shiva und die Galgenblume* von Michaela Krützen und Hans Georg Andres

7 »Fremde Beute oder Wie ich das Reichsfilmarchiv nach Moskau brachte« von Jossif Manewitsch, in *Die ungewöhnlichen Abenteuer des Dr. Mabuse im Lande der Bolschewiki,* Hrsg.: Oksana Bulgakowa, Stiftung der Deutschen Kinemathek, Berlin 1995, S. 256
8 *BArch*, R 109 III/2
9 *BArch*, R109 III/2
10 Hans Borgelt, a. a. O., S. 253
11 In: Klaus Kreimeier, a. a. O., S. 439
12 Micaela Jary, *Traumfabriken made in Germany*, edition q, Berlin 1993, S. 28
13 Kreimeier, a. a. O., S. 432
14 Ingeburg Kretschmar in der ARD-Serie *Die wirren Jahre*
15 Paul Henckels, *Heiter bis wolkig*, Droste, Düsseldorf 1960, S. 140
16 In: Micaela Jary, a. a. O., S. 42
17 Zitat aus der ARD-Reihe *Die wirren Jahre*
18 ebenda
19 Mückenberger/Jordan *Sie sehen selbst, Sie hören selbst …*, Hitzeroth, Marburg 1994, S. 22
20 In: Curt Riess, *Das gibt's nur einmal*, Henri Nannen, Hamburg 1958, S. 43
21 In: Curt Riess, a. a. O., S. 46
22 In: Curt Riess, a. a. O., S. 45
23 *BArch*, S 6
24 *BArch*, Tobis 403
25 ebenda
26 *BArch*, S 6
27 ebenda
28 ebenda
29 Michael Dost, Florian Hopf, Alexander Kluge, *Filmwirtschaft in der BRD und Europa*, München 1973, S. 102
30 Albert Wilkening, *Geschichte der DEFA von 1945–50*, Hrsg.: VEB DEFA Studio für Spielfilme, o. J., S. 21
31 *BArch*, R 109 III/40
32 Karsten Witte, a. a. O., S. 246
33 Karsten Witte, a. a. O., S. 249
34 Hilmar Hoffmann, *100 Jahre Film*, Econ, Düsseldorf 1995, S. 229
35 Kreimeier, a. a. O., S. 430

36 In: Curt Riess, a. a. O., S. 29
37 In: Christiane Mückenberger, a. a. O., S. 14
38 ebenda
39 In: Curt Riess, a. a. O., S. 120
40 »Atze« Brauner, *Mich gibt's nur einmal*, Herbig, München 1978, S. 51
41 *Lexikon des internationalen Films*, Rowohlt, Reinbek bei Hamburg 1995, S. 2412
42 In: Micaela Jary, a. a. O., S. 36
43 In: Hans Borgelt, *Die Ufa – ein Traum*, edition q, Berlin 1993, S. 254
44 Albert Wilkening, a. a. O., S. 29
45 *Die Neue Filmwoche* Nr. 34/1948
46 Petronella Schnieber in einem Fax vom 9. 8. 1996
47 *Zwischen Gestern und Morgen* – Westdeutscher Nachkriegsfilm 1946–1962, Ausstellungskatalog des Deutschen Filmmuseums Frankfurt/M, 1989, S. 2
48 Mückenberger/Jordan, a. a. O., S. 34
49 Mückenberger/Jordan, a. a. O., S. 26
50 Mückenberger/Jordan, a. a. O., S. 29
51 *BArch*, S 6
52 Mückenberger/Jordan, a. a. O., S. 30
53 In *Berliner Zeitung* vom 27. 7. 1946
54 In: *Wissen Sie noch? – Ein DnF-Tatsachenbericht vom Zusammenbruch und Neubeginn des deutschen Films*, Feldt & Co, Wiesbaden-Biebrich 1955, S. 31
55 *Flensburger Tageblatt*, Nr. 230, vom 2. 10. 1950
56 *BArch*, S 6
57 ebenda
58 ebenda
59 ebenda
60 ebenda
61 Uli Jung (Hrsg.) *Der deutsche Film*, Wissenschaftlicher Verlag Trier, o. J., S. 220
62 Uli Jung, a. a. O., S. 221
63 Aus: *Die ungewöhnlichen Abenteuer des Dr. Mabuse im Lande der Bolschewiki* v. Das Buch zur Filmreihe »Moskau-Berlin«, hrsg. von Oksana Bulgakowa, Freunde der Deutschen Kinemathek, Berlin 1995

64 Oksana Bulgakowa, a. a. O., S. 258
65 ebenda
66 Oksana Bulgakowa, a. a. O., S. 262
67 *BArch*, S 10
68 ebenda
69 ebenda
70 ebenda
71 Dr. Phil Peter Stettner, »Film gegen Film«, in *Uni Hannover-Magazin*, Heft 2/95, S. 24
72 *BArch*, S 6
73 ebenda
74 ebenda
75 ebenda
76 ebenda
77 *Die Neue Filmwoche*, Nr. 41/1948
78 In: *Deutschland in Trümmern*, (Hrsg.) Helmut Regel und Klaus Jaeger, Verlag Karl Maria Laufen 1976, S. 99
79 Uli Jung, a. a. O., S. 226
80 Kurt Maetzig, *Filmarbeit*, Henschel, Berlin 1987, S. 213
81 Dr. Alfred Bauer, *Deutscher Spielfilm Almanach 1929–1950*, Hrsg. der Neuausgabe 1976: Filmladen Christoph Winterberg, München, S. 671
82 In: Mückenberger, a. a. O., S. 38
83 Leo Meter, »Der Film – gestern und heute«, in: *Die Weltbühne* Nr. 7/1949, S. 258

Viertes Kapitel: Filme ohne Ende

1 »Schurkenstücke – Entflechtung der Lex UFI« von Claudia Dillmann, in: *Das Ufa-Buch* von Bock/Töteberg, a. a. O., S. 484
2 Micaela Jary, a. a. O., S. 190
3 Jürgen Spiker, *Film und Kapital*, Volker Spiess, Berlin 1975, S. 245
4 Matias Bleckman »Der letzte Film des Dritten Reiches«, in: *film-dienst*, Nr. 24/93, S. 17
5 In: Eva Orbanz (Red.), *Wolfgang Staudte*, Volker Spiess, Berlin 1977, S. 133
6 Kraft Wetzel und Peter Hagemann, a. a. O., S. 92

7 Fred Gehler »Die seltsamen Abenteuer des Herrn Fridolin B.«: *Filmblatt des Staatlichen Filmarchivs der DDR*, S. 1
8 Eugen Netenjacob, in: Eva Orbanz (Red.), a. a. O., S. 31
9 Jerzy Toeplitz, *Geschichte des Films*, Bd. 5, Henschel, Berlin 1991, S. 369
10 In: Eva Orbanz (Red.), a. a. O., S. 133
11 *Die nackte DEVA*, Anekdoten von Heinz Thiel, Märkischer Verlag, Wilhelmshorst 1996, S. 14
12 In: Horst Knietzsch, *Wolfgang Staudte*, Berlin 1966, S. 16
13 In: Eva Orbanz (Red.), a. a. O., S. 36
14 ebenda
15 *BArch*, S 162
16 Staudte in einem ARD-Interview 1977
17 Malte Ludin, *Wolfgang Staudte*, Rowohlt, Reinbek bei Hamburg 1996, S. 41
18 *U.S. Document Centre Berlin*
19 *BArch*, S 6
20 Hans Barkhausen, »Wo sind die alten deutschen Filme geblieben« in: *Neue Zürcher Zeitung* vom 29. Juni 1974, S. 49

Anhang

Zeittafel 1917–1996

1917	Gründung der Universum Film AG
30. Januar 1933	Adolf Hitler wird Reichskanzler
13. März 1933	Errichtung des Reichsministeriums für Volksaufklärung und Propaganda
22. September 1933	Gründung der Reichsfilmkammer
16. Februar 1934	Verkündung des neuen Lichtspielgesetzes
10. Januar 1942	Gründung der Ufa Film GmbH (Ufi)
	aus: Ufa Filmkunst GmbH
	Terra Filmkunst GmbH
	Berlin-Film GmbH
	Tobis Filmkunst GmbH
	Bavaria Filmkunst GmbH
	Prag-Film GmbH
	Wien Filmkunst GmbH
	u. a.
	Ernennung des Reichsfilmintendanten
28. Februar 1942	Ernennung des Reichsfilmdramaturgen
8. Mai 1945	Beendigung des Zweiten Weltkrieges durch die deutsche Kapitulation
9. Juni 1945	Bildung der Sowjetischen Militäradministration (SMAD) in der Sowjetischen Besatzungszone (SBZ)
25. August 1945	Gründung der Zentralverwaltung für Volksbildung
Oktober 1945	Bildung des Filmaktivs
17. Mai 1946	Gründung der DEFA aus dem Filmaktiv

Juli 1946	Erste Lizenz für eine westdeutsche Filmfirma an »Studio 45«
1946	Umwandlung des sowjetischen Filmverleihs Sojusintorgkino in Sovexport
Juni 1947	Der Erste Deutsche Film-Autoren-Kongreß in Berlin und Babelsberg
11. November 1947	Umwandlung der DEFA GmbH in eine Aktiengesellschaft mit sowjetischer Mehrheit
1948	Währungsreform
1. November 1948	Gründung des DEFA-Filmverleihs
7. September 1949	Erlaß des alliierten Entflechtungsgesetzes »Lex UFI«
23. Mai 1949	Gründung der Bundesrepublik Deutschland
7. Oktober 1949	Gründung der Deutschen Demokratischen Republik
30. August 1950	Gründung des Progreß-Film-Vertriebs als Monopolverleiher in der DDR
15. November 1950	Versteigerung von neun Spielfilmen aus dem Ufi-Vermögen
1951	Übergabe der sowjetischen DEFA-Anteile
6. Juni 1953	Inkrafttreten der deutschen »Lex UFI«
1. November 1954	Ausstrahlung eines regelmäßigen ARD-Programmes
April 1956	Verkauf der Universum-Film AG, der Ufa Theater AG und der Bavaria
September 1960	Aufkauf der Deutschen Film Hansa und Umwandlung in Ufa Film Hansa
	Ufa-Filmverleih stellt seine Tätigkeit ein Universum-Film AG ohne Spielfilmproduktion
5. März 1962	Auflösung der Ufa Film Hansa
1964	Bertelsmann-Gruppe erwirbt die Universum-Film und die Ufa Theater AG
1966	Gründung der Friedrich-Wilhelm-Murnau-

	Stiftung, Übernahme wesentlicher Ufi-Rechte
1981	Gründung der Ufa-Filmproduktion GmbH
1990	Verwaltung der DEFA-Rechte durch Progress
3. Oktober 1990	Übernahme der DDR durch die BRD
25. August 1992	Verkauf der DEFA an die französische CGE und Umwandlung in Studio Babelsberg
1996	Fusion der Ufa mit der Luxemburger CLT zur größten Fernsehgesellschaft Europas

Überblick über unvollendete oder nicht aufgeführte Ufa-Filme

Bis 1945 verboten

1942	Mit den Augen einer Frau
1943	Alles aus Liebe
	Am Ende der Welt
	Panik
	Symphonie einer Weltstadt
	Titanic
1944	Freunde
	Große Freiheit Nr. 7
	Intimitäten
	Jan und die Schwindlerin
	Jugendliebe
	Moselfahrt mit Monika
	Der verzauberte Tag
1945	Erzieherin gesucht

Verboten, nie gespielt

	Der 5. Juni
	Die See ruft
	Besatzung Dora
	Die heimlichen Bräute
	Eine kleine Sommermelodie
	Melusine

Zugelassen, keine Premiere bis 1945

1944	Am Abend nach der Oper
	Freitag, der 13.
	Schuß um Mitternacht
	Augen der Liebe/Zwischen Nacht und Morgen
1945	Das fremde Leben
	Der Posaunist
	Frech und verliebt
	Quax in Fahrt
	Regimentsmusik
	Spuk im Schloß
	Unter den Brücken
	Vier Treppen rechts
	Wie sagen wir es unseren Kindern?
	Wir seh'n uns wieder

Premiere nach dem Krieg

	Das Gesetz der Liebe
	Liebe nach Noten
	Mit meinen Augen
	Münchnerinnen/Über alles die Liebe
	Umwege zu Dir

Fertigstellung nach 1945

DEFA:	Das kleine Hofkonzert
	Der große Fall
	Die Fledermaus
	Die Kreuzelschreiber
	Ein toller Tag
	Eine alltägliche Geschichte
	Eine reizende Familie
	Fahrt ins Glück
	Frau über Bord/Kabine 27
	Glück muß man haben/Der arme Jonathan
	Ich glaube an Dich/Mathilde Möhring
	Peter Voß, der Millionendieb
	Rätsel der Nacht
	Ruf an das Gewissen/Ruf des Gewissens
	Verlobte Leute/Das Dementi
	Via Mala/Die Straße des Bösen
	Wiener Mädeln
Bavaria:	Die Nacht der Zwölf
	Dreimal Komödie/Liebeswirbel
	Ein Herz schlägt für Dich
	Geld ins Haus
	Liebesheirat
	Philine
Wien-Film:	Ein Mann gehört ins Haus
	Ulli und Marei/Der Berghofbauer
	Wie ein Dieb in der Nacht/Der Herzensdieb
Tirol-Film:	Im Banne des Monte Miracolo
Hans-Haß-Filmprod:	Menschen unter Haien
Riefenstahl-Filmprod:	Tiefland
Bundesarchiv:	Der Mann, dem man den Namen stahl

Unvollendete Produktion

Das Leben geht weiter
Der Puppenspieler/Pole Poppenspäler
Der Scheiterhaufen
Die tolle Susanne
Dr. phil. Döderlein
Kamerad Hedwig
Sag' endlich ja
Sag' die Wahrheit
Shiva und die Galgenblume
Wir beide liebten Katharina
Wo ist Herr Belling?

Abgedreht, doch nicht fertiggestellt

Das seltsame Fräulein Sylvia
Der Fall Molander
Der Mann im Sattel
Die Schenke zur ewigen Liebe
Frühlingsmelodie
Heidesommer/Verliebter Sommer
Leb' wohl, Christina/Umarmt das Leben
Leuchtende Schatten
Tierarzt Dr. Vlimmen

Mit den Augen einer Frau

Produktion: Tobis Filmkunst
Regie: K. G. Külb
Drehbuch: Thea von Harbou
Kamera: Paul Rischke

Darsteller: Ada Tschechowa, Olga Tschechowa, Paul Bildt, Erika von Thellmann, Käthe Alving, Karl Martell, Franz Schafheitlin, Gustav Fröhlich

Inhalt

Dreimal hat Marie-Luise von Ditmar in ihrem Leben einen Mann geliebt. Mit achtzehn Jahren lernte sie Herrn von Schlenk kennen und fühlte sich zu dem verheirateten Mann hingezogen. Aus Verzweiflung über die versagte Liebe heiratet sie auf Wunsch ihrer Mutter den pedantischen Baron von Stein. Nach dessen Tod erobert der impulsive Schriftsteller Paul von Detky das Herz der jungen Witwe. Durch die Krankheit ihres Sohnes kann sich Marie-Luise nur unzureichend dem aufstrebenden Dichter zuwenden, und er löst die kurzzeitige Verbindung. Jahre später unterstützt sie in mütterlicher Fürsorge einen jungen Architekten, der durch die Vermittlung ihrer Tochter einige Zimmer bei ihr bewohnt. Sie beschafft ihm Aufträge und vermittelt ihm gesellschaftliche Umganggsformen. Kurzzeitig ist der junge Collander in die reife Frau verliebt, bevorzugt dann aber die blühende Tochter. Mit einem Lächeln akzeptiert Marie-Luise ihre neue Rolle als zukünftige Großmutter.

Am 4. November 1942 verboten

Alles aus Liebe

Produktion: Aco-Film
Regie: Hubert Marischka
Drehbuch: Geza von Cziffra und Hubert Marischka
Kamera: Otto Baecker

Darsteller: Heli Finkenzeller, Grethe Weiser, Wolf Albach-Retty, Rudolf Carl, Rudolf Platte, Else von Möllendorf, Viktor Janson, Herbert Weisbach

Inhalt

Inge hätte sich gerne mit dem hilfsbereiten Rolf Möller verabredet, wenn da nicht die strenge Tante Martha wäre. So muß sich Rolf weiter auf seine Schimpansendressur konzentrieren und seinem tolpatschigen Onkel und Assistenten mehrfach aufhelfen. Besagter Anton bringt den gemeinsam gefangenen Kakadu Nico zur rechtmäßigen Besitzerin, der Tante Martha, zurück und gibt sich als der bekannte Tierdresseur Möller aus. Rolf muß derweil die Rolle seines Freundes, eines Malers, übernehmen. Ein gemeinsamer Ausflug bringt beide Paare einander näher. Doch auch danach müssen beide Männer ihre vertauschten Rollen weiterspielen. Die wirkliche Frau des Malers bringt Rolf in eine peinliche Situation, doch die große Tierrevue mit Rolf als Dresseur macht den Verwicklungen ein Ende.

Im Herbst 1943 verboten
Uraufführung: 22. 11. 1949
Verleih: Adler-Film

Am Ende der Welt

Produktion: Wien-Film
Regie: Gustav Ucicky
Drehbuch: Gerhard Menzel
Kamera: Günther Anders

Darsteller: Brigitte Horney, Attila Hörbiger, Trude Hesterberg, Auguste Pünkösdy, Gottlieb Wegrostek, Hans Pössenbacher

Inhalt

Nach dem Tod des Sägewerksbesitzers verwaltet Michael Marchs den Besitz und die Waldungen. Die junge Erbin Roberta Bell fordert von ihm 50000 Mark, die er ihr verweigert. Roberta zwingt Michael, ihr in die Stadt zu folgen. Er soll als zeichnungsberechtigter Dritter ein erpresserisches Darlehen genehmigen. Nach einer feuchtfröhlichen Nacht kommen die Ernüchterung und der Zorn über das abgekartete Spiel. Michael landet hinter Gittern. Aber auch Roberta registriert den von ihr angerichteten Scherbenhaufen und versucht durch angestrengte Arbeit, Michael zu befreien. Als der Tag kommt, geht Michael grußlos an ihr vorbei, seinen heimatlichen Wäldern zu. Roberta folgt ihm bis ans Ende seiner Welt.

Im Frühjahr 1943 verboten
Uraufführung: 4. 7. 1947 in Wien
Verleih in der BRD: Ring-Film unter dem Titel *Die Erbin der Wälder*

Panik

Produktion: FDF-Film
Regie: Harry Piel
Drehbuch: Dr. Herbert Nossen
Kamera: Gotthardt Wolf, Ewald Daub

Darsteller: Harry Piel, Dary Holm, Toni Tetzlaff, Gloria Maro, Jaro Fürth, Erich Kaiser-Titz, Henry Bender, Eugen Burg

Inhalt

Großtierjäger Peter Volker in Tanganjika kann vor Ausbruch des Zweiten Weltkrieges seine Tiere einem deutschen Tierpark in Ulmenau überstellen, wo inzwischen die Tochter des benachbarten Farmers, Christa, als Tierpflegerin arbeitet. Bei einem Bombenangriff werden die Gehege zerstört. Peter kann jedoch die ausbrechenden Tiere bändigen, und Christa findet zu ihm.

Im Oktober 1943 verboten
Uraufführung: 13. 10. 1953 in Frankfurt/M
Verleih: Herzog Film unter den Titeln *Gesprengte Gitter* und *Die Elefanten sind los*
Das Filmmaterial wurde 1952 durch die sowjetische Besatzungsmacht an Harry Piel übergeben, der die ursprünglichen Szenen neu bearbeitet und ergänzt hat.

Symphonie einer Weltstadt

Produktion: Leo de Larforgue-Filmproduktion
Regie: Leo de Larforgue
Drehbuch: Leo de Larforgue
Kamera: Leo de Larforgue

Inhalt

Berlin als Hauptdarsteller in einem unterhaltsamen Dokumentarfilm. Der Regisseur vermittelt die Atmosphäre dieser quirligen Weltstadt vor den Zerstörungen des Weltkrieges. Berlin war der anerkannte Mittelpunkt der deutschen Unterhaltung und Kultur und gleichzeitig der Verkehrsknotenpunkt des Deutschen Reiches. »Ein Blick zurück, ein erregender auf Menschen, Gebäude, auf Institutionen, auf volle Straßen, auf dramatisch jagende Sportereignisse und atemberaubende Autorennen der Avus – der gigantische Pulsschlag einer Stadt bis hinein in die oft kleinstädtische Idylle in der Metropole selber und an ihrem Rande, der sich grün und mit märkischen Kiefern bestanden, an den Havelseen so glücklich ausbreitet.« (Zitiert aus dem Programmheft)

Im März 1943 verboten
Uraufführung: 1. 10. 1950 in Berlin/West
Verleih: Forum-Film

Titanic

Produktion: Tobis Filmkunst
Regie: Herbert Selpin und Werner Klingler
Drehbuch: Walter Zerlett-Olfenius
Kamera: Friedl Behn-Grund

Darsteller: Sybille Schmitz, Charlotte Thiele, Hans Nielsen, Kirsten Heiberg, Karl Schönböck, Otto Wernicke, Monika Burg, Liselott Klingler, Ernst F. Fürbringer

Inhalt

Die spektakuläre Jungfernfahrt des Hochseeriesen Titanic soll die angeschlagene White Star Line vor dem Konkurs retten. Mit einem Geschwindigkeitsrekord will der Präsident Ismay das Blaue Band erringen. An Bord spielen sich derweil eine Reihe bunter Einzelschicksale ab. Das abendliche Amüsement wird jäh durch den Aufprall auf den Eisberg unterbrochen. Eine Panik bricht aus, und die Masken der wohlsituierten Gesellschaft fallen. Der mächtige Präsident entpuppt sich als selbstsüchtiger Feigling, eine flatterhafte Russin dagegen setzt sich uneigennützig für die Hilfsbedürftigen ein. Der Erste Offizier Petersen rettet Ismay, um ihn vor dem Seeamtsgericht anzuklagen. In der Verhandlung wird jedoch der Spekulant freigesprochen und alle Schuld auf den Kapitän geladen.

Im April 1943 für Deutschland verboten
Uraufführung in Paris
Erstaufführung in Deutschland: 7. 2. 1950 in Stuttgart
Verleih: Central-Europäischer Filmverleih
von 1950 an durch Progreß Filmverleih auch in der DDR.
Von der Alliierten Hohen Kommission zurückgezogen und 1955 durch die FSK genehmigt

Freunde

Produktion: Wien-Film
Regie: E. W. Emo
Drehbuch: Gerhard Menzel
Kamera: Hans Schneeberger

Darsteller: Ferdinand Marian, Attila Hörbiger, Hanna Witt, Rudolf Reif, Sonja Ziemann

---

Inhalt

Bislang hatten die Freunde Gottfried und Guido das Interesse für den gleichen Mädchentyp auf spielerische Weise klären können. Im reiferen Alter verliebt sich der schwerfällige Gottfried in eine Frau, die er heiraten möchte. Während der Verlobung erkennt sein leichtlebiger Freund in Gottfrieds Braut eine Bekanntschaft, die er jenseits des Ozeans gemacht hatte. Guido kann den Glücklichen nicht von dem vermeintlich oberflächlichen Charakter seiner Braut überzeugen und bedrängt Alix in einem persönlichen Gespräch. Alix bittet sich eine kurze Bedenkzeit aus und verlebt derweil eine glückliche Zeit mit Gottfried. Vor Ablauf der Frist erscheint Guido unverhofft und treibt Alix in einen Selbstmordversuch.
Beide Freunde retten sie, und Guido erkennt sein Fehlverhalten. Das junge Paar nimmt ihn als Freund in seine Mitte.

Im November 1944 verboten
Uraufführung: 3. 8. 1945 in Wien
Verleih: von 1950 an in der BRD durch die National-Filmgesellschaft unter dem Titel *Ehe in Gefahr*

Große Freiheit Nr. 7

Produktion: Terra Filmkunst
Regie: Helmut Käutner
Drehbuch: Helmut Käutner und Richard Nicolas
Kamera: Werner Krien

Darsteller: Hans Albers, Ilse Werner, Gustav Knuth, Hans Söhnker, Günther Lüders, Hilde Hildebrand, Helmut Käutner, Ethel Reschke, Kurt Wieschala

Inhalt

Als Stimmungssänger produziert sich allabendlich der Exmatrose Hannes im Hamburger Vergnügungslokal Hippodrom. Als er die junge Gisa, die Geliebte seines verstorbenen Bruders, bei sich aufnimmt und liebzugewinnen beginnt, möchte er die anrüchige Arbeit aufgeben und solide werden. Doch derweil lernt Gisa, von deren Einverständnis Hannes wie selbstverständlich ausgeht, den kessen Werftarbeiter Willem kennen und lieben. Während Gisa den verstockten Willem besucht, bereitet Hannes seine Verlobungsfeier vor. Als er von der unerwarteten Entwicklung erfährt, läßt Hannes Hippodrom und unglückliche Liebe hinter sich und heuert mit seinen Freunden Fiete und Jens auf der »Padua« an.

Während des Dritten Reiches nur für das Ausland und Böhmen/Mähren zugelassen
Uraufführung: 15. 12. 1944 in Prag
Verleih: Britischer Filmverleih
ab 1946 auch Sovexport
ab 1949 Lloyd-Filmverleih
erster zugelassener deutscher Film nach dem Krieg

Intimitäten

Produktion: Berlin-Film
Regie: Paul Martin
Drehbuch: Peter Groll und Paul Martin
Kamera: Ekkehard Kyrath

Darsteller: Viktor de Kowa, Gretl Schörg, Harald Paulsen, Camilla Horn, Ernst Waldow, Ilse Fürstenberg

Inhalt

Der angehende Schauspieler Peter Korff will verhindern, daß sich seine leichtfertige Freundin Erika nochmals mit dem gräflichen Hochstapler Dorndorff verabredet. Verkleidet als mahnender Schneider, beschlagnahmt er die letzten Anzüge des Grafen und erreicht zumindest eine Verschiebung des geplanten Rendezvous mit seiner Freundin Erika. Als reiche Witwe aus Luxemburg überrascht Peter den Grafen am nächsten Abend und nimmt ihn die ganze Zeit in Beschlag. Als sich die wahre Witwe anmeldet, ist Peters Spiel durchschaut. Der Graf tobt gefährlich und läßt sich nur durch das Auftreten der Dame beruhigen. Zu seinem Ärger übernimmt Peter die Regie des Abends und begeistert die reizvolle Luxemburgerin, die er bald in seine Arme schließen kann.

Im Dezember 1944 verboten
Uraufführung: 3. 2. 1948 in Berlin/West
als erster Film am 18. 7. 1949 von der FSK geprüft

Jan und die Schwindlerin

Produktion: Ufa Filmkunst
Regie: Hans Weissbach
Drehbuch: Per Schwenzen
Kamera: Franz Weihmayr

Darsteller: Gerty Soltau, Walther Süssenguth, Ursula Zeitz, Herbert Tiede, Käte Alving

Inhalt

Nach einem erfolgreichen Leben in der Fremde kehrt Jan Remmers auf die heimatliche kleine Nordseeinsel zurück. Doch weil er die wahren Gefühle seiner Verwandten für sich kennenlernen will, vertauscht er die Rollen mit seiner Sekretärin. Als Angestellter einer Millionärin stellt er sich seiner ehemaligen Frau Berta vor. Zu seiner Enttäuschung hat sie sich wieder mit dem Fischer Hinnerk verheiratet, der seinem Sohn Peter ein verständnisvoller Vater geworden ist. Peter ist mittlerweile Ingenieur und plant einen neuen Deich für die bedrohte Insel. Jan Remmers erwirbt ohne Peters Wissen das ganze Grünland der Insel, damit sein Sohn seine Pläne verwirklichen kann. Mittlerweile haben die Badegäste Jans Sekretärin als Hochstaplerin entlarvt und lassen sich erst durch die Enthüllung seiner wahren Identität zum Schweigen bringen. Nach diesen Erlebnissen entdeckt der Millionär eine starke Zuneigung zu seiner Reisegefährtin und reist mit ihr in eine gemeinsame Zukunft.

Im Oktober 1944 verboten
Uraufführung: 4. 3. 1947 in Berlin/West
ab 1948 auch in der SBZ/DDR

Jugendliebe

Produktion: Tobis Filmkunst
Regie: Eduard von Borsody
Drehbuch: Eduard von Borsody
Kamera: Friedl Behn-Grund

Darsteller: Rose Marten, John Pauls-Harding, Willy Rösner, Käte Merk, Leopold Kerschner, Fritz Kampers, Hans Adalbert Schlettow

---

Inhalt

Ein wertloser Steinacker zwischen den angrenzenden Feldern der Bauern Manz und Burger wird zum Anlaß für langwierige Prozesse. Der reiche Gastwirt Paust gibt bereitwillig Gelder für die Prozeßkosten und erhält nach fünfzehn Jahren den verschuldeten Manz-Besitz. Paust will vom ruinierten Burger die Tochter Vroni zur Frau als Gegenleistung für die geliehene Summe. Friedel, der Sohn des Bauern Manz, sträubt sich gegen die geplante Hochzeit. In einem erhitzten Streit verunglückt Burger tödlich, und Paust erpreßt Vroni mit der Drohung, ihren Friedel als Mörder anzuzeigen. Am Vorabend der Hochzeit suchen die jungen Leute gemeinsam den Tod in den Stromschnellen. Durch ein Wunder werden sie gerettet und vertrauen auch weiter auf ihr Glück.

Im Oktober 1944 verboten
Uraufführung: 27. 2. 1947 in Berlin/West
Verleih: ab 1952 durch Atlantic-Film (u.a.) unter dem Titel *Übers Jahr, wenn die Kornblumen blüh'n*

Moselfahrt mit Monika

Produktion: Terra Filmkunst
Regie: Roger von Norman
Drehbuch: Margarete Hackebeil
Kamera: Willy Kuhle

Darsteller: Eva-Maria Meineke, Margrit Debar, Ruth Bernhardt, Martin Urtel, Albert Florath, Hermann Brix

Inhalt

Die Freunde Heiner und Florian verabreden eine Paddelbootsfahrt auf der Mosel. Der verheiratete Heiner wird von seiner Schwester Monika begleitet, und Florian vermeidet jeglichen Annäherungsversuch, da er in Monika Heiners Frau sieht. Mit Tilo und Susanne stößt ein drittes Boot zu ihnen, und der Frauenheld Tilo wird auch von Monika umgarnt. Als sich noch Heiners Frau Nora den Reisenden anschließt, ist Florians Verwirrung komplett. Die heimlichen Verabredungen und Mißverständnisse nehmen kein Ende, bis Florian endgültig die Bootsbesatzungen festlegt.

Im Oktober 1944 verboten
Uraufführung: 29. 8. 1952
Verleih: Progreß Filmverleih

Der verzauberte Tag

Produktion: Terra Filmkunst
Regie: Peter Pewas
Drehbuch: Renate Uhl, Peter Pewas
Kamera: Georg Krause

Darsteller: Winnie Markus, Hans Stüwe, Ernst Waldow, Eva-Maria Meineke, Hans Brausewetter, Carola Toelle, Karl Etlinger, Curt Ackermann

Inhalt

Christine und Anni sind Verkäuferinnen in einem Bahnhofskiosk. Christine soll den pedantischen Buchhalter Krummholz heiraten, und Anni schickt sich in Ermangelung eines Verehrers selbst Blumen. Eines Tages trifft Christine den Mann ihres Lebens, mit dem sie sich für das nächste Wochenende verabredet und einen angenehmen Frühlingstag verbringt. Annis neueste Errungenschaft stellt sich derweil als polizeilich gesuchter Schwindler heraus. Auch Christines Glück zerbricht nach dem Geständnis ihres Liebhabers, nur ein beiläufiges Abenteuer gesucht zu haben. Aufgewühlt flieht sie nach Hause, wo sie der betrunkene Krummholz aus verletzter Eitelkeit niederschießt. Durch eine Zeitungsnotiz informiert, eilt der einsichtige Liebhaber an ihr Krankenbett.

Im Oktober 1944 verboten
Uraufführung in der BRD: 9. 1. 1952
Verleih: Super-Film
vor 1952 bereits Aufführungen in Schweden und der Schweiz

Erzieherin gesucht

Produktion: Ufa Filmkunst
Regie: Ulrich Erfurth
Drehbuch: Thea von Harbou
Kamera: Franz Weinmayr

Darsteller: Olly Holzmann, Ernst von Klipstein, Wolfgang Lukschy, Fritz Wagner, Peter Kliem, Ewald Wenck, Emil Hess

---

Inhalt

Die Erzieherin Luise kann wegen einer Erkrankung die ersehnte Arbeitsstelle im Waldgut Siebeneichen nicht antreten. Ihre Freundin Käthe soll derweil für sie die Erziehung des fünfjährigen Jungen übernehmen. Käthe erfüllt zwar nicht die Bedingungen der drei Onkel des Jungen als ältere und unattraktive Erzieherin, erobert dafür aber die Herzen der drei Brüder. Die vorgesehene Verlobte des Ältesten prüft die vermeintliche Hochstaplerin in einem Verhör auf ihre Tauglichkeit. Zum Glück kann der verunsicherten Käthe die ankommende Freundin Luise beistehen und das Erziehungsamt übernehmen. Käthe hat endlich Zeit für den jüngsten der drei Brüder.

Im Januar 1945 verboten
Uraufführung: 29. 10. 1950 in Hamburg
Verleih: Viktoria-Filmverleih

Der 5. Juni

Produktion: Ufa Filmkunst
Regie: Fritz Kirchhoff
Drehbuch: Walter Ulbrich
Kamera: Walter Pindter

Darsteller: Carl Raddatz, Joachim Brennecke, Karl Ludwig Diehl, Gisela Uhlen, Paul Günther, Hans Richter, Gerhard Geisler

---

Inhalt

Nach dem Tod seines Vaters wird der Kriegsfreiwillige Eickhoff von seinem Vorgesetzten Schulz besonders hart behandelt. Schulz meint, dies dem Vermächtnis seines gefallenen Freundes Eickhoff schuldig zu sein, da er dessen Sohn zum Offizier machen will. Doch eine Bestrafung des jungen Eickhoff macht zunächst alle Zukunftspläne zunichte.
Während des Einmarsches in Frankreich soll sich die Truppe in einem gefährlichen Manöver bewähren. Schulz und Eickhoff werden widerstandslos gefangengenommen, da laute Kampfhandlungen einen geplanten Angriff gefährdet hätten. Eickhoff kann sich befreien und durch seinen Einsatz den deutschen Soldaten einen Durchgang ermöglichen. Erst später erkennt er die umsichtige und väterliche Hilfe, die ihm Schulz zuteil werden ließ.

Im November 1942 wegen der Kriegslage verboten
keine Aufführung nach dem Krieg

Die See ruft

Produktion: Propagandaamt der Deutschen Arbeitsfront
Regie: H. F. Köllner
Drehbuch: H. F. Köllner und Fred Schmidt
Kamera: Willy Peter Bloch

Darsteller: Erna Fentsch, Carl Wery, Friedrich Ulmer, Ernst F. Fürbringer, Kurt Müller-Graf, Paul Wagner, Fritz Reiff, Ernst Martens

Inhalt

»Der Film holt weit aus, geht zurück in die Geschichte der deutschen Seefahrt, läßt in packenden Spielszenen die entscheidenden Stationen einer Entwicklung, die dann doch immer wieder zum Stillstand kommen mußte, vorüberziehen und zeigt die zielbewußte aufbauende Arbeit unserer Zeit, die Sorge um den Seemann von morgen.« (»*Filmwelt* Nr. 13/14 vom 1. 4. 1942)

Wegen der Kriegslage im November 1942 verboten
keine Aufführung nach dem Krieg

Besatzung Dora

Produktion: Ufa Filmkunst
Regie: Karl Ritter
Drehbuch: Karl Ritter
Kamera: Heinz Ritter

Darsteller: Hannes Stelzer, Hubert Kiurina, Josef Dahmen, Georg Thomalla, Ernst von Klippenstein, Carsta Löck, Clemens Hasse

---

Inhalt

Die Besatzung des Fernaufklärers Dora hält wie Pech und Schwefel zusammen. Als der Bordfunker Roggenkamp Schwierigkeiten mit seiner Braut hat, versuchen seine Kameraden zu helfen. Die Verlobte des Bordschützen Mott soll sich um Roggenkamp kümmern, während Mott die temperamentvolle Mathilde zur Rede stellen will. Per Zufall verlieben sich die beiden Paare überkreuz ineinander. Während eines Einsatzes muß die Dora in der afrikanischen Wüste notlanden. Die Besatzungsmitglieder vergessen bis zur glücklichen Rettung alle Rivalität und feiern während des ersten Urlaubs gleich mehrere Hochzeiten.

1943 wegen der Kriegslage verboten
keine Aufführung nach dem Krieg

Die heimlichen Bräute

Produktion: Berlin-Film
Regie: Johannes Meyer
Drehbuch: Walter Wassermann und C. H. Diller
Kamera: Otto Baecker

Darsteller: Magda Schneider, Rudolf Prack, Mady Rahl, Karl Schönböck, Heinz Salfner, Erika von Thellmann, Lucie Englisch

---

Inhalt

»In diesem von einer Fülle der heitersten Überraschungen durchwobenen Film geht es im Kern darum, daß ›die Jungen einmal nicht so zwitschern, wie die Alten sungen ...‹ Da hat sich doch der gute Herr Leidinger im Interesse seiner zu verheiratenden Neffen Peter und Paul einen sehr gescheiten Plan zurechtgelegt, ohne aber zu bedenken, daß man in puncto Liebe eben mit unbekannten Gleichungen zu rechnen hat! Welche witzigen und listigen Manöver die Herren Neffen und ihre bereits erwählten Bräute nun unternehmen, um ihre und die Rechnung des Herrn Onkels aufgehen zu lassen – das wird dieser Film zur dankbaren Freude des Publikums zu berichten wissen!« (Zitiert aus dem Programmheft)

Im November 1944 verboten
keine Aufführung nach dem Krieg

Eine kleine Sommermelodie

Produktion: Tobis Filmkunst
Regie: Volker von Collande
Buch: Rolf Meyer und Ernst Keienburg
Kamera: Eduard Meyer

Darsteller: Irene von Meyendorff, Curd Jürgens, Sonja Ziemann, Volker von Collande, Eric Ode, Heinz Lausch

Inhalt

Der Komponist und Wehrmachtsgefreite Wolfgang Schwab erhält Sonderurlaub, um seine »Sommerliche Phantasie« dirigieren zu dürfen. Wolfgang läßt in der U-Bahn seine Noten liegen und lernt darüber die attraktive Eva-Maria kennen. Beide verleben einen wunderschönen Sommernachmittag auf dem Wasser. Ein spontan entwickeltes Liedchen verbindet sie.
Durch ein Mißverständnis kommt Eva-Maria zur nächsten Verabredung zu spät und sieht nur noch den abfahrenden Zug.
Erst nach Jahren erreicht das gleichnamige Lied die Nachrichtenhelferin. Es wurde von marschierenden Soldaten gesungen. Über Funk erfährt sie Wolfgangs Aufenthaltsort.

Im November 1944 wegen der Kriegslage verboten
keine Aufführung nach dem Krieg

Melusine

Produktion: Terra Filmkunst
Regie: Hans Steinhoff
Drehbuch: Hans Steinhoff, Werner Eplinius
Kamera: Richard Angst

Darsteller: Olga Tschechowa, Siegfried Breuer, Angelika Hauff, Friedrich Domin, Lisa Siebel, Wastl Witt, Franz Pfaudler

---

Inhalt

Oberingenieur Stefan Brock verunglückt bei einer Felssprengung und kann nur durch die beherzte Reaktion einer Passantin gerettet werden. Sie besucht ihn in der Klinik, und Brock verliebt sich in sie. Vom Schicksal hin und her getrieben, verlieren sich die beiden aus den Augen. Verzweifelt sucht Brock seine »Madonna«. Während einer Seeüberfahrt rettet er der schiffbrüchigen Christine das Leben und stürzt sich kopfüber in die neue Beziehung. Der Zufall will es, daß sich die Mutter seiner Freundin als die langgesuchte Nora herausstellt. Diese und Stefan versuchen, die Situation zu meistern, doch Christine kommt dem Geheimnis der beiden auf die Spur. Völlig ratlos fährt sie während eines fürchterlichen Unwetters auf den See und kann nur mühsam gerettet werden. Daraufhin verzichtet Nora zugunsten ihrer Tochter auf den geliebten Mann.

Im Dezember 1944 verboten
keine Aufführung nach dem Krieg

Am Abend nach der Oper

Produktion: Terra Filmkunst
Regie: Arthur Maria Rabenalt
Drehbuch: Johanna Sibelius
Kamera: Albert Benitz

Darsteller: Gusti Huber, Siegfried Breuer, Robert Lindner, Erich Ponto, Albert Florath, Klaus Pohl, Alfred Maack

Inhalt

Peter Manders möchte auf einer mehrmonatigen Auslandsreise eine achtjährige Zuchthausstrafe vergessen. Auf der Rückreise heiratet er spontan die Tänzerin Julia. Aus Vorsicht verschweigt er ihr seine Vergangenheit. Manders verliert während eines Autounfalls seine Entlassungspapiere, und der skrupellose Johannes Merk erpreßt dadurch die Stelle des Privatsekretärs. Sogar in Anwesenheit des Hausherren macht er Julia unverschämt den Hof. Scheinbar geht sie auf Merks Angebot ein, ihn nach der Oper zu treffen. Dort erfährt sie endlich die wahren Gründe für Peters Verhalten und demütigt den Erpresser durch ein glühendes Liebesbekenntnis für ihren Mann.

Uraufführung: 31. 8. 1945 in Berlin/West
Verleih: Britischer Filmverleih
ab 1946 auch Sovexport

Zugelassen, keine Premiere bis 1945

Freitag, der 13.

Produktion: Terra Filmkunst
Regie: Erich Engels
Drehbuch: Just Scheu und Ernst Nebhut
Kamera: E. W. Fiedler

Darsteller: Fritz Kampers, Angelika Hauff, Fita Benkhoff, Rudolf Fernau, Carsta Löck, Ingrid Lutz, Rolf Weih, Albert Hehn

Inhalt

Die ruhige und abgeschiedene Lage des Schlosses Rauhenegg soll Herrn Haldenwang zum Kaufabschluß bewegen. Fast scheint der Besitzwechsel perfekt, als drei junge Männer an die Pforte klopfen. Die anwesenden Damen sind über die Abwechslung erfreut. Nachts am Kamin erzählt einer der Neuankömmlinge eine Gruselgeschichte über die ermordete Schloßfrau, die im grauen Salon spuken soll. Der Schloßbesitzer Rapp ist natürlich über die Verunsicherung seines gutzahlenden Interessenten mißgestimmt und überredet die jungen Leute, nacheinander drei Nächte in besagtem Zimmer zu verbringen. Nachdem die mutigen Gespensterjäger verschwunden bleiben und auch Haldenwang abgereist ist, verkauft Rapp das Schloß telegrafisch für einen geringeren Preis. Nach der Transaktion tauchen die Verschwundenen wieder auf, und einer der drei gibt sich dem Betrüger Rapp als Nachkomme derer von Rauhenegg und als jetziger Besitzer zu erkennen.

Uraufführung: 9. 11. 1949 in Wiesbaden
ab 1950 auch in der DDR

Schuß um Mitternacht

Produktion: Bavaria Filmkunst
Regie: Hans Heinz Zerlett
Drehbuch: Emil Burri und Walter Forster
Kamera: Josef Strecher

Darsteller: Mady Rahl, Jakob Tiedtke, Ida Wüst, Albert Matterstock, Theo Lingen, Hilde Hildebrandt, Walter Jung, Alice Treff

Inhalt

Kriminalrat Katte ist beim Polizeipräsidenten in Ungnade gefallen, da er beim besten Willen den Mordfall Holsten nicht aufklären kann. Die verordnete Zwangspause nutzt Katte für einen Kurzurlaub mit seiner Frau in einer abgelegenen Pension, die von zahlreichen Theatergrößen bevölkert wird. Die Wirkung des Theaterstückes *Der Schuß um Mitternacht,* geschrieben von der reizenden Wirtin, soll lebensnah an den Gästen getestet werden. Als der Schuß fällt, übernimmt statt der Theatertruppe ein unbekannter Verbrecher die Regie. Katte stellt dem Verbrecher und seinem Komplizen eine Falle und rehabilitiert sich durch den Erfolg in den Augen seines Vorgesetzten.

Uraufführung: 28. 4. 1950 in Heidelberg
Verleih: Regina-Filmverleih

Zugelassen, keine Premiere bis 1945

Augen der Liebe

Produktion: Ufa Filmkunst
Regie: Alfred Braun
Drehbuch: Veit Harlan, Alfred Braun
Kamera: Reimar Kuntze

Darsteller: Käthe Gold, Mady Rahl, René Deltgen, Hans Schlenck, Paul Wegener, Ilse Petri, Albert Florath

Inhalt

Zu seinem siebzigsten Geburtstag erinnert sich der Augenspezialist Prof. Mochmann an die schwierige Operation an dem Patienten Imhoff. Wegen einiger Schwierigkeiten mußte die Operation abgebrochen werden, und Assistent Lamprecht bittet die überkorrekte Schwester Agnes um die erste Nachtwache. Nachdem Imhoff die Schwester um ein Schreiben an seine Verlobte Gerda bat, in dem er sie freigibt, offenbart er in dieser Nacht sein persönliches Schicksal. Die ersten künstlerischen Erfolge des jungen Bildhauers bestärkten ihn in seinem Weg, führten aber zu Mißverständnissen mit seiner Verlobten Gerda. Sie bevorzugte den leichten Weg, und dies fiel ihr als reicher Tochter eines florierenden Konzernchefs leicht. Ein Arbeitsunfall raubte Imhoff das Augenlicht. Schwester Agnes fühlt sich durch die Beichte zu dem resignierenden Mann hingezogen und gibt ihm neuen Lebensmut. Agnes wird Imhoffs Frau, und eine neue Operation gibt ihm die Sehkraft zurück. Da die herbe Frau die Ablehnung des schönheitsliebenden Mannes fürchtet, zieht sie sich zurück. Doch Imhoff beschenkt sie durch eine Plastik, die ihr Antlitz trägt.

Arbeitstitel: *Zwischen Nacht und Morgen*
Uraufführung: 26. 10. 1951
Verleih: Lloyd-Film unter dem Titel *Augen der Liebe*
in Österreich unter dem Titel *Mit den Augen der Liebe*

Das fremde Leben

Produktion: Berlin-Film
Regie: Johannes Meyer
Drehbuch: O. B. Wendler
Kamera: Walter Pindter

Darsteller: Winnie Markus, Viktor Staal, Steffie Hübel, Herbert Hübner, Erich Ponto, Karl Martell, Franz Schafheitlin, Karl Dannemann

Inhalt

Um dem geliebten Mann, dem Forschungsreisenden Dr. Küppers, die Weiterführung seiner Tropenexpedition zu ermöglichen, beging Agnes Hallgart einen Scheckbetrug und wurde dafür verurteilt. Ihre Kusine Doris besucht die Todkranke im Gefängnis und kann ihr letzten Beistand leisten.
Der Werftbesitzer Fredersen hält Doris für die verstorbene Agnes und bietet ihr seine Hilfe an, wie er es seinem Freund Küppers versprochen hatte. Eine wirtschaftliche Notlage zwingt Doris, diese Rolle zu spielen. Im Laufe der Zeit erhält sie eine Vertrauensstellung in Fredersens Werft. Während eines gemeinsamen Urlaubes kann sie aus Gewissensgründen der Zuneigung Fredersens nur durch eine hektische Abreise entfliehen. Durch seine Nachforschungen erfährt Fredersen von dem Doppelleben der entschwundenen Frau und deren wahre Identität. Kurz vor der endgültigen Abreise aus der Stadt kann er Doris überzeugen, mit ihm endlich ein eigenes Leben zu führen.

Uraufführung: 16. 3. 1951 in Stuttgart
Verleih: Super-Film unter dem Titel *Zwischen Herz und Gewissen*

Der Posaunist

Produktion: Ufa Filmkunst
Regie: Carl Boese
Drehbuch: G. T. Buchholz, Hans Weissbach, Carl Boese
Kamera: Konstantin Irmen-Tschet

Darsteller: Paul Dahlke, Sabine Peters, Ludwig Körner, Herbert Hübner, Walter Janssen, Michael Korten, Marina Ried, Karl Platen

Inhalt

Der zweite Posaunist Emil Karge soll einen Solopart übernehmen und verschiebt für diesen großen Auftritt sogar seine Hochzeitsreise. Seine resolute Braut Lotte ist über diesen Umstand verärgert. Als der Dirigent noch eine abfällige Bemerkung über Karges musikalische Befähigung macht, weigert er sich, am Premierenabend aufzutreten. Unter Zwang spielt Karge sein Solo, rächt sich aber während einer Musikbegleitung durch absichtliches Falschspielen. Er wird fristlos entlassen.
Aufgestachelt von seiner Braut, fühlt sich Karge zum Dirigenten berufen, doch sein erster Versuch endet im Fiasko.
Beschämt nimmt er eine Stelle in einem Kaffeehausorchester an und überwirft sich mit seiner Braut. Durch eine glückliche Fügung darf er seinen Solopart in der verpatzten Operette übernehmen und erobert mit seinem glanzvollen Auftritt wieder das Herz seiner Lotte.

Uraufführung: 23. 12. 1949 in Frankfurt/M
zugelassen im März 1945

Frech und verliebt

Produktion: Bavaria Filmkunst
Regie: Hans Schweikart
Drehbuch: Fred Andreas
Kamera: Bruno Stephan

Darsteller: Johannes Heesters, Ernst Waldow, Franz Schafheitlin, Gabriel Reismüller, Paul Kemp, Paul Dahlke, Charlott Daudert, Paul Westermeier

---

Inhalt

Der Ingenieur Peter Schild kommt mit einer neuen Erfindung aus Südamerika zurück, verfügt aber über keinerlei Bargeld. Durch ein belauschtes Telefongespräch erfährt er von der attraktiven Isolde das Versteck des Haustürschlüssels. Er dringt in die Wohnung ein und kann sich nur mit Mühen gegen die Schläge von Isoldes Verlobten wehren. Am nächsten Tag verschafft ihm Peters Onkel eine Stellung in einem Detektivbüro. Als ersten Auftrag soll er Tochter Clarissa beschatten, die sich heimlich mit dem stellungslosen Schauspieler Cyrus Knacker trifft. Knacker verteidigt seine Braut gegen den vermeintlichen Nebenbuhler. Alles klärt sich auf, und gemeinsam genießen die drei einen schönen Abend. Cyrus holt sogar für Peter die zurückgelassenen Kleidungsstücke von Isolde. Bei dieser Gelegenheit bändelt er mit Isolde an und prügelt sich ebenfalls mit ihrem Verlobten. Derweil probiert es Peter bei Clarissa und ihren Eltern. Er kann sogar Clarissa zu einer Autofahrt überreden, die durch eine Panne auf einem Bauernhof endet. Die von Freunden informierten Eltern befürchten das Schlimmste und geben Peter nach einem schüchternen Heiratsantrag sofort ihr Einverständnis.

Uraufführung: 25. 12. 1948 in Stuttgart
Verleih: Emka-Filmverleih

Zugelassen, keine Premiere bis 1945

Quax in Fahrt

Produktion: Terra Filmkunst
Regie: Helmut Weiss
Drehbuch: Wolf Neumeister
Kamera: Ewald Daub

Darsteller: Heinz Rühmann, Hertha Feiler, Karin Himboldt, Bruni Löbel, Robert Tessen, Lutz Götz

Inhalt

Otto Groschenbügel, bekannt als »Quax der Bruchpilot«, ist jetzt ein strenger Fluglehrer. Besonders die Frauen müssen unter seinem Regiment leiden. Als sich zwei neue Schülerinnen zum Unterricht anmelden, traut sich auch Ottos Verlobte Marianne. Doch mit unendlichen Kapriolen treibt ihr Quax diese Ambitionen aus. Quax führt ein kleines Geschwader von Lernflugzeugen nach Afrika an. Ein Propellerriß zwingt ihn zur Notlandung. Abenteuerliche Tage im Busch folgen. Doch seine Schülerin Renate rettet ihn durch ihre Sprachkenntnisse. Quax verliebt sich nach diesen Erlebnissen unsterblich in sie. Als der Leiter der Flugschule endlich in Begleitung von Marianne die beiden Verunglückten rettet, kann Quax seine Verlobte nur um Verständnis bitten. Doch Marianne hat sich glücklicherweise in Hansen, ihren Begleiter, verliebt.

Uraufführung: 22. 5. 1953 in Düsseldorf
Verleih: Schorcht-Filmverleih unter dem Titel *Quax in Afrika*

Regimentsmusik

Produktion: Bavaria Filmkunst
Regie: Arthur Maria Rabenalt
Drehbuch: Peter Francke
Kamera: Franz Koch

Darsteller: Heidemarie Hatheyer, Friedrich Domin, Siegfried Breuer, Kurt Müller-Garf, Gustav waldau, Anton Pointner, Gabriele Reismüller

---

Inhalt

Im Juli 1914 feiert Robert Rottweil einen großartigen Abschied von seinem Junggesellendasein. Unerwarteterweise hat er sich in seine langjährige Verlobte Gabriele verliebt, obwohl sie schon seit Kinderzeiten füreinander bestimmt waren. Gabriele dagegen hat für sich den standfesten Leutnant Rainer von Teschenbach entdeckt. Durch die Kriegsereignisse werden die Liebenden getrennt, und Gabrieles Vater wird ein bettelarmer Mann. Da Roberts Vater in der Not finanzielle Hilfe leistet, muß Gabriele Robert heiraten. Mit der Zeit lernt sie ihren Mann als zuverlässigen Kameraden schätzen. Er läßt sie sogar zu Teschenbach reisen, der an der Front verwundet wurde. Dem Todkranken kann Gabriele eine Nottrauung nicht verweigern. Stunden später stirbt er. Da Robert von der Begebenheit erfährt, verläßt Gabriele das gemeinsame Haus und zeigt sich selbst wegen Bigamie an. In der Verhandlung sagt Robert für sie aus, und aufgrund seiner Aussage erhält sie nur eine geringe Strafe. Gabriele kehrt zu ihm zurück.

Uraufführung: 1. 9. 1950 in Düsseldorf
Verleih: Ring-Film-Verleih unter dem Titel *Die Schuld der Gabriele Rottweil*

Zugelassen, keine Premiere bis 1945

Spuk im Schloß

Produktion: Bavaria Filmkunst
Regie: Hans H. Zerlett
Drehbuch: Hans H. Zerlett
Kamera: Josef Strecher

Darsteller: Margot Hielscher, Fritz Odemar, Albert Matterstock, Sonja Ziemann, Alice Treff, Paul Kemp

---

Inhalt

Die abgelegene Burg Uhlenfels erhält unerwarteten Besuch der Münchnerin Gabriele Euler, die sich für das Wappen des Hausherrn interessiert, das sich auf ihrer silbernen Dose befindet. Der Sohn des Antiquitätenhändlers Mauritius, der sie beraten hatte, folgt ihr, aber ihn interessiert nicht das Wappen, sondern die Besitzerin der Dose. Des weiteren erscheint der getarnte Privatdetektiv Willi Busse, der sich über den Burgherrn informieren will. Am nächsten Morgen stellt sich der nächtliche Spuk als Teil einer alten Familiengeschichte heraus. Gabriele ähnelt auffällig der verschwundenen Gräfin Adelheid, die in der Verbannung dem letzten Sproß derer von Uhlenfels das Leben geschenkt haben soll. Mit Robert Mauritius' Hilfe entdeckt Gabriele eine geheime Schatulle. Nach der vorgeschriebenen vierwöchigen Frist öffnet sie das Versteck und entdeckt einen Brief von Robert, der um sie anhält. Gabriele nimmt den beigelegten Schmuck als Verlobungsgeschenk freudig an.
Den Spuk auf der Burg hatte der berühmte Illusionist Alexander Graf inszeniert.

Uraufführung: 20. 2. 1947 in München
Verleih: Amerikanischer Allgemeiner Filmverleih

Unter den Brücken

Produktion: Ufa Filmkunst
Regie: Helmut Käutner
Drehbuch: Walter Ulbrich
Kamera: Igor Oberberg

Darsteller: Hannelore Schroth, Carl Raddatz, Gustav Knuth, Ursula Grabley, Hellmuth Helsig, Hildegard Knef, Erich Dunskus, Margarete Haagen, Klaus Pohl

---

Inhalt

Hendrik und Willi sind Schiffer auf einem Schleppzug. Eines Tages, der Schleppzug liegt an der Glienicker Brücke, erblicken sie Anna, die bitterlich weinend auf der Brücke steht. Beide denken, daß das Mädchen ins Wasser springen will, und wollen helfen. Aber Anna wirft nicht sich, sondern einen Zehnmarkschein ins Wasser. Hendrik fischt ihn wieder heraus und hat gleich einen Grund, sie anzusprechen. Nicht wissend, was das Mädchen eigentlich will, kann man sie überreden, auf dem Kahn zu übernachten. Als Anna bemerkt, daß zwischen beiden ein Tauziehen um sie beginnt, geht sie zornig von Bord. Hendrik hat keine Ruhe und sucht Anna in Berlin auf. Doch das Treffen endet abrupt, als Willi hinzukommt. Beiden ist klar, derjenige, der Anna bekommt, muß runter vom Kahn. Am nächsten Tag ist Willi weg, und Hendrik muß allein nach Holland fahren. Willi versucht, Annas Herz zu gewinnen, muß aber bald erkennen, daß sein Bemühen von ihr zwar freundschaftlich angenommen wird, aber ihre Liebe seinem Freund gilt. Eine schwere Entscheidung für Hendrik: Anna oder der Kahn. Doch kurzerhand entscheidet er sich für Anna *und* den Kahn.

Uraufführung: 15. 9. 1950 in Göttingen
Verleih: Gloria-Filmverleih

Zugelassen, keine Premiere bis 1945

Vier Treppen rechts

Produktion: Ufa Filmkunst
Regie: Kurt Werther
Drehbuch: Gerhard Metzner
Kamera: Eduard Hoesch

Darsteller: Karin Hardt, Paul Klinger, Gustav Waldau, Clementia Egies, Maria Rubach, Carl Heinz Schroth, Rudolf Schündler

---

Inhalt

Dr. Jürgen Wenter und Marianne Müller sind auf Wohnungssuche und müssen sich als Eheleute ausgeben, da der Vermieter zuvor schlechte Erfahrungen mit seinen Mietern gemacht hatte. Beide hoffen natürlich, den jeweils anderen in kürzester Zeit hinauszuekeln. Nach Wochen handfester Streitereien entdecken beide verwundert, daß sie sich ineinander verliebt haben.
Durch eine kurzfristig angesetzte Dienstreise kann Jürgen seine Verlobte Dagmar nicht mehr über diese Entwicklung informieren. Dagmar wird bei einem Besuch von dem Vermieter dringend gebeten, die »Ehe« von Jürgen und Marianne nicht zu gefährden. Wütend fordert Dagmar von der vermeintlichen Ehefrau Aufklärung. Marianne fühlt sich von Jürgen betrogen und fährt kurz entschlossen zu ihren Eltern. Da sie jedoch ihr Geld zu Hause vergessen hat, kann Jürgen die Mißverständnisse bei ihrer Rückkehr aufklären.

Uraufführung: 21. 7. 1950 in Hamburg
Verleih: Viktoria-Verleih unter dem Titel *Zimmer zu vermieten*

Wie sagen wir es unseren Kindern?

Produktion: Ufa Filmkunst
Regie: Hans Deppe
Drehbuch: Volker von Collande und Luiselotte Enderle
Kamera: Robert Baberske

Darsteller: Leny Marenbach, Mathias Wiemann, Hilde Kröber, Ernst Waldow, Babsi Scholz-Reckewell, Edmund van Kann, Jürgen Tusch, Hans-Dieter Gotzmann, Herbert Stetza, Hans Neie, Jürgen-Peter Jacoby

Inhalt

In einem Vorort von Dresden wohnt die Kunstgewerblerin Käthe Westhoff, schuldlos geschieden und glückliche Mutter von Sigrid, Klaus und Wölfchen. Unweit von ihr hat sich der Architekt Thomas Hofer in einer großen Villa mit seinen Söhnen Erich, Theo, Kurt und Pepi niedergelassen. Auf einem Zauberabend begegnen sie sich und finden sich sofort sehr sympathisch. Beide wissen jedoch nicht, wer der andere wirklich ist. Um so genauer wissen es ihre Kinder. Der Baugrund zwischen beiden Grundstücken ist ihr Kampfplatz, auf dem sie ihre Fehden austragen. Als die Westhoff-Kinder abermals zerschrammt und dreckig nach Hause kommen, beschließt Käthe, dem Vater der Hofer-Kinder einmal gehörig die Meinung zu sagen. Dieses Vorhaben endet in einem heiteren und herzlichen Gespräch, als sie sich wiedererkennen. Ein gemeinsamer Ausflug in die Sächsische Schweiz läßt sie jedoch nach einer Ohrfeige, die Thomas Käthes Ältestem und seinem Sohn Erich gibt, getrennte Wege gehen. Durch die ungebrochene Zuneigung von Thomas zu Käthe scheint aber alles bald wieder in Ordnung. Als sie beschließen zu heiraten, protestieren die Kinder so heftig, daß beide schweren Herzens darauf verzichten. Aber als die Kinder erfassen, wie unglücklich beide sind, begraben sie die Streitaxt und inszenieren eine liebevolle Komödie, die das Paar wieder vereint.

Uraufführung: 21. 12. 1949 in Berlin/West
Verleih: Viktoria-Filmverleih unter dem Titel *Ehe mit Hindernissen*

Wir seh'n uns wieder

Produktion: Tobis Filmkunst
Regie: Philipp Lothar Mayring
Drehbuch: Rolf Meyer und Ernst Keienburg
Kamera: Friedl Behn-Grund

Darsteller: Rolf Moebius, John Pauls-Harding, Günther Lüders, Eric Ode, Ernst Walter Mitulski, Hermann Speelmanns, Monika Burg, Franziska Kinz, Elise Aubinger, Georg Vogelsang, Josef Eichheim, Bruno Hübner

Inhalt

Die Einwohner eines Tiroler Bergdorfes haben den Einfall, einige Soldaten der Ostfront zu sich einzuladen. Sechs Junggesellen eines Sturmpionierbataillons sind die Glücklichen. Sie werden von den Bewohnern verwöhnt und Bande schon bald geknüpft. Der geplante Skiurlaub wäre ein voller Mißerfolg, wenn nicht die hübsche Christa Bergmann die Lehrkraft wäre. Auf das Werben des Oberleutnants Jochen Gröner reagiert Christa mit Gleichgültigkeit. Doch schon bald muß sie sich ihre Liebe zu ihm eingestehen. Auch Klaus, der beim Kantor des Dorfes untergekommen ist, gewinnt bald das Herz seiner Tochter Bettina. Die anderen hingegen nehmen ihre Begegnungen mit den Mädchen eher auf die leichte Schulter. Wie ein Blitz schlägt die Nachricht vom Telegramm ein, das die sechs Urlauber aus der Idylle zurückruft. Die plötzliche Nachricht bringt ein Gutes: Sie führt alle Beteiligten endgültig zusammen. Sie gehen zurück mit dem Wissen: Übers Jahr sehen wir uns wieder.

Zulassung im März 1945
keine Uraufführung nach dem Krieg

Das Gesetz der Liebe

Produktion: Bavaria Filmkunst
Regie: Hans Schweikart
Drehbuch: Ernst von Salomon
Kamera: Bruno Stephan

Darsteller: Hilde Krahl, Ferdinand Marian, Paul Hubschmid, Paul Dahlke, Willy Danek, Fritz Odemar, Ida Wüst, Ilse Fürstenberg, Hilde Hildebrand, Viktor Janson, Angelo Ferrari

---

Inhalt

Im Jahr 1805 leistet sich der übermütige Leutnant von Gorschewski einen üblen Scherz mit seinem Kameraden Hofstede, indem er ihm eine Sängerin als junge Dame der Gesellschaft vorstellt. Als der Schwindel platzt, verteidigt Hofstede die Frau, in die er sich verliebt hat, und schlägt von Gorschewski nieder. Er wird aus der Armee entlassen, während sich Hofstede durch einen besonderen Auftrag bewähren soll. Gestohlene Dokumente soll er sich in Paris beschaffen. Derweil engagiert der eigentliche Dieb Pistolecron die ahnungslose Madeleine als unfreiwillige Komplizin für den Dokumentenschmuggel. Hofstede und Madeleine begegnen sich in Paris, doch beide können ihre Situation nicht ändern. Erst durch das beleidigende Auftreten Pistolecrons kehrt Madeleine zu Hofstede zurück. In einer gemeinsamen Aktion können beide dem Agenten die wichtigen Papiere abnehmen.

Uraufführung: 30. 12. 1949 in Erlangen
Verleih: Union Filmverleih

Liebe nach Noten

Produktion: Wien-Film
Regie: Geza von Cziffra
Drehbuch: Geza von Cziffra
Kamera: Hans Schneeberger

Darsteller: Olly Holzmann, Rudolf Prack, Hans Olden, Elfie Gerhard, Paul Kemp, Georg Lorenz, Sonja Ziemann, Richard Eybner

Inhalt

Frank Ewert, Schlagerkomponist und Inhaber eines Tanzorchesters, hält nicht allzuviel von weiblichen Komponisten. Diese Behauptung äußert er in einem Interview, das ihm zum Verhängnis wird. Die Journalistin organisiert eine Kampagne gegen ihn. Um seine Verehrerinnen zu beruhigen, kündigt der in Ungnade Gefallene an, daß auf seinem nächsten Konzert die junge Komponistin Anni Schmidt spielen wird. Um glaubhaft zu werden, sucht er alle 50 Annis auf, die er im Telefonbuch findet, und hat Glück. Sie arbeitet in einer Musikhandlung und hat sogar einige Kompositionen geschrieben. Doch auf diese kommt es Frank nicht an. Er gibt seine eigenen für die ihren aus. Enttäuscht darüber, weist Anni sein Gnadengeschenk zurück und gründet ihr eigenes Damenorchester. Und sie hat Erfolg. Daß Frank und Anni ineinander verliebt sind, haben selbst sein Verleger und der Sekretär mitbekommen. Durch ein geschicktes Manöver gelingt es ihnen, beide umzustimmen und die Kapellen zusammenzuschließen. Am Ende findet der Konflikt, der durch Musik entstand, in der Liebe seine Lösung.

Uraufführung: 18. 11. 1947 in Wien unter dem Titel *Du bist Musik für mich*
Verleih in der BRD: ab 1950 Schorcht-Filmverleih

Mit meinen Augen

Produktion: Bavaria Filmkunst
Regie: Hans H. Zerlett
Drehbuch: Hans H. Zerlett
Kamera: Heinz Schnackertz

Darsteller: Olga Tschechowa, Willy Birgel, Hermann Speelmans, Friedrich Domin, Olly Holzmann

Inhalt

In einer kleinen Hafenstadt am Mittelmeer lehnt die Tänzerin Carola Weber den Heiratsantrag eines langjährigen Bekannten ab. Ihre Begründung ist ein persönliches Erlebnis, das sie vor Jahren in dieser Gegend hatte. Damals ging sie als arme Künstlerin auf das ungewöhnliche Angebot eines Unbekannten ein, ihm sechs Stunden lang Gesellschaft zu leisten. Dafür übernahm Cornelius Riehl alle aufgelaufenen Kosten. Doch sein Freund Kai Brodersen beschwört sie, sofort abzureisen. Sie geht nach Berlin, macht sich selbständig, kehrt aber so oft wie möglich in dieses Städtchen zurück. Als sich das ungewöhnliche Paar tatsächlich wiedersieht, klärt Cornelius die damalige Geschichte auf. Zu der Zeit hatte er eine lockeres Verhältnis mit der bezaubernden Brigitte, die sich dummerweise als Verlobte seines Freundes Brodersen herausstellte. Carola sollte also für wenige Stunden die vermeintliche Freundin spielen. Nach Jahren können sie nun an den unterbrochenen Abend anknüpfen.

Uraufführung: 27. 2. 1948 in Landsberg
Verleih: Amerikanischer Allgemeiner Filmverleih
später durch Schorcht-Filmverleih unter dem Titel *Im Tempel der Venus*

Münchnerinnen

Produktion: Bavaria Filmkunst
Regie: Philipp Lothar Mayring
Drehbuch: Ernst von Salomon
Kamera: Josef Strecher

Darsteller: Gabriele Reismüller, Margarethe Haagen, Heli Finkenzeller, Adolf Gondrell, Oskar Sima, Annie Rosar, Hans Holt, Hannes Keppler

Inhalt

Benno und Paula sollen heiraten und das Kaffeegeschäft der Mütter endgültig übernehmen. Doch Benno hält sich lieber im Franziskaner auf, und Paula empfindet nach Erzählungen ihrer zukünftigen Schwägerin die Ehe als langweilige Angelegenheit. Auf einem Ausflug lernt Paula den Gutsbesitzersohn Franz kennen und lieben. Leider muß sie bald die Unmöglichkeit einer späteren Verbindung erkennen. Benno hat sich derweil mit Betrügern eingelassen und setzt Paulas Erbteil aufs Spiel. Erst in letzter Minute kann durch die Polizei das Unheil abgewendet werden. Benno verzichtet auf Paula und überläßt das Feld dem unermütlichen Franz, der seinen Vater von der ungewöhnlichen Hochzeit überzeugen kann.

Uraufführung: 10. 2. 1949
Verleih: Schorcht-Filmverleih unter dem Titel *Über alles die Liebe*, später unter dem Titel *Ja, ja, die Männer*

Umwege zu Dir

Produktion: Wien-Film
Regie: Hans Thimig
Drehbuch: Georg Zoch und Hans Thimig
Kamera: J. Tusar

Darsteller: Marte Harell, Richard Romanowsky, Christl Mardayn, Rolf Truxa, Rolf Wanka, Dagny Servaes, Susi Nicoletti, Auguste Pünkösdy, Erik Frey, Lotte Lang, Ursula Skraup, Rudolf Stadler, Viktor Janson, Hans Waschatko, Hans Schlenck

Inhalt

Leonie und Ferdinand müssen sich dreimal begegnen, um zu erkennen, daß das Schicksal sie füreinander bestimmt hat. Um ihre Schwester Fritzi vor einer Ehekatastrophe zu bewahren, sucht Leonie Ferdinand in seiner Wohnung auf und erklärt ihm, daß sie ihn heiraten wolle. Staß, Fritzis Mann, kommt hinzu und erwartet eine Erklärung. Ferdinand, der an Leonie Gefallen findet, bittet um ihre Hand. Doch bevor es zu einer Verlobung kommt, ist die Auserwählte weg. Auf dem Gut seiner zukünftigen Verlobten, der Komteß Vilma, begegnen sie sich nach langer Zeit wieder. Leonie, gewillt, sofort wieder abzureisen, bleibt, als sie Zeuge einer Unterredung zwischen der Komteß und ihrem Liebhaber Rödersdorf wird. Sie warnt Ferdinand, und die geplante Verlobung fliegt auf. Doch Leonie ist wieder weg. In seiner Not wendet sich der Verlassene an Fritzi, die jetzt Leonie eine Komödie vorspielt, um die beiden endgültig zusammenzubringen. Wohl wissend, daß sie überrumpelt wurde, wehrt sie sich nicht und bleibt.

Uraufführung: 7. 11. 1947 in Wien
Verleih in der BRD: ab 1950 durch Schorcht-Filmverleih

Das kleine Hofkonzert

Produktion: Tobis Filmkunst
Regie: Paul Verhoeven
Drehbuch: Paul Verhoeven
Kamera: Fritz Arno Wagner

Darsteller: Elfie Mayerhofer, Erich Ponto, Hans Nielsen, Hans Leibelt, Harald Paulsen, Paul Henckels, Josef Eichheim, Hans H. Schaufuss, Albert Florath, Erwin Biegel

Inhalt

An einem Maitag anno 1840 trifft vor den Toren der fürstlichen Residenz Verolingen ein Reisewagen ein, in dem sich die Sängerin Christine Holm und Kommissionsrat Zunder befinden. Der junge Leutnant Walter von Arnegg, der die beiden kontrolliert, verliebt sich zur Empörung Zunders sofort in Christine. Als Sohn des Hofmarschalls ziemt es sich jedoch nicht, solch eine Beziehung einzugehen. Das meint Serenissimus und befiehlt Walter, Christine aus der Stadt zu bringen. Durchlaucht selbst liebte vor langer Zeit eine Sängerin, deren einzige Erinnerung ein Lied ist. Ihr zu Ehren veranstaltet er jedes Jahr ein Hofkonzert. Als die verpflichtete Sängerin erkrankt, schlägt Walter Christine vor. Mürrisch stimmt der Fürst zu. Nach einer Auseinandersetzung geht Christine auf die Bitte ein und singt seiner Durchlaucht sogar das Lieblingslied ihrer Mutter vor. Serenissimus ist erschüttert – es ist das Lied seiner Geliebten.

Uraufführung: 15. 4. 1949 in Berlin/Ost
Verleih: Sovexport
ab 1949 in der BRD durch Hamburg-Film (u.a.)

Der große Fall

Produktion: Tobis Filmkunst
Regie: Karl Anton
Drehbuch: Otto Bernhard Wendler
Kamera: Eduard Hoesch

Darsteller: Georg Thomalla, Gustav Fröhlich, Lotte Koch, Hilde Sessak, Ernst Fritz Fürbringer, Hubert von Meyerinck, Erwin Biegel, Georg Lorenz

Inhalt

In dieser turbulenten Verwechslungskomödie werden zwei Freunde unabhängig voneinander mit der Bewachung wertvoller Edelsteine beauftragt. Im Flugzeug versammelt sich eine Reihe höchst verdächtiger Personen: eine seltsame Dame mit einem von Alkohol benebelten Sekretär, zwei Ehrenmänner, eine merkwürdige Girltruppe, und selbst die Flugzeugbesatzung ist nicht vertrauenswürdig. Die Edelsteine werden gestohlen und wieder zurückgestohlen. Jemand springt mit einem Fallschirm ab, und alle sind über den tatsächlichen Verbleib der Steine vollkommen im unklaren.
Nach der Landung werden alle Passagiere in Polizeigewahrsam genommen. Der Auftraggeber der Girltruppe stellt sich als skrupelloser Mädchenhändler heraus, und die Ehrenmänner sind eigentlich dunkle Existenzen. Nur die Edelsteine bleiben verschwunden, und der Zuschauer kann sich in dem Wirrwarr nur schwer zurechtfinden. Zum Schluß gibt es zwei glückliche Paare und einen zufriedenen Besitzer der Edelsteine.

Uraufführung: 30. 12. 1949 in Berlin/Ost
Verleih: DEFA-Filmvertrieb
ab 1952 in der BRD durch Schongerfilm unter dem Titel *Ein toller Fall*

Die Fledermaus

Produktion: Terra Filmkunst
Regie: Geza von Bolvary
Drehbuch: Ernst Marischka
Kamera: Willy Winterstein

Darsteller: Johannes Heesters, Marte Harell, Dorit Kreysler, Willy Fritsch, Hans Brausewetter, Josef Egger, Heinz Salfner, Siegfried Breuer

Inhalt

Auf dem großen Ball des Prinzen Orlowsky soll die neueste Operette von Johann Strauss ihre Premiere erfahren. Unter den Gästen befindet sich der Theaterdirektor Michael Falke, der seinen Freund Herbert von Eisenstein unter einem falschen Namen in die Runde einführt. Hinter der Maske der rothaarigen Ungarin Ilka Holtei versteckt sich Rosalinde. Eisenstein macht ihr den Hof, ohne zu ahnen, daß er um die eigene Frau wirbt. Als Rosalinde mit dem Prinzen Orlowsky von dannen zieht, versucht er seinen Kummer im Alkohol zu ertränken. Am nächsten Morgen erwacht er in einer Gefängniszelle und erkennt die Zusammenhänge von Bühne und Wirklichkeit. Empört fordert er vom Prinzen Genugtuung. In letzter Minute klärt Falke alle Mißverständnisse auf und versöhnt die Rivalen.

Uraufführung: 16. 8. 1946 in Berlin/Ost
Verleih: Sovexport
ab 1949 in der BRD durch die militärischen Filmverleihe

Die Kreuzelschreiber

Produktion: Tobis Filmkunst
Regie: Eduard von Borsody
Drehbuch: Otto Bielen und Eduard von Borsody
Kamera: Friedl Behn-Grund

Darsteller: Emil Hess, Charlotte Schellhorn, Fritz Kampers, Wolf Kaiser, Olga von Togni, Willy Danek, Georg Vogelsang, Frieda Richard, Hans Adalbert Schlettow, Lucie Englisch, Leopold Kerscher

---

Inhalt

Der Großbauer von Grundldorf ist ein Schlaukopf oder glaubt wenigstens, einer zu sein. Er geht zu den Männern ins benachbarte Zwentdorf und veranlaßt sie, ein Schriftstück zu unterschreiben, in dem steht, daß sie an der Landschaft und den Bräuchen ihrer Väter hängen und keine Veränderung wünschen. Damit begibt er sich nach Wien, um die Herren zu überzeugen, daß die geplante Bahnlinie nicht über Zwentdorf, sondern über Grundldorf geführt werden soll. Die Zwentdorfer haben von alledem keine Ahnung. Vielleicht wäre die ganze Sache nie ans Tageslicht geraten, hätten die neugierigen Weiber nicht vom Steinklopferhans erfahren, daß ihre Männer im Wirtshaus etwas unterschrieben haben. Die Zwentdorfer Weiber erfahren, daß der Großbauer aus Grundldorf dahintersteckt. Sie verlangen vom Großbauern eine Erklärung, doch er verweist sie kurz und bündig nach Wien. Erfolglos ziehen sie sich zurück. Dem Steinklopferhans werden die Weiber lansam zu übermütig, und er beschließt, den Männern zu helfen. Am nächsten Tag soll ein Bittgang der Zwentdorfer Männer nach Wien starten, der aber nicht zustande kommt, weil die Ehefrauen es nicht zulassen.
Trotz der Bauernschläue des Grundldorfer Großbauern werden die Zwentdorfer an die neue Bahnlinie angeschlossen.

Uraufführung: 7. 4. 1950
Verleih: Progreß Filmverleih
ab 1951 in der BRD durch Schorcht-Filmverleih

Ein toller Tag

Produktion: UFA FILMKUNST
Regie: OSCAR FRITZ SCHUH
Drehbuch: WALTER LIECK
Kamera: CARL HOFFMANN

Darsteller: PAUL HARTMANN, LOLA MÜTHEL, KURT MEISEL, ILSE WERNER, ELISABETH FLICKENSCHILDT, FRANZ WEBER, DORIS HOLVE, JOACHIM BRENNECKE, WILFRIED SEYFERTH, ARIBERT WÄSCHER, CLEMENS HASSE, ERNST WALDOW

Inhalt

Graf Almaviva will nicht wahrhaben, daß er allmählich in die Jahre kommt. Die Frauen sehen in ihm eher die Respektsperson als den Liebhaber. Sein Bemühen um jede Schöne nimmt die Gräfin mit schweigender Resignation hin. Vom Grafen umworben wird auch Susanne, die Zofe seiner Frau. Sie jedoch bleibt standhaft und vertraut sich der Gräfin und Figaro an, den sie zu heiraten beabsichtigt. Gemeinsam schaffen sie, daß der Graf auf den Pagen Cherubin eifersüchtig ist, der die Gräfin schwärmerisch verehrt. Auch die Hochzeit von Susanne und Figaro wird getrübt. Angeblich hätte Figaro der Wirtschafterin Marzelline gegen Hergabe eines Darlehens die Heirat versprochen. Da sich zu guter Letzt eine verwandtschaftliche Beziehung beider herausstellt, muß der Graf Susannes Hochzeit zustimmen. Die Gräfin und Susanne sind sich einig, daß sowohl der Graf als auch Figaro eine Lehre verdienen. Ein Verwirrspiel beginnt, das die Frauen gewinnen und das am Ende die richtigen Paare wieder vereint.

Uraufführung: in Berlin/Ost
Verleih: ab 27. 9. 1954 durch Prisma-Verleih in der BRD

Eine alltägliche Geschichte

Produktion: Tobis Filmkunst
Regie: Günther Rittau
Drehbuch: H. G. Petersson
Kamera: Georg Bruckbauer

Darsteller: Gustav Fröhlich, Marianne Simson, Karl Schönböck, Margot Jahnen, Paul Henckels, Hans Leibelt, Käthe Haack

Inhalt

Dem jungen Dichter Bernd Falkenhagen wird dringend geraten, den Verlegern eher alltägliche Geschichten anzubieten. Mit seinen Freunden Herbert und Susi entwickelt er eine lustige Begebenheit aus seinem Leben. Bernd erzählt von einer Romanze mit einer gewissen Anneliese, die er unter seinem Regenschirm nach Hause begleitet und am darauffolgenden Sonntag wiedergesehen hat. Der Verleger, dem Bernd seinen neuen Roman vorlegt, hat per Zufall auch ein Auge auf Anneliese geworfen und lehnt logischerweise ab. Anneliese versucht, den Verleger umzustimmen, und wird bei dem heimlichen Treffen von Bernd beobachtet. Der nachfolgende Krach treibt sie auseinander. Nach Jahren sehen sie ihren Fehler ein und finden wieder zueinander.
Dies geschah jedoch alles nur in der Geschichte des Schriftstellers. Im rauhen Leben geht leider die angebetete Anneliese an ihm vorbei.

Uraufführung: 23. 1. 1948 in Berlin/Ost
Verleih: Sovexport mit 54 Kopien

Eine reizende Familie

Produktion: Berlin-Film
Regie: Erich Waschneck
Drehbuch: Gustav Kampendonk
Kamera: Kurt Schulz

Darsteller: Ernst von Klipstein, Karin Hardt, Eleonore Hauf, Gunnar Möller, Herbert Stetza, Lutz Moik, Hans Ney, Ernst Legal, Erna Sellmer, Paul Henckels, Heinz Lausch, Aribert Wäscher, Ernst Waldow

Inhalt

In einem schönen, großen Haus im Grunewald wachsen vier Jungen und sieben Mädchen unter der fürsorglichen Obhut ihrer ältesten Schwester Martina auf. Um das Anwesen, das ihnen die verstorbenen Eltern hinterlassen haben, bewirtschaften zu können, sollen die Praxisräume im Haus vermietet werden. Jeden Interessenten betrachten die sieben Kinder als Eindringling. Vom Lärm und den Kinderstreichen gestört, vergraulen sie alle bis auf einen. Der junge Tierarzt Dr. Höflin hält allen Bedrängnissen der Kinderschar stand, da er selbst in einem kinderreichen Haushalt aufgewachsen ist.
Und nicht zuletzt, weil sein Interesse auch Martina gilt und seine Zuneigung auf Gegenliebe stößt. Die Abneigung der Kinder gegen den Eindringling legt sich, wenn auch erst nach vielen, für die Kinder äußerst heiteren, für Martina manchmal schmerzlichen Kämpfen. Dennoch siegt zu guter Letzt die Liebe zu ihrer großen Schwester.

Uraufführung: 23. 1. 1948 in Berlin/Ost
Verleih: Sovexport
ab 1950 in der BRD durch Schonger-Film

Fahrt ins Glück

Produktion: Ufa Filmkunst
Regie: Erich Engel
Drehbuch: Thea von Harbou
Kamera: Franz Weihmayr

Darsteller: Käthe Dorsch, Rudolf Forster, Hedwig Wangel, Hildegard Knef, Werner Fuetterer, Ruth Nimbach, Max Eckard

Inhalt

Eines Tages erhält Celia einen Brief von ihrer Tochter. Susanne, die bei ihrer Großmutter in guten und geordneten Verhältnissen aufgewachsen ist, bittet um ihren Beistand, Richard Jürgens heiraten zu können. Auf der Reise zu ihr lernt Celia eine Artistenfamilie kennen, die dringend eine Chansonnette sucht. Sofort springt sie ein und hat einen so durchschlagenden Erfolg, daß man ihr einen Vertrag anbietet. Aber sie besinnt sich noch rechtzeitig ihrer mütterlichen Aufgabe. Während Celia von dem Liebreiz ihrer Tochter angetan ist, mißfällt ihr Richard. Als er es bemerkt, gibt er ihr mit liebenswürdiger Unverschämtheit zu verstehen, daß gerade sie nicht das Recht habe, darüber zu urteilen. So muß sie befürchten, daß Richard, wenn sie sich gegen ihn stellt, vor Susanne und auch deren Vormund, dem Konsul, bloßgestellt wird. Der Konsul hat Celia längst durchschaut, wie sie bemüht ist, ihre temperamentvolle Art hinter schwiegermütterlicher Würde zu verstecken. Er bittet sie um ihre Hand, und nach langem Zögern willigt sie ein. Jetzt glaubt Richard seine Zeit gekommen. Er verlangt Susannes Hand, anderenfalls würde er dem Konsul alles über Celias Vergangenheit erzählen. Ihr ist das Glück der Tochter jedoch viel wichtiger. Sie selbst bringt Richard zum Konsul und reist ab. Er jedoch muß sich geschlagen geben, während Susanne und der Konsul Celia wieder zurückholen.

Uraufführung: 6. 8. 1948 in Berlin/Ost
Verleih: Sovexport

Frau über Bord

Produktion: Tobis Filmkunst
Regie: Wolfgang Staudte
Drehbuch: Curt J. Braun
Kamera: Friedl Behn-Grund

Darsteller: Heinrich George, Axel von Ambesser, Anneliese Uhlig, Charlotte Schellhorn, Karl Schönböck

Inhalt

Auf einem Fest unter südlichem Himmel tauschen die junge und verwöhnte Juanita und Robert Henseling heiße Küsse. Daß Robert verheiratet ist, stört Juanita nicht im geringsten. So erscheint sie am nächsten Tag am Kai. Ihr Versuch, an Bord zu gehen, endet mit einem Sturz ins Wasser. Der elegante Schiffsoffizier Alvarez bietet der »gnädigen Frau« Roberts Zweibettkabine an. Als in Peso Helene, Roberts Frau, zusteigt, ist es erneut Alvarez, der die peinliche Situation rettet und sich der Gattin annimmt. In Bremen angekommen, verbleibt Juanita im Hotel, und das Ehepaar bezieht das Haus des Onkels. Eine Rechnung über 173 Flaschen Champagner, die »Roberts Frau« im Hotel getrunken haben soll, und das etwas undurchsichtige Beziehungsspiel der vier verwirren den Onkel. Als sich auf einer Gesellschaft des Onkels Juanita als Roberts Frau vorstellt und kurz darauf Robert und Helene Arm in Arm den Saal betreten, ist das Chaos perfekt. Doch Ende gut, alles gut. Alvarez, der Juanita aus der peinlichen Situation befreit, gewinnt damit ihr Herz. Und auch das »wahre« Ehepaar liegt sich am Ende in den Armen.

Arbeitstitel: *Kabine 27*
Verleih: ab 1952 in der BRD durch Panorama-Filmverleih unter dem Titel *Das Mädchen Juanita*

Glück muß man haben

Produktion: Tobis Filmkunst
Regie: Theo Lingen
Drehbuch: Theo Lingen und Friedrich Schreyvogl
Kamera: Eugen Klagemann

Darsteller: Paul Hörbiger, Hans Holt, Margot Jahnen, Max Höller, Theo Lingen, Hilde Hildebrand, Julius Bennet, Gisa Wurm

Inhalt

Ferdinand Engel ist ein kleiner Angestellter beim großen »Zuckerlkönig« von Wien. Er beschließt, seinem Leben ein Ende zu machen, da sein Werben um Henriette, Zuckerlkönigs Tochter, fehlschlägt. Seinem Vorhaben, sich in die Donau zu stürzen, kommt Karl Millöcker in die Quere. Dem Komponisten gelingt es, Ferdinand gut zuzureden und mit neuen Hoffnungen zu erfüllen.
Ferdinand läßt sich von Millöcker einige Tips geben, was das Werben um Frauen betrifft. Der neue »Lebemann« weckt das Interesse bei Henriette, worüber sich Millöcker köstlich amüsiert. Der Zufall will es, daß der Komponist vom Zuckerlkönig den Auftrag erhält, für ein Festspiel die Musik zu schreiben. In der Absicht, Henriette und Ferdinand enger zusammenzubringen, willigt er ein. Doch Karls ständiges Proben mit Henriette läßt Ferdinand eifersüchtig werden, ist ihm doch nicht entgangen, daß selbst Millöcker seine Geliebte hinreißend findet. Sein erneuter Versuch, sich in die Donau zu stürzen, wird von Henriette selbst verhindert. So kommt es, daß zum Festspiel beide einander wiederfinden und Millöcker um eine Erfahrung reicher geworden ist.

Arbeitstitel: *Der arme Jonathan*
Uraufführung: 29. 1. 1954 in Berlin/Ost
Verleih: Sovexport
ab 1955 in der BRD durch Döring-Filmverleih unter dem Titel *Operettenklänge*
in Österreich unter dem Titel *Wiener Zuckerln*

Ich glaube an Dich

Produktion: Berlin-Film
Regie: Rolf Hansen
Drehbuch: Gustav Kampendonk
Kamera: Oskar Schnirch

Darsteller: Heidemarie Hatheyer, Hedwig Wangel, Viktor Staal, Paul Klinger, Paul Bildt, Grethe Weiser

Inhalt

Der Student Hugo Großmann hat einen unerschütterlichen Optimismus, läßt sich aber gern durch Nebensächlichkeiten ablenken. Dadurch nimmt er sein Referendarexamen weniger ernst und fällt durch. Diese Tatsache läßt ihn jedoch nicht verzweifeln, und er sucht sich erst einmal ein billiges Zimmer. Die Tochter der neuen Wirtin, Agnes Möhring, versucht, Hugos Ehrgeiz zu wecken. Durch ihren unermüdlichen Einsatz besteht er sein Examen und übernimmt das Bürgermeisteramt in Woldenstein. Durch seine Verlobte Agnes angestachelt, überwindet Hugo seine verspielte Art und imponiert dem Gemeinderat durch imposante Baupläne. Doch kurz vor der Einweihung der Eisenbahnstrecke stirbt der neue Bürgermeister und stürzt damit die geliebte Familie in eine finanzielle Krise. Gute Freunde unterstützen auch weiterhin die energische Frau.

Uraufführung: 9. 6. 1950 in Berlin/Ost
Verleih: Progreß Filmverleih unter dem Titel *Mathilde Möhring*
ab 1952 durch Panorama Film in der BRD unter dem Titel *Mein Herz gehört Dir*

Peter Voß, der Millionendieb

Produktion: Tobis Filmkunst
Regie: Karl Anton
Drehbuch: Felix von Eckardt
Kamera: Eduard Hoesch

Darsteller: Viktor de Kowa, Else von Möllendorff, Karl Schönböck, Hans Leibelt, Kurt Seifert, Georg Thomalla, Werner Stock, Gustav Bertram

Inhalt

Der Chef der bekannten Reederei Hendrik Haas wird durch Fräulein Straaten an den Rand des finanziellen Ruins getrieben, da sie die von ihren Eltern geborgte Summe von einer Million Gulden einfordert. Der Neffe des Reeders, Paul Horck, erklärt sich bereit, einen ungewöhnlichen Aufschub zu erwirken. Offiziell stiehlt er seinem Onkel das Geld aus dem Tresor und will für einige Zeit untertauchen. Dummerweise wird er von Fräulein Straaten und ihrem Bräutigam beim Kofferpacken beobachtet und muß sich als Privatdetektiv Peter Voß ausgeben, der den mysteriösen Raub aufklären soll. Es beginnt also die Jagd nach dem Geld, das nicht existiert, und nach dem Dieb, der gleichzeitig der Verfolger ist. Durch alle Erdteile führt die Hetzjagd, trotzdem bleibt Paul noch die Zeit, sich in Alice Straaten zu verlieben. Sein Plan scheint zu platzen, und unmittelbar vor seiner Flucht gesteht Paul alles Fräulein Straaten per Brief. Alice läßt die Verlobung mit ihrem untreuen Bräutigam sausen und nimmt dafür den verwandlungsfähigen Paul, der damit endgültig die altehrwürdige Reederei rettet.

Vernichtung der zweistreifigen Schnittkopie während eines Bombenangriffes
Uraufführung: 27. 9. 1946 in Berlin/Ost
Verleiher: Sovexport
ab 1950 in der BRD

Rätsel der Nacht

Produktion: Berlin-Film
Regie: Johannes Meyer
Drehbuch: Edgar Kahn und Johannes Meyer
Kamera: Otto Baecker

Darsteller: Lotte Koch, Kirsten Heiberg, Richard Häussler, Franz Schafheitlin, Malte Jäger, Lothar Firmans, Josef Sieber, Herbert Gernot, Carl Günther, Ernst Legal

Inhalt

Dr. Peter Gerellis, Observator an der Bergsternwarte Oberland, macht auf der Heimreise aus seinem Urlaub die Bekanntschaft einer hübschen Autofahrerin, deren Wagen eine Panne hat. Er klettert mit seinem Reisegepäck aus dem Zug, der soeben stoppt, und eilt der jungen Frau zur Hilfe. An seinen Arbeitsplatz zurückgekehrt, wird er von seinem Chef, Professor Schott, mit zwei Neuigkeiten überrascht. Zum einen wurde in seiner Abwesenheit ein neuer Stern entdeckt, dessen Aufnahmen leider mißlungen sind, und zum anderen wurde eine neue Assistentin eingestellt. Dr. Alvens, der die junge Frau bereits seit längerem kennt und liebt, wird eifersüchtig. Denn Aenne Bruck und Dr. Gerellis verbindet bald mehr als nur die Arbeit. Die Situation spitzt sich zu, als unerwartet Professor Schotts Frau Gabriele auftaucht. Dr. Gerellis ist verblüfft, als es sich dabei um sein »Reiseabenteuer« handelt. Es kommt zu einer Auseinandersetzung zwischen Gerellis, Gabriele und ihrem Mann, als sie ihre Liebe zu Peter gesteht und die Scheidung verlangt. Kurz darauf wird der Professor in der Kuppelhalle tot aufgefunden. Der Verdacht fällt bald schon auf Dr. Alvers. Er gesteht, aus Eifersucht Zyankali in den Tee gemischt zu haben, weil er glaubte, daß Gerellis eine neue Aufnahme des Sterns anfertigen wollte.

Uraufführung: 1950 in Berlin/Ost
Verleih: Sovexport

Ruf an das Gewissen

Produktion: Tobis Filmkunst
Regie: Karl Anton
Drehbuch: Jacob Geis
Kamera: Herbert Körner

Darsteller: Karl Ludwig Diehl, Werner Hinz, Gustav Diessl, Käthe Haack, Marina von Ditmar, Anneliese Uhlig, Andrews Engelmann, Hilde Hildebrand, Elisabeth Markus, Harald Paulsen, Herbert Hübner, Hans Stiebner

Inhalt

Kriminalrat Husfeld erhält den Auftrag, den etwa zehn Jahre zurückliegenden Fall Andree erneut aufzurollen. Gemeinsam mit seinem Freund, dem Schriftsteller Volkmar Hollberg, schreibt er ein Hörspiel über diesen Kriminalfall. Frau Andree wird aus der Haft entlassen und stellt zu ihrer Überraschung fest, daß im Hörspiel nicht sie die Verdächtige ist. »Der Sprung vom Dachgarten« vollzieht den Abend, an dem die Sängerin Elinor Gyldenborg tot aufgefunden wird, noch einmal nach. Dr. Karpinsky, der zur Tatzeit Klavier spielte, wurde nachgewiesen, daß er außerdem stark alkoholisiert war, um seine Nervenschmerzen zu betäuben. Er gerät in die Enge, als festgestellt wird, daß es sich um einen elektromechanischen Flügel handelte. Mit einem starken Schlangengift begeht er Selbstmord und hinterläßt ein Geständnis, das den Verdacht Husfelds bestätigt. Dr. Kapinsky war es, der die Sängerin vom Dachgarten stieß, um sich der Lebensversicherung Elinors zu ermächtigen. Damit ist die Ehre von Frau Andree und ihrer Tochter wiederhergestellt. Der Rundfunk hat sich in diesem Fall als treuer Helfer der Justiz im Kampf gegen Verbrechen und Ungerechtigkeit erwiesen.

Uraufführung: 11. 10. 1949 in Wien
Verleih in Deutschland: ab 1950 in der DDR
ab 1951 durch Lloyd-Filmverleih, in der BRD unter dem Titel *Strafakte André*

Verlobte Leute

Produktion: Tobis Filmkunst
Regie: Karl Anton
Drehbuch: Rolf Meyer
Kamera: Herbert Körner

Darsteller: Axel von Ambesser, Günther Lüders, Gretl Schörg, Else von Möllendorff, Grethe Weiser, Hilde Hildebrand, Else Reval

Inhalt

Der jungen Hanna Döring ist bei ihrer ersten Reportage ein großer Irrtum unterlaufen. Im selben Haus wie sie wohnt der junge Bankangestellte und Maler Hans Schmidt, der eine Italienreise als Honorar für ein Bild erhalten hat. In ihrem Bericht über Herrn Schmidt setzt sie irrtümlicherweise hinzu, daß er gleichfalls glücklicher Lotteriegewinner ist. Der Gewinner heißt zwar Schmidt, wird aber mit »tt« geschrieben und wohnt dazu auch noch in ihrem Haus. Um den Irrtum wiedergutzumachen, bringt Hanna das preisgekrönte Bild von Hans in ihre Zeitung. Das Bild zeigt das hübsche Kuchenfräulein Bärbel nackt auf ihrem Balkon. Daraufhin verliert Bärbel ihren Job, und Gustav will fortan nichts mehr von ihr wissen. Als Entschädigung verlangt sie von Hans, daß er sie heiratet. Doch inzwischen hat er sich bereits mit Hanna verlobt. Am Vorabend der Italienreise pendelt Hans zwischen Bärbels und Hannas Abschiedsparty hin und her. Hanna kommt seinem Spiel auf die Schliche, und so muß sich Herr Schmidt mit »dt« erklären. Weil sie merkt, daß ihr Verlobter nur aus purer Gutmütigkeit untreu geworden ist, verzeiht sie ihm, und beide verlassen am nächsten Morgen heimlich das Haus, um die Reise nach Italien anzutreten. Im Zug aber treffen sie Bärbel – in Begleitung von Herrn Schmitt mit »tt«, der es übernommen hat, die »sitzengebliebene Braut« zu trösten. Gemeinsam fahren sie dem sonnigen Süden entgegen.

Uraufführung: 28. 7. 1950 in Berlin/Ost
Verleih: Progreß Filmverleih unter dem Titel *Das Dementi*
ab 1951 durch Super-Film in der BRD als *Vielweiberei*

Via Mala

Produktion: Tobis Filmkunst
Regie: Josef von Baky
Drehbuch: Thea von Harbou
Kamera: Carl Hoffmann

Darsteller: Karin Hardt, Viktor Staal, Carl Wery, Hildegard Grethe, Hilde Körber, Malte Jäger, Albert Florath, Karl Hellmer, Carl Kuhlmann

---

Inhalt

In einer abgelegenen Sägemühle leidet die ganze Familie Lauretz unter dem Terror ihres trunksüchtigen Oberhauptes Jonas. Den Sohn verprügelt er, weil ihm die Schnapsflasche im Unwetter auf dem Weg vom Dorf zerbrach; wenig später fällt er über seine Tochter Silvelie her, weil der Gastwirt, bei dem sie in Stellung ist, keinen Schnaps herausgibt. Nach diesen Vorfällen bleibt Jonas verschwunden. Das Verhör beim Amtmann bringt auch keine neuen Erkenntnisse. Derweil hält der neue Amtmann Andreas von Richenau Einzug im Dorf und heiratet Silvelie trotz aller ihrer Einwände. Wenig später stößt er auf die alten Protokolle und rollt die Untersuchungen trotz Silvelies Widerstand wieder auf. Beim Verhör in der Mühle bezichtigt sich zuerst seine Frau des Mordes an ihrem Vater, und später nehmen die anderen Familienmitglieder die Schuld auf sich. Zum Schluß erscheint Bündner und führt den Amtmann zum Tatort in der Schlucht. Er gibt sich als Täter preis und stürzt sich danach zu Tode.

im Februar 1945 für Deutschland verboten
Uraufführung: 16. 1. 1948 in Berlin/Ost
Verleih: Sovexport mit 51 Kopien
ab 1950 durch Aka-Filmverleih in der BRD unter dem Titel *Die Straße des Bösen*

Wiener Mädeln

Produktion: Wien-Film
Regie: Willi Forst
Drehbuch: Willi Forst
Kamera: Jan Stallich

Darsteller: Willi Forst, Anton Edthofer, Judith Holzmeister, Dora Komar, Vera Schmid, Hans Moser, Curd Jürgens, Fritz Imhoff, Ferdinand Mayerhofer

Inhalt

Für den Komponisten Strauß will der schüchterne Carl Michael Ziehrer einspringen. Das Publikum lacht ihn aus, nur die drei Töchter des Hofrats Munk verlangen nach seiner Musik. Ein Walzer von Ziehrer führt zu wahren Begeisterungsstürmen. Der junge Musiker erhält sofort einen Verleger. Aus Dankbarkeit komponiert er den Walzer »Wiener Mädeln«. Doch der Verleger versöhnt sich mit dem bekannteren Johann Strauß wieder und bootet Ziehrer aus. Erst durch die Anteilnahme der Fürstin Metternich darf er wieder auftreten, verliert aber im musikalischen Duell mit Strauß. Ziehrer flieht enttäuscht ins Ausland und feiert dort grandiose Erfolge. Per Zufall trifft er Mizzi, die Tochter des Hofrats Munk, in Berlin wieder, die die Hauptrolle in einer seiner Operetten gibt. Sie bleiben zusammen. Auf der Weltausstellung stellt sich Ziehrer dem musikalischen Wettbewerb mit einer amerikanischen Kapelle und gewinnt mit seinem Walzer »Wiener Mädeln«.

Uraufführung: DEFA-Version am 19. 8. 1949 in Berlin/Ost
Forst-Version am 22. 12. 1949 in Wien
Verleih: Sovexport der DEFA-Version (nur bis 1950)
ab 1950 durch Herzog-Film in der BRD (Forst-Version)

Die Nacht der Zwölf

Produktion: Bavaria Filmkunst
Regie: Hans Schweikart
Drehbuch: F. v. Reznicek
Kamera: Franz Koch

Darsteller: Ferdinand Marian, Rudolf Fernau, Mady Rahl, Elsa Wagner, Kurt Müller-Graf, Oskar Sima, Ellen Hille, Anneliese Reinhold, Alice Treff, Dagny Servaes

Inhalt

Leo Lansky ist einer von vielen zweifelhaften Existenzen, die in Berlin untertauchen, um krumme Geschäfte zu machen. Zu Lanskys Opfern gehört die wohlhabende junge Frau von Droste. Als er erfährt, daß er von ihr testamentarisch als Universalerbe eingesetzt wurde, zögert er nicht lange und bringt sie um. Er verwischt alle Spuren, so daß die Polizei diesen Tod als Unglücksfall abschließt. Der Mord erweist sich schon bald als Fehlschlag, denn Frau von Droste hatte ihr Testament noch nicht unterschrieben. Um den Geldnöten zu entgehen, setzt Lansky erneut auf Heiratsschwindel und wird dabei verhaftet. Da sich die zwölf Damen im Verhör als nicht geschädigt betrachten, muß er wieder freigelassen werden. Verschiedene Aussagen der Frauen veranlassen die Polizei, den alten Fall wieder aufzunehmen. Der Mordverdacht bestätigt sich, als Lansky ein zweites Verbrechen vorbereitet, um das nötige Geld für den Erpresser, der ihn in der Mordnacht gesehen hat, zu beschaffen. Er tappt in die Falle und wird von der Polizei als Mörder überführt.

Uraufführung: 7. 1. 1949 in Frankfurt/M
Verleih: Emka-Filmverleih

Dreimal Komödie

Produktion: Bavaria Filmkunst
Regie: Viktor Tourjansky
Drehbuch: Viktor Tourjansky, Emil Burri
Kamera: Heinrich Schnackertz

Darsteller: Ferdinand Marian, Margot Hielscher, Bruni Löbel, Inge Köstler, Paul Dahlke, Mady Rahl

Inhalt

Die Modezeichnerin Ilse Brand versucht ihre Schwester Ulla daran zu hindern, Professor Arnim Modell zu stehen. Aufgeschreckt in ihren Nachforschungen, läßt sie ihre Handtasche in Arnims Zimmer liegen und muß ihrer Schwester gegenüber einen Überfall von einem gewissen Herrn Meier vorschwindeln. Philipp Geiger, ein Freund des Bildhauers, erklärt sich bereit, den vermeintlichen Dieb Meier aufzusuchen. Dieser stellt sich als Boxer mit gewaltigen Oberarmen heraus. Mit List kann Geiger eine Handtasche entwenden. Unterdessen taucht Olivia, die Braut des Professors, auf und macht Ilse eine Eifersuchtsszene. Ilse wächst die Situation über den Kopf, und sie reist zu ihrer Tante ab, wohin ihr Geiger und Arnim unter fadenscheinigen Gründen folgen. Sie gibt ihren Vetter als ihren Bräutigam aus. Doch Arnim durchschaut dieses Spiel und läßt durch Ilse ein Brautkleid für Olivia anfertigen, von der er sich seit langem getrennt hat. Erst nach langem Zögern wird Ilse bewußt, daß sie ihr eigenes Hochzeitskleid angefertigt hat.

Uraufführung: 4. 3. 1949 in München
Verleih: Schorcht Film unter dem Titel *Liebeswirbel*
in Österreich unter dem Titel *Wettlauf um Liebe*

Ein Herz schlägt für Dich

Produktion: Bavaria Filmkunst
Regie: Joe Stöckel
Drehbuch: Aloys Joh. Lippl
Kamera: Heinz Schnackertz

Darsteller: Rudolf Prack, Annelies Reinhold, Klaramaria Skala, Hannes Kepler, Karl Skraup, Alfred Pangratz, Thea Aichbichler, Curt Baumann

Inhalt

Das kinderlose Bauernehepaar Hallwanger sucht in der Verwandtschaft nach einem Erben. Doch die ganze Sippschaft stellt sich als raffgierig heraus. Auf dem Heimweg fährt die Bäuerin den Pflegesohn des Korbflechters Haunstetter an, mit dem Hallwanger zuvor einen heftigen Streit hatte. Regina Hallwanger will das Kind adoptieren. Der Pflegevater verlangt eine stolze Summe für das Kind, das eigentlich Hallwangers unehelicher Sohn ist. Die Hausherrin erfährt per Zufall von dem Geheimnis und wirft ihren Mann, den ehemaligen Tagelöhner, vom Hof. Dieser holt zuerst seinen Sohn von dem betrunkenen Haunstetter. Wenig später läuten die Sturmglocken. Der Hallwanger-Hof brennt. Im Widerschein des lodernden Feuers erkennt die Bäuerin ihren Fehler. Während der Löscharbeiten scheut Martin keine Gefahr. Ein herabsausender Firstbalken reißt ihn in die Tiefe. Am Krankenbett erblickt er Regina und an ihrer Hand seinen Sohn.

Arbeitstitel: *Reis am Wege*
Uraufführung: 12. 4. 1949
Verleih: Schorcht-Film in Österreich
unter dem Titel *Das Geheimnis vom Hallwangerhof*

Geld ins Haus

Produktion: Bavaria Filmkunst
Regie: Robert A. Stemmle
Drehbuch: Erna Fentsch
Kamera: Bruno Stephan

Darsteller: Hans Moser, Annie Rosar, Hans Holt, Alfred Neugebauer, Franz Pfaudler, Gabriele Reismüller, Lotte Lang, Oskar Sima, Theodor Loos

Inhalt

In dem idyllischen Windegg nimmt um die Jahrhundertwende der Postbote Habernal regen Anteil am Leben seiner Mitmenschen. Eines Tages erhält Habernal selbst einen Brief, der ihn zum Universalerben seiner einstigen Jugendfreundin macht. Trotz der Millionenerbschaft will Habernal seine geliebte Posttasche nicht an den Nagel hängen.
Sofort heften sich geldgierige Nachbarn an seine Fersen. Der einst geachtete Postbote wird nun mißtrauisch belauert. Auch seine Kollegen neiden ihm sein Glück. Selbst seine Freunde werden zu unterwürfigen Schmeichlern.

Uraufführung: 17. 1. 1947 in Berlin/West
Verleih: Amerikanischer Allgemeiner Filmverleih
später unter dem neuen Titel *Der Millionär* verliehen

Liebesheirat

Produktion: Bavaria Filmkunst
Regie: Theo Lingen
Drehbuch: Theo Lingen und Franz Gribitz
Kamera: Erich Claunigk

Darsteller: Hans Holt, Winnie Markus, Theo Lingen, Susi Nicoletti, Beppo Brehm, Erhard Siedel

Inhalt

Georg und Isabell wollen ihre Ehe durch gegenseitiges Vertrauen und bedingungslose Aufrichtigkeit für alle Zeiten festigen. Sie schließen darüber sogar einen Vertrag ab. Die Flitterwochen werden durch die Anreise von Leo Flügel, einem Freund Georgs, und seiner Braut Pucki gestört. Georg hatte nämlich Isabell ein früheres Verhältnis verschwiegen. Nach seinem Geständnis besteht seine Frau auf der sofortigen Abreise. Selbst danach macht sie Georg noch heftige Eifersuchtsszenen. Durch ihre ständigen Fragen bedrängt, gibt er einen vermeintlichen Fehltritt zu. Statt der erwarteten Ruhe wird er nun erst recht bombardiert. Erst die herbeigerufenen Freunde beruhigen Isabell einstweilen. Dafür packt Georg nun die Eifersucht auf den großzügigen Chef von Isabell, der ihr für den geplanten Hauskauf eine Gratifikation zugesteht. Georg vermutet hinter der Auszeichnung einen anderen Grund. Erst gutes Zureden kann den Verstockten heilen.

Uraufführung: 6. 5. 1949 in Bamberg
Verleih: Anton E. Dietz-Filmverleih

Philine

Produktion: Bavaria Filmkunst
Regie: Theo Lingen
Drehbuch: Peter Franke und Jo Hanns Rösler
Kamera: Heinrich Weidemann

Darsteller: Winnie Markus, Siegfried Breuer, Theo Lingen, Susi Nicoletti, Hilde Sessak, Wastl Witt

Inhalt

Der charmante Rechtsanwalt Dr. Bratt wird von einem Klienten kurz vor seinem Sommerurlaub bedrängt, die Scheidung einzuleiten. Jener Benno Paradis wird von seiner Frau gezwungen, als Tierstimmenimitator im Varieté aufzutreten. Mehr um der Ruhe willen übernimmt Dr. Bratt den Fall und bittet die attraktive Aushilfssekretärin Philine, ihn zur Aufarbeitung des neuen Falles zu begleiten. Der Anwalt denkt natürlich weniger an Arbeit als an Philine. Unter dem Vorwand, daß sie bereits verheiratet sei, reist die gekränkte Philine ab, denn sie hat zahlreiche Fotos junger Mädchen auf Dr. Bratts Urlaubsfilm entdeckt. Doch der Schwerenöter gibt nicht auf, und in ihrer Not bezeichnet sie sich als Frau Paradis.
Nach seinem Urlaub trifft Dr. Bratt seinen Klienten Paradis, der sich inzwischen allerdings nicht mehr scheiden lassen will. Letztlich bleibt Dr. Bratt nur das Eingeständnis, daß er Frau Paradis liebt. Nur mit Mühen lassen sich die Verwirrungen aufklären.

Uraufführung: 17. 2. 1949 in Würzburg
Verleih: Imex-Filmverleih
in Österreich unter dem Titel *Ein Mädel für frohe Stunden*

Ein Mann gehört ins Haus

Produktion: Wien-Film
Regie: Hubert Marischka
Drehbuch: Alexander Lix
Kamera: Hans Schneeberger

Darsteller: Magda Schneider, Paul Richter, Carl Günther, Lucie Englisch, Karl Skraup, H. A. Schlettow

Inhalt

Auf dem Tannhof, einem schönen bäuerlichen Besitz, der zugleich mit einer Gastwirtschaft verbunden ist, lebt die junge verwitwete Bäuerin Loni. An Bewerbern mangelt es nicht, aber Loni will keinen gewöhnlichen Bauern, sondern einen aus der Stadt. Pauli, ihren neuen Verwalter, läßt Loni kalt abblitzen, obwohl sie ihn recht »fesch« findet. Aber er ist halt nur ein »Bauer«. Eines Tages treffen in ihrem Gasthof ein eleganter Herr und eine junge Dame ein, die sich als Geschwister vorstellen. Der elegante Herr imponiert Loni von Anfang an. Der Herr Professor nutzt ihre Leichtgläubigkeit aus. Pauli, der diesem Getue sehr skeptisch gegenübersteht, verläßt nach einer Auseinandersetzung mit Loni den Hof. Von weitem beobachtet er das Treiben und forscht mit Hilfe der Polizei nach der wirklichen Herkunft des Professors. Inzwischen hat der elegante Herr es geschafft, daß Loni ihm nicht nur ihre Hand, sondern auch ihr Geld anvertraut. Am Tag der Verlobung entlarvt Pauli das Gaunerpaar. Während dieses den verdienten Weg ins Kittchen antritt, besinnt sich Loni auf Pauli.

Arbeitstitel: *Großstadtluft in Seewinkel*
Uraufführung: 21. 5. 1948 in Wien
Verleih: ab 1950 in der BRD durch Schorcht-Film
in Österreich unter dem Titel *Der Jäger und die Tannhofwirtin*

Ulli und Marei

Produktion: Wien-Film
Regie: Leopold Hainisch
Drehbuch: Eduard Klöck und Leopold Hainisch
Kamera: Anders, Fiedler, Angst

Darsteller: Eduard Klöck, Attila Hörbiger, Ernst Auer, Ludwig Auer, Leonhard Auer, Mimi Auer, Herta Agostini, Hans Dengel, Franz Ludwig-Mörth, Anna Exl, Ilse Exl, Leopold Hainisch, Hans Kratzer, Jenny Liese, Hans Pachler, Anna Zötsch

Inhalt

Der alte Markthofbauer Matthias fährt in die Stadt zum Notar, um seinen Knecht Ulli als Erbe für seinen Hof einzutragen. Auf dem Weg dorthin rettet er die Bauernmagd Marei vor einem Stier. Von der schönen Marei angetan, kommt ihm der Gedanke, daß er noch nicht zu alt sei, um zu heiraten. So nimmt er sie, nach Zustimmung von Mareis Mutter, mit auf den Hof. Marei, die schon bald ihre Liebe zu Ulli entdeckt, weiß von alledem nichts. Als Ulli erfährt, was der Bauer vorhat, weiht er sie ein. Noch bevor beide Matthias ihre Liebe gestehen, gelingt es dem Bauern, Schuldgefühle in Ulli zu wecken. Daraufhin flieht Ulli – aber allein. Marei bleibt nichts anderes übrig, als sich dem Schicksal zu fügen. Sie richtet aber in letzter Minute einen Hilferuf an ihn. Ulli entführt Marei während eines Volksfestes. Matthias will sich rächen und eilt ihnen mit einem Gewehr in der Hand hinterher. Doch am Ende weicht seine Wut, und er verzeiht den Liebenden.

Uraufführung: 23. 4. 1948 in Wien
Verleih: ab 1950 in der BRD durch Emka-Filmverleih unter dem Titel *Der Berghofbauer*

Wie ein Dieb in der Nacht

Produktion: Wien-Film
Regie: Hans Thimig
Drehbuch: Lilian Belmond und Fritz Koselka
Kamera: J. Tusar

Darsteller: Wolf Albach-Retty, Gusti Huber, Carl Günther, Richard Romanowsky, Georg Lorenz, Bruno Hübner, Hermann Thimig, Christl Mardayn, Lotte Lang, Fritz Imhoff, Alfred Neugebauer, Hans Olden

Inhalt

Oskar Ringhofer jun., Sohn des reichen Kaufhausbesitzers, flüchtet eines Nachts vor dem allzu aufdringlichen Heiratsvermittler Rabenfuß. Um sich zu verstecken, springt er in das offenstehende Schaufenster eines Kaufhauses und postiert sich an der Stelle einer Bräutigam-Puppe. Die erschrockene Dekorateurin Toni überzeugt Oskar, daß er nur wegen ihr hier stehe. Kurz darauf kann er unbemerkt entwischen. Als am nächsten Tag Toni erfährt, daß ein Mann im Frack den benachbarten Juwelierladen ausgeraubt hat, verdächtigt sie Oskar. Erst durch den Heiratsvermittler erfährt Toni, wer Oskar wirklich ist, und beschließt, es ihm heimzuzahlen. Sie gibt vor, einen Schmuckladen ausgeraubt zu haben, und bittet ihn, beim Einbruch in ein Hotelzimmer zu helfen. Oskar, der es nun mit der Angst zu tun bekommt, engagiert zwei Männer, die Toni zum Schein festnehmen sollen, um sie von dem Vorhaben abzuhalten. Es kommt zur Verhaftung, aber zu einer echten. Lange Verhandlungen sind notwendig, um die Polizei von ihrer Unschuld zu überzeugen.

Arbeitstitel: *Der Herzensdieb*
Uraufführung: 23. 9. 1949 in Wien
Verleih: ab 1950 in der BRD durch Allianz-Film

Im Banne des Monte Miracolo

Produktion: Tirol-Film
Regie: Luis Trenker
Drehbuch: Luis Trenker
Kamera: Albert Benitz, Umberto Valie, Ernst Eisingan

Darsteller: Luis Trenker, Umberto Sacripanti, Dora Bibi, Carla de Garg, Ernst Sabatini, Mino Doro, Paul Rainer, Leo Gasperl, Theo Miller

Inhalt

Am Fuß des Monte Miracolo, des verfluchten Berges, wie er von der zum Aberglauben neigenden Bevölkerung wegen häufiger Todesfälle genannt wird, liegt still und verträumt San Christoforo, das Dorf der Bergführer. Ingenieur Rey soll im Tal einen Staudamm bauen, doch sein Widersacher in der italienischen Firma, Corrado Conti, versucht, das Projekt zu verhindern. Zu Weihnachten überredet Conti den Ingenieur, gemeinsam den gefährlichen Berg zu besteigen. Unterhalb des Gipfel stürzt Rey ab, und Conti läßt den Bewußtlosen in der Eiswüste allein. Nur durch enorme Willensanstrengung kann sich Rey in eine Höhle retten. Dort wird er von der alarmierten Bergwacht gerettet und bezwingt als erster den Gipfel des Monte Miracolo.
Dank seiner großen Verdienste wird Rey im kommenden Frühjahr zum Direktor seiner Firma ernannt.

Uraufführung: 19. 11. 1948 in Innsbruck
Verleih: ab 1949 in der BRD durch Commerz Film
Von der Tirol-Film nach dem Krieg fertiggestellt

Menschen unter Haien

Produktion: Hans Hass-Filmproduktion
Regie: Hans Hass
Drehbuch: Hans Hass
Kamera: Hans Hass und Alfred von Wurzian

Inhalt

Als Expeditionsleiter filmt Dr. Hans Haß die faszinierende Unterwasserwelt vor der Küste Griechenlands. Die einheimischen Fischer bestaunen die Taucher in ihren merkwürdigen Anzügen. Es gibt Jagden auf beißwütige Schildkröten, eine regelrechte Schatzsuche in einem versunkenen Schiff und natürlich gefährliche Abenteuer mit meterlangen Muränen. Doch bei jeder abwechslungsreichen Unterwassertour steht die wissenschaftliche Sammlungstätigkeit der Expedition im Vordergrund. Schließlich kommt es vor der Insel Santorini zu der lang erwarteten Begegnung mit einem Haifischrudel. Die Forscher kreisen die gierigen Räuber ein, um sensationelle Bilder einzufangen.

Uraufführung: 3. 9. 1948 in Wien
Verleih: ab 1949 in der BRD durch Schorcht-Film (u.a.)

Tiefland

Produktion: Riefenstahl-Film
Regie: Leni Riefenstahl
Buch: Leni Riefenstahl
Kamera: Albert Benitz

Darsteller: Leni Riefenstahl, Franz Eichberger, Bernhard Minetti, Aribert Wäscher, Maria Koppenhöfer, Karl Skraup, Frieda Richard, Bekuch Hamid

Inhalt

Hoch in den Bergen kann der Hirte Pedro einen gewaltigen Wolf mit bloßen Händen erwürgen. Stolz bringt er das Fell seinem Herrn, dem Marques Don Sebastian von Roccabruna. Dieser terrorisiert mit seinen übermütigen Launen die Dorfbewohner. Er läßt das Wasser des Baches auf seine Weiden umleiten, so daß die Felder verdorren. Als sich Don Sebastian die rassige Tänzerin Marta in sein Kastell holt, fordert die eifersüchtige Bürgermeistertochter Amelia eine sofortige Trennung. Sie hält hohe Wechsel des verschuldeten Grundherrn in den Händen und will mit Macht die Marquesa von Roccabruna werden. Nach einer Revolte der Leibeigenen soll Marta zum Schein eine Ehe mit dem Hirten Pedro eingehen. Sebastian verkündet die Verlobung mit Amelia, will aber in der gleichen Nacht zu Marta. In ihrer Not ruft die Tänzerin den Hirten, der Don Sebastian in einem dramatischen Zweikampf tötet. Beide fliehen in die Berge.

Uraufführung: 11. 2. 1954 in Stuttgart
Verleih: Allianz-Film

Der Mann, dem man den Namen stahl

Produktion: Tobis Filmkunst
Regie: Wolfgang Staudte
Drehbuch: Josef Maria Frank
Kamera: Eduard Hoesch

Darsteller: Axel von Ambesser, Ruth Lommel, Paul Henckels, Elisabeth Flickenschildt, Gretl Schörg, Aribert Wäscher, Hubert von Meyerinck

---

Inhalt

Irgendwo im weiten Land fand Fridolin Biedermann in Elvira das vermeintliche große Glück. Doch jäh fällt er aus den Wolken des siebenten Himmels, als der Standesbeamte ihm nüchtern Heiratsschwindel und Hochstapelei vorwirft. Im Register steht, daß Biedermann schon verheiratet und Vater von insgesamt acht, teils ehelichen, teils unehelichen Kindern ist. Und was im Register steht, stimmt! Fridolin Biedermann nimmt sein Schicksal selbst in die Hand. Während sich Heini Bock um Elviras doch offenbar nur leichtgepanzertes Herz kümmert, führt Dr. Heimlich von der Detektei Röntgenblick den suchenden Fridolin zu einem gewissen Max Vieregg, dem echten Heiratsschwindler. In der Kap-Hoorn-Bar verliert derweil Fridolin sein Herz an die Barsängerin Madame Marlene. Trotz ihres Auftritts ist Marlene keineswegs eine »Frau mit Vergangenheit«, sondern selbst Opfer jenes Betrügers Vieregg, der überraschend Selbstmord begeht. Nachdem Elvira sich für Heini Bock entschieden hat, steht Fridolins neuem Glück nichts mehr im Wege, nicht einmal der Standesbeamte. Denn vor dem Gesetz ist Marlene als Frau Biedermann längst Fridolins Frau.

Uraufführung: 21. 6. 1996 in Berlin
Verleih: Transit Film

Das Leben geht weiter

Produktion: Ufa Filmkunst
Regie: Wolfgang Liebeneiner
Drehbuch: Thea von Harbou
Kamera: Günther Anders

Darsteller: Gustav Knuth, Hilde Krahl, Lina Lossen, Marianne Hoppe, Viktor de Kowa, Ursula Grabley, Heinrich George, Friedrich Kayssler, Willy Fritsch, Gustav Bertram, Viktoria v. Ballasko

Inhalt

In der Zehlendorfer Wohnung des Diplomingenieurs Ewald Martens wird der Geburtstag seiner Frau Gundel gefeiert. Wenige Stunden nur können sie das Beisammensein genießen. Der Aufruf zur Evakuierung Berlins setzt dem Treffen ein jähes Ende. Während in allen Stadtteilen Berlins die Bevölkerung an Schutz- und Splittergräben baut, gehen die Arbeiten in der Rüstungsindustrie weiter. Martens ist beauftragt, ein zuverlässiges Meßgerät zu entwickeln, das den Nachtjägern das Nahen feindlicher Bomben anzeigt. Diese Arbeit fordert seine ganze Kraft. Das Meßgerät wird fertiggestellt und kommt bei einem schweren Bombenangriff zum Einsatz, wo es viele Opfer gibt. Unter ihnen befindet sich seine Frau. Trotz Leids und Not, das Leben geht weiter. So auch das von Ewald Martens, der schon bald seine Liebe zu Leonore, einer Freundin Gundels, findet.

Zu zwei Dritteln abgedreht in Babelsberg und der Lüneburger Heide, zwei Rollen Restmaterial erhalten

Der Puppenspieler

Produktion: Ufa Filmkunst
Regie: Alfred Braun
Drehbuch: Veit Harlan und Alfred Braun
Kamera: Konstantin Irmen-Tschet

Darsteller: Max Eckard, Eugen Klöpfer, Maria Koppenhöfer, Paul Bildt, Hidde Ebert, Albert Florath, Alfred Schieske, Franz Weber, Robert Forsch, Fritz Hoopts, Hedwig Wangel, Hansgeorg Laubenthal

Inhalt

Wenn der Webereibesitzer Paul Paulsen an seiner Spezialwebmaschine arbeitet, kommen ihm die Erinnerungen. Als Elfjähriger war er von den Puppenspielern, die jedes Jahr auf den Markt kamen, begeistert. Seine Liebe galt auch Lisei, der Tochter des Puppenspielerpaares, und brachte ihn bei seinen Kameraden den Spitznamen Pole Poppenspäler ein. Das Gastspiel der Puppenbühne findet einen traurigen Abschluß, als das Schaustellerpaar der fahrlässigen Brandstiftung beschuldigt wird. Erst nach Jahren, als Pole seine Gesellenzeit beendet hat, trifft er Lisei wieder. Diesmal läßt er sie nicht weiterziehen, sondern bittet um ihre Hand. Gemeinsam mit Liseis Vater kehren sie in sein Heim zurück. Die Heirat schafft im Ort viel böses Blut. Seine Werkstatt bekommt immer weniger Aufträge, doch er gibt nicht auf. Auch Liseis Vater, der Puppenspieler, kämpft um die Anerkennung seiner künstlerischen Arbeit und um das Ansehen seiner Tochter. Doch seine Vorstellungen enden meist mit Spott, und der Kummer kostet ihn das Leben. Gegen alle Erwartungen kommen zum Begräbnis viele Menschen, die dem alten Meister ihre Anerkennung zollen.

Arbeitstitel: *Pole Poppenspäler*
zur Hälfte abgedreht

Der Scheiterhaufen

Produktion: Tobis Filmkunst
Regie: Günther Rittau
Drehbuch: Rolf Meyer, Werner Eplinius
Kamera: Georg Bruckbauer

Darsteller: Ewald Balser, Erich Ponto, Hans Nielsen, Ulrich Haupt, Fritz Kampers, Hermann Speelmans, Fita Benkhoff, Ernst Waldow, Karin Himboldt

Inhalt

Geschichte um einen Landrichter im Kleinstadtmilieu

Zu drei Vierteln abgedreht
17 Rollen Bild und 12 Rollen Ton erhalten

Die tolle Susanne

Produktion: Terra Filmkunst
Regie: Geza von Bolvary
Drehbuch: Otto Ernst Hesse
Kamera: Willy Winterstein

Darsteller: Marte Harell, Siegfried Breuer, Willy Fritsch, Mady Rahl, Wilhelm Bendow, Lotte Lang, Georg Thomalla, Hans Brausewetter

Inhalt

Musikalische Liebes- und Verwechslungskomödie im Künstler- und Gesellschaftsmilieu

Drehbeginn im Januar 1945 in Prag
ein Viertel der Dreharbeiten beendet

Dr. phil. Döderlein

Produktion: Tobis Filmkunst
Regie: Werner Klingler
Drehbuch: Harald G.Petersson
Kamera: Friedl Behn-Grund

Darsteller: Heinrich George, Käthe Haack, Hans Nielsen, Paul Wegener, Marianne Simson, Paul Henckels, Albert Florath, Carsta Löck, Franz Weber

---

Inhalt

Komödie um einen Studienrat in einer Kleinstadt, Schul-und Alltagsmilieu

Nur zu einem Viertel abgedreht
nur eine Filmrolle ist erhalten

Kamerad Hedwig

Produktion: Ufa Filmkunst
Regie: Gerhard Lamprecht
Drehbuch: Toni Huppertz
Kamera: Ekkehard Kyrath

Darsteller: Luise Ullrich, Wolfgang Lukschy, Emil Hess, Otto Wernicke, Ilse Fürstenberg, Ullrich Haupt, Franz Weber, Doris Holve

---

Inhalt

Nach dem plötzlichen Tod ihres Mannes zieht Hedwig mit ihrem Sohn zu ihrem Schwiegervater, dem Blockstellenleiter Schulz.
Allmählich überwindet die junge Witwe ihre Trauer, und als der Lokführer Beier um ihre Hand anhält, willigt sie ein. Der Hochzeitstermin wird festgelegt, und alles scheint in bester Ordnung. Doch da taucht Karl auf, der Bruder ihres Mannes. Hedwigs Gefühle geraten aus der Bahn. Aus Angst, Beier zu verletzen, verheimlicht sie ihre Gefühle zu Karl, die mittlerweile für alle kein Geheimnis mehr sind. So erfährt Beier aus den spöttelnden Mündern seiner Freunde, was Hedwig ihm selbst hätte sagen müssen. Nach einer Auseinandersetzung mit Karl will er Hedwig zur Rede stellen. Als er sie findet, ist sie in tödlicher Gefahr. Sein Zorn verfliegt, und ohne Rücksicht auf sein eigenes Leben rettet er sie. Tief erschüttert gibt er Hedwig frei.

Bis auf 10 Drehtage abgedreht
5 Rollen Bild und 6 Rollen Ton erhalten

Sag' endlich ja

Produktion: Terra Filmkunst
Regie: Helmut Weiss
Drehbuch: Fritz Schwiefert
Kamera: Reimar Kuntze

Darsteller: Jenny Jugo, Karl Schönböck, O. W. Fischer, Max Eckard

---

Inhalt

Der junge charmante Legationsrat und der etwas ältere, stillere Ingenieur nehmen seit einem halben Jahr gemeinsam Französischunterricht bei der reizenden Annette Müller. Und seit dieser Zeit führen sie einen zähen, verbissenen Kampf um ihre Gunst. Kann oder mag Annette sich nicht entscheiden? Oder ist gar ein Dritter im Spiel? Mit verdächtigem Eifer verteidigt die charmante Französischlehrerin den netten jungen Mann, der zur Zeit Klavierstimmer und Barspieler ist und voller Hochmut auf die beiden »reicheren Herren« herabschaut. Nur im Traum bereiten der Legationsrat und der Ingenieur Annette Kopfzerbrechen. Aber selbst die Träumereien finden den Weg zum Pianisten.
Die Geduld der liebenden Männer hat Grenzen, und so ist es nicht verwunderlich, daß sich die Angebetete entscheiden soll. Als sich alle drei Herren aus beruflichen Gründen zurückziehen, horcht sie in sich hinein. In letzter Sekunde erwischt Annette doch noch den richtigen Anschluß – nach Paris zum Pianisten.

Anfang Dezember 1944 bis auf wenige Trickaufnahmen abgedreht
der Film befand sich im Rohschnitt

Sag' die Wahrheit

Produktion: Terra Filmkunst
Regie: Helmut Weiss
Drehbuch: Ernst Marischka nach dem gleichnamigen Lustspiel von Johann v. Vaszary
Kamera: Reimar Kuntze

Darsteller: Heinz Rühmann, Hertha Feiler, Susanne v. Almassy, Aribert Wäscher, Eva Maria Meineke, Hans Brausewetter, Hubert v. Meyerinck, Elsa Wagner

---

Inhalt

Peter ist mit Maria verlobt – es gibt nur einen dunklen Punkt, der den Glanz dieses jungen Glückes trübt: Maria flunkert. Peter haßt Lügen, und als solche empfindet er ihr Schwindeln. So bleibt ihm nur übrig, Maria zu beweisen, daß er selbst 24 Stunden lang die Wahrheit sagen kann. Mit seiner Wahrheitsliebe bringt er seinen ganzen Sportklub durcheinander, verfeindet sich mit Freunden und bringt Liebesbeziehungen auseinander, nur weil er die Wahrheit sagt.
Es ist aber auch wahr, daß Peter noch mit Vera verheiratet ist. Und da er in der Scheidungsverhandlung auch die Wahrheit sagt, nämlich, daß er mit Vera gleichfalls zusammen war, sitzt er ganz schön in der Patsche. Als nun seine Frau und seine Verlobte zusammen in seiner Wohnung aufkreuzen, bekommt er einen Tobsuchtsanfall, mit dem Resultat, daß sein pfiffiger Rechtsanwalt ihn in ein Nervensanatorium sperren läßt. Damit ist er offiziell unzurechnungsfähig. Worte und Taten der letzten 24 Stunden werden die eines geistig Gestörten. Grund genug für Vera, der Scheidung endlich zuzustimmen und Peter der »häuslichen Pflege« von Maria zu überlassen.

Zu drei Vierteln abgedreht, seit 30. 11. 1944 im Babelsberger Atelier
Remake durch »Studio 45«-Film-G.m.b.H.

Shiva und die Galgenblume

Produktion: Prag-Film
Regie: Hans Steinhoff
Drehbuch: Hans Steinhoff und Hans Rudolf Berndorff
Kamera: Carl Hoffmann

Darsteller: Hans Albers, Gottlieb Sambor, Eugen Klöpfer, Aribert Wäscher, Theodor Loos, Paul Wegener

Inhalt

In die Villa des Bankiers van der Haardt wurde eingebrochen. Kriminalrat Dongen, der in der Verbrecherwelt den Spitznamen Shiva führt, wird beauftragt, das gestohlene Bild, ein Werk des russischen Porträtmalers Wersiloff, wiederzufinden. Zum selben Zeitpunkt kommen falsche Fünfzigmarkscheine auf den Markt. Auf der Suche nach dem Geldfälscher ergibt sich ein Zusammenhang mit dem Bilddiebstahl. Dongen wendet sich an den Grafen Gortschakoff, der wertvolle Informationen über in Deutschland lebende Russen geben kann. An seine Aussage, daß der Maler Wersiloff nicht mehr lebt, kann der Kriminalrat jedoch nicht glauben. Denn bei der Untersuchung der gefälschten Scheine stellt man fest, daß sich auf einigen Exemplaren die Galgenblume, ein Symbol der gestohlenen Bilder, wiederfindet.
Kriminalrat Dongen überführt Gortschakoff als den gesuchten Wersiloff. Die Galgenblume, der künstlerische Ausdruck eines Kindheitserlebnisses von Wersiloff, brachte den Maler zu Fall.

Zu drei Vierteln in Prag abgedreht
Dreharbeiten bis zum 27. 3. 1945
20 Rollen Bild und 13 Rollen Ton überliefert

Wir beide liebten Katharina

Produktion: Terra Filmkunst
Regie: Arthur Maria Rabenalt
Drehbuch: Roland Betsch und A. A. Kuhnert
Kamera: Werner Krien

Darsteller: Angelika Hauff, Rene Deltgen, Max Gülstorff, Fritz Kampers, Fred Norbert Rohringer, Friedhelm von Petersson

---

Inhalt

Simon ist Mainflößer und will nur eine zur Frau: Katharina. Als Waise aufgewachsen und gerade 18 Jahre alt, hat sie das Schifferpatent in der Tasche und steht am Steuer ihres eigenen Kahnes. Daß auch sie Simon liebt, versucht sie mit Kraftproben und Auseinandersetzungen »schlagkräftig« zu verheimlichen.
Hinter Katharinas Rücken heuert ihr Großvater, der Schiffer Kaspar, Simon als Steuermann auf ihrem Kahn an. Das widerspricht jedoch Katharinas Berufsehre. Nach einer heftigen Auseinandersetzung läuft sie auf und davon.
Martin und Andreas, zwei unzertrennlichen Freunden, die gleichfalls um Katharinas Gunst buhlen, schüttet sie ihr Herz aus und läßt an Simon kein gutes Haar. Als Simon jedoch verletzt ins Krankenhaus muß, kehrt sie wieder um. Simon und Kaspar indessen haben ein neues Spiel vorbereitet. Zum Schein bandelt Simon mit der Tochter seines Paten an. Zutiefst enttäuscht fährt Katharina nach Frickenhausen zurück, in Martins und Andreas' Arme. In der gelösten und überschäumenden Stimmung küßt sie beim Tanzen abwechselnd Martin und Andreas. Der Rausch verfliegt, als beide in hemmungsloser Eifersucht mit dem Messer aufeinander zugehen. Im letzten Augenblick geht Simon dazwischen, dem sie glückselig in die Arme sinkt. Martin und Andreas' Kameradschaft ist durch dieses Erlebnis jedoch nur noch fester geworden.

Bis zum 16. 3. 1945 zu drei Vierteln abgedreht
2 Rollen Bild und 2 Rollen Ton erhalten

Wo ist Herr Belling?

Produktion: Bavaria Filmkunst
Regie: Erich Engel
Drehbuch: Curt I. Braun
Kamera: Erich Claunigk

Darsteller: Emil Jannings, Christel Mardayn, Gabriele Reismüller, Kurt Müller-Graf

Inhalt

Eberhard Belling hat sich aus kleinsten Anfängen zum Inhaber eines bedeutenden Werkes hinaufgearbeitet. Er ist mit der schönen und klugen Maria verheiratet. Sein Sohn Ruppert zählt als Tennisspieler mit zu den besten, und Gabriele, seine Tochter, studiert Kunstgeschichte. Jeden Freitag besucht Vater Belling für zwei Tage sein Zweigunternehmen in Schlesien. An einem solchen Wochenende erhält Ruppert vom Syndikus des Unternehmens die Nachricht, daß die Bellingwerke in eine gefährliche Lage geraten sind. Vater Belling ist im Zweigwerk nicht anzutreffen, und so muß sich Ruppert in Kürze in die Probleme der Firma einarbeiten und gemeinsam mit Maria und Gabriele handeln. Justizrat Stephan nimmt die Suche nach seinem besten Freund auf. In einer möblierten Wohnung in der Straße, in der er aufgewachsen ist, findet er ihn. Mit Erschrecken hört Belling von der Krise, die seine Firma bedroht. Auf Anraten des Justizrates kehrt Belling jedoch nicht zurück, denn für die Öffentlichkeit liegt er in einem Krankenhaus. So gibt er seinem Freund Ratschläge und Anordnungen mit auf den Weg, um so seine Familie zu unterstützen. Das Doppelleben des Unternehmers ist aufgedeckt, die Idylle, in die er sich seit Jahren unter dem Vorwand, im Zweigwerk tätig zu sein, zurückgezogen hat, zerstört. Obwohl Ruppert die väterliche Arbeit über den Kopf zu wachsen droht, versucht er, in die seltsamen Privataffären seines Vaters klärend einzugreifen. Selbst seine Frau Maria zeigt unerwartet Verständnis für das Doppelleben ihres Mannes.

Wegen der Erkrankung von Emil Jannings nur zur Hälfte abgedreht

Das seltsame Fräulein Sylvia

Produktion: Terra Filmkunst
Regie: Paul Martin
Drehbuch: Curt I. Braun
Kamera: Albert Benitz

Darsteller: Ilse Werner, Paul Hubschmid, Kurt Gerhard Hofmann, Kurt Seifert, Gerty Soltau, Fritz Odemar, Eva Maria Meinecke, Willi Rose, Paul Henckels, Hilde Jansen-Walter, Just Scheu, Henry Lorenzen

Inhalt

Hans Peter wird auf Empfehlung seines Agenten als Pianist bei der berühmten Tanzkapelle Frank Witte eingestellt. Aus Freude stürzt er die Treppe hinunter. Anstelle von Hans wird jetzt seine Schwester zur Tournee mitfahren. Gegenüber Kapellmeister Witte gibt sie sich als Hans aus. Erst nachdem Witte Zweifel kommen, da der neue Pianist nicht wie angekündigt vier, sondern nur zwei Instrumente beherrscht, bringt Sylvia ihre weibliche Seite ins Spiel. Noch ehe Witte aus der Haut fahren kann, gesteht Sylvia, daß sie Hans Peters Schwester ist. Fortan ist Witte mehr an der weiblichen Seite der Pianistin interessiert. Nach der Genesung von Hans ist er glücklicher denn je. Hat er doch jetzt Hans als Pianisten wieder und eine Frau, die er liebt.

Dreharbeiten in Prag und Bad Ischl
der Film befand sich bei Kriegsende im Endschnitt

Der Fall Molander

Produktion: Terra Filmkunst
Regie: G. W. Pabst
Drehbuch: Ernst Hasselbach und Per Schwenzen
Kamera: Willi Kuhle

Darsteller: Paul Wegener, Irene von Meyendorff, Robert Tessen, Elisabeth Markus, Werner Hinz, Erich Ponto, Otto Wernicke

---

Inhalt

Vom berühmten Konzertmeister Molander hat Sohn Fritz nur die kostbare Stradivari geerbt, die er für seine ehrgeizige Musikerlaufbahn verkaufen muß. Das Konzert wird ein guter Erfolg. Doch am nächsten Tag wird Fritz unter dem Verdacht verhaftet, eine gefälschte Geige verkauft zu haben. Auch das Lebensglück seiner Schwester scheint bedroht, da ihr heimlicher Verlobter, Staatsanwalt Holk, den Fall Molander übernehmen muß. Doch Holk steht zu ihr und würde eher seinen Beruf aufgeben. In ihrer Not wendet sie sich an Holks Vater, den alten Generalstaatsanwalt, der persönlich der Sache auf den Grund gehen will. Der alte Holk kann durch mühevolle Kleinarbeit einen skrupellosen Geigensammler als Täter identifizieren. Fritz Molander wird rehabilitiert und erhält als rechtmäßiger Besitzer die Stradivari zurück.

Abgedreht bis Ende Januar 1945
der Film war im Endschnitt

Der Mann im Sattel

Produktion: Tobis Filmkunst
Regie: Harry Piel
Drehbuch: Hans Marschall und Harry Piel
Kamera: Eugen Klagemann

Darsteller: Harry Piel, Gerhild Weber, Clemens Hasse, Otto Graf, Hans Zesch-Ballot, Ellen Bang, Peter Widmann, Charlott Daudert, Paul Westermeier

Inhalt

Der erfahrene Pferdetrainer Roberts will unter allen Umständen den Verkauf des traditionsreichen Rennstalles Freyberg verhindern. Er finanziert mit seinem Ersparten den Unterhalt während der Wintermonate und hofft auf seinen Zögling Otto Bruck, den er als Jockey ausbildet, und natürlich auf seine neuen Rennpferde. Roberts übernimmt sogar als Fahrer ein Rennen, das er mit großem persönlichen Einsatz gewinnen kann. Währenddessen gerät der junge Bruck in eine zwielichtige Gesellschaft und läßt sich von der attraktiven Ossi la Planta zu einer Vergnügungsreise überreden. Aufgrund seiner Unzuverlässigkeit wird das Rennpferd Arabella gestohlen. Durch die Ermittlungen der Polizei wird der mißgünstige Hochstapler Nicco Jerson als Drahtzieher ermittelt. Otto Bruck darf in letzter Minute Arabella reiten und gewinnt trotz eines gefährlichen Sturzes.
Trainer Roberts saniert nicht nur den Rennstall Freyberg, sondern erobert auch das Herz der Freyberg-Tochter Lisa.

Rohschnittvorführung im Februar 1945
Überlieferung des ungeschnittenen Filmmaterials
Rekonstruktion durch das Bundesarchiv-Filmarchiv
voraussichtliche Uraufführung im Sommer 1998

Die Schenke zur ewigen Liebe

Produktion: Ufa Filmkunst
Regie: Alfred-Weidenmann
Drehbuch: Alfred-Weidenmann
Kamera: Klaus von Rautenfeld

Darsteller: Carl Raddatz, Monika Burg, Maria Köppenhöfer, Berta Drews, Albert Florath, Karl Dannemann, Paul Bildt, Hans Zesch-Ballot, Paul Westermeier

Inhalt

Mathias Bentrup, ältester Sohn einer alten Bergmannsfamilie, arbeitet als Hauer auf der Zeche Holthusen im Ruhrgebiet und ist seit Wochen in die junge Bärbel Hofkirchner verliebt, die aus Süddeutschland stammt und bei ihrem Onkel im Laden arbeitet. Diese Liebe stößt bei Mutter Bentrup und den Leuten im Ort auf Unverständnis. Nach einem Besuch Bärbels bei Mathias' Mutter beschließt sie, den Ort zu verlassen. Erst am Tag der Steigerprüfung erfährt Mathias von dem Vorhaben seiner Angebeteten. Er holt sie zurück, wird aber wegen unentschuldigten Fehlens vom Examen ausgeschlossen.
Jahre vergehen. Mathias und Bärbel sind längst verheiratet. Bärbels Angst um ihren Mann, wenn er das Haus verläßt und unter Tage geht, bleibt. Kein Wunder, daß die Situation bei der kleinsten Gelegenheit eskaliert. Auf Drängen seiner Frau übernimmt er eine verwahrloste Gaststätte. Mit Hilfe seiner Grubenkumpels entsteht daraus die schmucke kleine Schenke zur ewigen Liebe. Doch Mathias ist und bleibt unzufrieden, zieht es ihn doch bei der nächsten Gelegenheit wieder unter Tage. Dank seiner Erfahrung können Beck und Benjamin aus dem Stollen befreit werden. Bärbel selbst hat längst begriffen, daß ihr Mann nicht in die Schenke, sondern zu den Kumpels vor Ort gehört.

Dreharbeiten in Waldenburg/Schlesien und in Babelsberg
Der Film befand sich im Endschnitt

Frühlingsmelodie

Produktion: Berlin-Film
Regie: Hans Robert Bortfeldt
Drehbuch: Walter Lieck
Kamera: Walter Pindter

Darsteller: Hansi Knoteck, Albert Matterstock, Rolf Weih, Heinz Lausch, Paul Henckels, Elga Brink

Inhalt

Heinz, Peter und Paul sind von klein auf unzertrennliche Freunde. Die Eltern von Heinz betrachten Peter und Paul gleichfalls als ihre Söhne. Als Heinz bei einer Regatta tödlich verunglückt, wenden sie sich stärker den anderen beiden Jungen zu. Auf Wunsch werden sie in Herrn Liebnitz' Firma als Instrumentenbauer ausgebildet, um später einmal die Fabrik zu übernehmen. Paul und Peter jedoch wollen unabhängig sein und mieten sich eine eigene Wohnung. Gemeinsam reparieren sie Instrumente und geben Musikunterricht. Eines Tages lernt Peter Eva kennen. Als sie ihn abblitzen läßt, versucht Paul die Beziehung zu retten. Zu einer Entscheidung kommt es letzten Endes nicht. Paul und Peter ziehen es vor, am Sonntagnachmittag mit Herrn Liebnitz zum Fußball zu gehen, statt sich Eva zu widmen. Wie es der Zufall will, treffen beide Eva beim Fußball, jedoch in Begleitung des Junggesellen Otto, der bei ihnen im Haus wohnt. Eva scheint begriffen zu haben, daß Peter und Paul ihre Freundschaft nicht für eine Frau opfern.

Der Film befand sich im Endschnitt
10 Rollen Bild und 11 Rollen Ton überliefert

Heidesommer

Produktion: Berlin-Film
Regie: Eugen York
Drehbuch: Gustav Kampendonk
Kamera: Klaus Schumann

Darsteller: Ernst von Klipstein, Jens Asby, Georg Thomalla, Dagmar Altrichter, Eva Maria Meineke, Lisca Malbran, Jacob Tiedtke

Inhalt

Der junge Ingenieur Norbert lädt seine Freunde Bernhard Brandt und Karl Möbius, genannt Möps, über die Ferien auf sein vor einiger Zeit erworbenes Besitztum in der Heide ein. Nicht ohne Eigennutz, denn dieser neue Besitz stellt sich als baufällige Heidekate heraus. Doch die Arbeit kommt ins Stocken, als Norbert die Nachmittagsstunden lieber mit Ursula verbringt und seine Freunde Bekanntschaft mit der schönen Nachbarin Hanna schließen. Norbert ist sehr besorgt um den Fortgang der Bauarbeiten. Er greift zu einer List und behauptet, daß Hanna, die er nur flüchtig kennt, seine Freundin sei. Damit hat Norbert zwar erreicht, daß seine Freunde sich dem Bau weiter widmen, aber auch, daß Ursula sich verletzt zurückzieht und mit Bernhardt und Möps flirtet. Hanna, die seit langem eine Auge auf Norbert geworfen hat, nutzt diese Situation gründlich aus. Als Möps bemerkt, daß Bernhard das Rennen um Ursula gewinnt, ruft er Anita, Bernhards Verlobte, an und lädt sie zu einem Besuch ein. Mit ihrem Erscheinen wird das Chaos perfekt, es bringt Norbert und Ursula endgültig auseinander, vertreibt Hanna und läßt selbstverständlich das Glück von Anita und Bernhard auch nicht ungetrübt. Wäre da nicht ein Dauerregen, der alle im Haus vereint …

Arbeitstitel: *Verliebter Sommer*
abgedreht am 14. 11. 1944
der Film befand sich in der Musiksynchronisation
3 Rollen Ton und 4 Rollen Bild erhalten

Leb' wohl, Christina

Produktion: Tobis Filmkunst
Regie: Gustav Fröhlich
Drehbuch: Gustav Fröhlich und Bastian Müller
Kamera: Georg Bruckbauer

Darsteller: Willy Birgel, Käte Dyckhoff, Fritz Wagner, Harald Holberg, Bruno Roth, Gunnar Möller, Edelweiss Malchin, Hildegard Grethe, Dorothea Wieck

Inhalt

Dr. Petersen ist Leiter des Seeschulheims. Trotz seiner jahrelangen Erfahrung im Umgang mit den Mädchen und Jungen verliebt er sich in eine Schülerin. Christina wird von vielen verehrt, doch besonders von Hans. Mit dem geschärften Blick des Verliebten ist ihm nicht entgangen, welche Zuneigung seine Angebetete Petersen entgegenbringt. Am Abend vor Christinas Abreise wird Hans Zeuge, wie sie Petersen ihre Liebe gesteht. Als Christina sich am nächsten Tag von Hans verabschieden will, ist er nicht mehr da. Er verfolgt sie, als er erfährt, daß sie fast nicht abreisen wollte, nur um sich bei ihm zu verabschieden. Dort trifft er auf Petersen. Als Hans Christina zum Abschied die Hand reicht, fühlt er, daß ihr Herz nicht ihm gehört. Plötzlich wird aus dem »Nebenbuhler« ein Kamerad, und gemeinsam kehren Schüler und Lehrer in das Seeschulheim zurück.

Arbeitstitel: *Umarmt das Leben*
am 14. 10. 1944 abgedreht
der Film befand sich in der Musiksynchronisation
16 Rollen Bild und 20 Rollen Ton sind überliefert

Leuchtende Schatten

Produktion: Prag-Film
Regie: Geza von Cziffra
Drehbuch: Geza von Gziffra
Kamera: Jan Roth

Darsteller: Carola Höhn, Hertha Mayen, Rudolf Prack, O. W. Fischer, Rudolf Schindler, Paul Kemp, Carl Kuhlmann, Oskar Sima, Hans Olden

Inhalt

Heinz Batovsky, der Besitzer des Varietés Alhambra, wird während der Premiere des neuen Programms in seinem Büro erschossen aufgefunden. Der Tat verdächtigt wird in erster Linie sein Vetter Karl Batovsky, der Erbe des Varietés ist und bisher nur als künstlerischer Leiter verpflichtet war. Unter Verdacht stehen aber auch der Hofschauspieler a. D. Seydelmann und der Tänzer Robert. Der Polizei gelingt es rasch, den Verdacht von Karl und Seydelmann abzuwenden. Robert wird vorübergehend in Haft genommen, denn man fand seinen Handschuh im Büro. Ein Gespräch zwischen dem Kriminalbeamten Hans Werner und dem Kapellmeister Sperling ergibt einen neuen Verdächtigen. Toni, der Schlagzeuger, hätte an diesem Abend nach 32 Takten Pause seinen Einsatz verpaßt. Am nächsten Tag stehen zur Probe Kriminalrat Krüger und Hans Werner mit der Stoppuhr hinter dem Ersatzschlagzeuger. Während der 32 Takte Pause rennen sie ins Büro, stellen eine Schlägerei nach und gehen wieder zurück auf die Bühne. Ihr Verdacht hat sich bestätigt, Toni gesteht und wird verhaftet.

Der Film befand sich in der Musiksynchronisation
18 Rollen Bild sind überliefert

Tierarzt Dr. Vlimmen

Produktion: Terra Filmkunst
Regie: Boleslav Barlog
Drehbuch: Conrad Beste
Kamera: Georg Krause

Darsteller: Hans Söhnker, Adelheid Seeck, Günther Lüders, Paul Wegener, Maria Koppenhöfer, Karin Himboldt, Albert Florath

Inhalt

Der Leiter des Schlachthofes von Dombergen, Dr. Dirksen, hat nach langer Suche in Dr. Vlimmen einen Nachfolger gefunden. Dieser Erfolg wird dem erfahrenen Tierarzt, dem sein Beruf Berufung und sein Amt Verpflichtung ist, nicht gegönnt. Sein Gegenspieler ist der Schlächter Heusden, der sein Amt als Stadtverordneter zu rein persönlichen Zwecken mißbraucht. Der Streit eskaliert, als ihn Vlimmen wegen Tierquälerei anzeigt. Heusden mißbraucht erneut seine Macht und rettet sich mit Verleumdungen, die eine Kandidatur Vlimmens als Nachfolger Dirksens fast unmöglich machen. Selbst seine Geliebte Nel hilft ihm in dieser Stunde der Bewährung nicht. Nur seine Schwester Truus und sein Freund, der Rechtsanwalt Dracka, schaffen es, nach und nach alle Vorwürfe gegen Vlimmen zu entkräften. Daraus schöpft er Kraft und wagt sich an eine Operation, die bis dahin für unmöglich gehalten wurde. Damit ist der Namen des Arztes erneut in aller Munde, aber diesmal in erfreulicher Form. Truus ist es zu verdanken, daß sich die Wogen zwischen ihrem Bruder und Nel wieder glätten. Ende gut, alles gut.

Der Film wurd am 18.Dezember 1944 abgedreht und befand sich in der Musiksynchronisation
8 Rollen Bild und 7 Rollen Ton sind überliefert

Kostenaufstellung der DEFA für die Fertigstellung der unvollendeten Ufa-Filme

Titel	Rechnungsbetrag*	Datum
1. Ein toller Tag	25408,15	20. 6. 1950
2. Eine alltägliche Geschichte	19731,60	27. 12. 1948
3. Fahrt ins Glück	13767,23	27. 12. 1948
4. Die Fledermaus	280000,00	10. 4. 1946
5. Frau über Bord	21800,00 (Sovexport)	März 1950
	18716,07 (Linsa AG)	bis März 1950
6. Mathilde Möhring	68800,00 (Sovexport)	März 1950
	45682,09 (Linsa AG)	bis März 1950
7. Glück muß man haben	11375,98	22. 11. 1949
8. Der große Fall	33040,05	12. 8. 1949
9. Das kleine Hofkonzert	128094,00	14. 7. 1947
10. Die Kreuzelschreiber	56565,67	17. 11. 1949
11. Rätsel der Nacht	5889,25	20. 6. 1950
12. Eine reizende Familie	114842,00	14. 10. 1947
13. Verlobte Leute (Das Dementi)	77700,00	22. 6. 1950
14. Via Mala	12805,00	14. 10. 1947
15. Wiener Mädeln	138380,00	22. 9. 1949
	1072597,09	

keine Rechnungen für:	Peter Voß, der Millionendieb Ruf des Gewissens

* Angaben in RM, nach Währungsreform in DM.

Register

Filmtitel

Personen

Fotonachweis

Ullstein Bilderdienst: S. 16, 26, 28, 33, 72, 92, 111, 119, 143, 148, 191 (Ullstein / Thomas & Thomas)

Bundesarchiv – Filmarchiv: S. 43 (BA-P c 31193), 49 (8914), S. 57 (6696), 76 (14158), 77 (14226), 89 (BA-P), 94 (8519), 100, 145 (14158), 153 (8354), 155 (30932), 163 (Bundesarchiv / Staatl. Filmarchiv der DDR 4695), 170 (12367), 175 (11768), 179 (17249), 200, 202, 208 (31960)